주식의 쓸모

Millionaire Teacher 2e
- The Nine Rules of Wealth You Should Have Learned in School

매월 10만 원으로
12억 만드는 투자 시크릿

주식의
쓸모

앤드류 할램 지음 · 이광희 옮김

시목 始木

슬기로운 부자 생활을 위한 안내서

김성일

《마법의 연금 굴리기》 저자

누구나 부자가 되고 싶어 한다. 세계적인 투자자였던 앙드레 코스톨라니Andre Kostolany는 노력으로 부자가 되는 세 가지 방법이 있다고 했다. 첫째는 부유한 배우자를 만나는 것, 둘째는 유망한 아이템으로 사업을 하는 것, 셋째는 투자를 하는 것이다.

첫 번째 방법은 나를 비롯한 많은 평범한 기혼자에게 해당 사항이 없다. 아직 미혼이라면 가능할 수도 있겠지만, 가능성이 높아 보이지는 않는다. 두 번째 방법인 사업으로 대박 나는 것 역시 쉽지 않음을 당신은 이미 알고 있다. 평범한 월급쟁이나 자영업자, 사업가들 모두 공감할 것이다. 다행히 평범한 우리들에게는 세 번째 '투자'라는 방법이 있다. 투자를 통해서는 우리도 부자가 될 수 있다.

의학박사이자《현명한 자산배분 투자자The Intelligent Asset Allocator》

의 저자 윌리엄 번스타인William Bernstein이 이런 말을 했다.

"수입의 15퍼센트를 지속적으로 세 개의 인덱스펀드에 넣는 것은 얼핏 보면 쉬워 보인다. 그렇게 함으로써 편안하게 살 수 있고 성공적으로 은퇴할 수 있다고 말하는 것은 적게 먹고 운동을 더 많이 하면 날씬해지며 건강해질 것이라고 말하는 것과 같다. 하지만 사람들은 신선한 과일이나 야채보다는 피자를 더 좋아하고 체육관에 가거나 달리기를 하기보다는 TV 시청을 더 즐기기 때문에 살이 찐다. 다이어트와 투자는 간단하지만 둘 다 쉽지는 않다(내가 다이어트보다 투자에서 훨씬 더 성공했기 때문에 잘 안다)."

그의 말에 100퍼센트 공감한다. 나 역시 매번 다이어트에 실패하지만 투자 성과는 나쁘지 않다. 꾸준히 수익을 내고 있다.

이 책의 저자 앤드류 할램 역시 투자가 어렵지만은 않다고 이야기한다. 스물한 살부터 투자를 시작한 그는 백만장자 정비공에게 대학 교육보다 더 가치 있는 통찰력을 배웠다고 한다. 이 책은 고등학교 영어 교사이자 금융 교사였던 그가 학생들과 주변 지인에게 투자에 대해 가르쳤던 내용으로 이루어져 있다. 마흔네 살에 백만장자로 은퇴한 그의 투자법은 그리 특별하지 않다. 그가 말하는 아홉 가지 규칙을 요약하면 이렇다. '부자처럼 생각하고 소비하라', '일찍 투자를 시작하라', '저비용 인덱스펀드를 활용하라', '시장의 광기에 흔들리지 마라', '균형 잡힌 포트폴리오를 구성하라', '저비용의 금융 회사를 찾아라', '금융 사기를 피하라' 등이다.

저자는 단순히 주장하는 게 아니라 다양한 연구를 인용해 근거를 밝힌다. 또한 자신이 직접 실천한 내용을 전해준다. 자신의 투자 실패 사례까지도 말이다. 이 책은 저자 혼자 만들어낸 것이 아니다. 많은 학자와 대가의 지혜를 모은 것이다. 이론만 말하는 것이 아니라 실제 저자가 실천했고, 누구나 실천할 수 있는 방법들이다.

책을 읽고 나면 알게 될 것이다. 부를 늘려가는 방법이 그리 어렵지 않다는 것을 말이다. '이 정도 수익률로 부자가 될 수 있나?'라는 생각이 들 수도 있다. 부자의 기준이 사람마다 다르기 때문에 생기는 질문이다. 평생 1억 원도 모으지 못하는 사람들에게 9억 원의 자산가는 부러움의 대상이다. 하지만 그 자산가는 1억 원을 더 불려서 10억 원을 만들려고 한다. 저자는 40대에 100만 달러의 자산을 모아 은퇴했다. 어떤 사람은 이 정도 돈으로 어떻게 은퇴할 수 있냐고 말할 것이다. 하지만 저자는 부가 상대적이라고 말한다. 부자의 기준을 '오늘의 나'로 정해보는 건 어떨까? 소비를 줄이거나, 투자로 불려서 모은 돈은 '내일의 나'를 더 부자로 만들어준다. 이번 달 월급은 은퇴 후의 나도 써야 할 돈이니 그때를 위해 남겨두어야 한다.

나와 생각이 비슷한 사람을 만나 얘기를 나누면 시간 가는 줄 모르게 즐겁다. 책을 통해 저자의 얘기를 듣는 것 역시 비슷하다. 이 책은 내게 그런 즐거움을 느끼게 해주었다.

독자들을 위한 배려가 책의 여기저기에서 보였다. 하나 아쉬운 점은 한국의 독자들을 위한 '소파에 앉아서도 할 수 있는 포트폴리오'가 없다는 점이었다. 그래서 내가 저자의 입장에서 한국인을 위한 포트폴리오를 만들어보았다. 자산 배분 포트폴리오에 정답은 없으나 참고가 되기를 바란다.

한국인을 위한 소파에 앉아서도 할 수 있는 포트폴리오

	배분 비율	미국용 포트폴리오 (이 책에서 설명하는 포트폴리오)	한국용 포트폴리오 (ETF)
자국 주식시장 인덱스	35%	뱅가드 전체 미국 주식시장 인덱스 (VTSMX)	TIGER200 KODEX200
해외 주식시장 인덱스	30%	뱅가드 전체 해외 주식시장 인덱스 (VGTSX)	KODEX 선진국MSCI World(UH)
정부 채권시장 인덱스	35%	뱅가드 미국 채권 인덱스 (VBMFX)	KOSEF 국고채10년 KODEX 국채선물10년

*한국에는 뱅가드와 같은 회사가 없어 가급적 복수의 회사 상품으로 구성

• 자국 주식시장 인덱스: 우리나라 코스피200 인덱스를 추종하는 ETF 중 운용 보수, 거래량, 거래 대금을 감안하여 'TIGER200', 'KODEX200'을 선정했다. 큰 차이는 없으니 어느 것을 택해도 좋다.

• 해외 주식시장 인덱스: 선진국, 전 세계 시장을 추종하는 ETF 중 환노출(UH) 상품이 유일해서 'KODEX 선진국MSCI World' ETF를 선택했다.

환노출에 대해서는 저자와 비슷한 생각이니 제9장을 참조하기 바란다.

• 정부 채권시장 인덱스: 우리나라 정부에서 발행하는 국채 10년물 지수를 추종하는 상품으로 'KOSEF 국고채10년', 'KODEX 국채선물10년' ETF를 선정했다. 큰 차이는 없으니 어느 것을 택해도 좋다.

백테스트란 과거에 이 포트폴리오에 투자했다면 어떤 결과가 나왔을지 점검해보는 과정이다. 책에 나온 뱅가드 상품들과 내가 선정한 한국 상품들로 백테스트한 결과는 아래와 같다.

한국형이 미국형보다 조금 나은 성과를 보인다. 그 이유는 크

게 두 곳에서 찾을 수 있다. 2001~2002년 IT버블이 폭락할 때와 2007~2008년 글로벌 금융위기 때이다. 2008년 하락 시 미국형은 전고점 대비 38퍼센트 하락한 반면 한국형은 21퍼센트 하락에 그 쳤다. 한국형의 경우 환노출 상품을 편입했기 때문에 당시 원/달러 환율이 크게 상승하며 주가 하락분을 상쇄해주었다. 이것이 저자가 말하는 환노출 효과다.

포트폴리오	연 수익률	연 변동성	최대 낙폭	샤프 비율*
코스피 200	8.2%	20%	46%	0.41
MSCI World(UH)	2.7%	13%	43%	0.20
한국국채 10년물	6.0%	7%	10%	0.87
한국형 포트폴리오	**6.4%**	**9%**	**21%**	**0.68**
뱅가드 전체 미국 주식시장 인덱스	6.4%	16%	51%	0.41
뱅가드 전체 해외 주식시장 인덱스	3.7%	18%	58%	0.21
뱅가드 미국 채권 인덱스	4.6%	3%	4%	1.32
미국형 포트폴리오	**5.3%**	**10%**	**38%**	**0.51**

*샤프 비율: 펀드 단위 위험에 대한 초과 수익 정도를 나타낸 비율

　　여러분도 이 책을 읽고 이 책의 저자처럼 현명하게 소비하고, 슬기롭게 투자하며 부자가 되기 위한 힌트를 얻어 가기 바란다.

우리는 학교에서부터
주식투자를 배웠어야 했다

〈학교에 남아 있지 마라^{Don't Stay in School}〉는 제목의 랩송을 유튜브에서 1100만 명이 봤다. 이 노래는 붉고 긴 머리의 20대 래퍼 데이비드 브라운^{David Brown}이 만들었다. 영상에서 그는 나무 사이로 난 길을 걸으며 교육 제도를 큰 소리로 비난한다. 제목은 도발적이지만 브라운은 학교 그 자체를 반대하지는 않는다.

나는 이 영상을 페이스북에 공유했다. 나는 학교 교사이고, 내 페이스북 친구들도 대부분 마찬가지이다. 그러니 〈학교에 남아 있지 마라〉는 제목의 이 노래는 와인 잔에 든 파리처럼 외면당해야 마땅했다. 그러나 이 영상을 본 내 친구들은 노래가 주는 진짜 메시지를 이해했다.

이 젊은 래퍼는 학교의 가르침에 현실이 없음을 불평했다. 고등학교에서 수학은 필수 과목이며, 모든 학생들은 셰익스피어의 작품을 배운다. 그러나 법률, 인권, 투표 절차, 모기지, 취직하는 법,

투자하는 법 등은 모든 학생이 배우지 않는다. 나는 대부분의 학교가 학생들의 사기를 저하시킨다고 생각한다.

다행스럽게도 나는 스무 살에 부유한 멘토를 만나 돈에 대해 배우기 시작했고, 그분의 가르침으로 서른다섯 살이 되기 전 금융을 다룬 책 400권 이상을 읽었다. 그런 후 내가 배운 지식을 '학교에서 배웠어야 할 부에 대한 아홉 가지 규칙'으로 압축시켰다. 이 규칙을 생활에 잘 적용한 덕분에 나는 30대 후반에 빚이 없는 백만장자가 될 수 있었다. 물려받은 재산도 없었고 백만장자가 되기 위한 어떤 위험한 모험도 하지 않았다.

내 직업은 고등학교 영어 교사이자 금융 교사였고, 다행히 내가 근무한 학교에서는 금융 과목을 중요하다고 여겨주었다. 아이들은 돈에 대해 알고 싶어 했고, 그들의 부모 역시 마찬가지였다. 그러나 대부분의 사람들은 부자가 되는 방법에 대해 중학교 2학년 수준의 지식만 갖춘 채 성인이 된다. 대부분의 경우 돈은 금기시된다.

나는 여러분의 마틸다 고모가 어떤 말을 하는지 안다. "돈에 대해 이야기하는 것은 정말 고상하지 못한 일이야." 마틸다 고모의 그런 생각 때문에 우리는 막대한 개인 채무를 껴안고 금융 착취를 당하며 벼랑 끝에 몰린다. 그렇게 빚에 의존하는 생활이 시작된다. 이 문제는 발톱에 생긴 무좀처럼 완전히 없애기 어렵다.

존스 부부는 소득 대부분을 소비한다. 그들은 투자할 줄 모르며, 사기만 치는 못된 금융플래너와 함께 소득을 관리하고 있다. 그들의 삶은 거액의 모기지, 신용카드 회사의 압박, 일상적인 소비의 변덕에 의해 좌지우지된다. 어떻게 돈을 다루어야 하는지 학교에서 배운 적이 없기에 그들은 그렇게 큰 잘못을 저지른다. 그래서 나는 이 책을 썼다.

그렇다면 왜 개정판을 다시 내는가?

나는 사례를 갱신하고 싶었다. 투자 환경은 계속 더 좋은 방향으로 바뀌고 있다. 과거에는 개인의 포트폴리오를 투자상담사가 적극적으로 운영해주는 뮤추얼펀드^{mutual fund}가 대중적이었지만 지금은 다르다. 그러한 상품은 투자상담사와 투자 회사의 호주머니를 두둑하게 해줄 뿐이라는 걸 많은 사람들이 눈치채고 이제는 더 좋은 것을 요구하기 시작했다.

이제는 로보어드바이저^{robo-adviser}가 자산을 관리해주는 투자 회사에 가입해야 한다. 이 회사들은 "자, 사람들이 영원히 속지는 않을 테니 더 좋은 상품을 제공합시다."라고 말한다. 대부분의 로보어드바이저는 내가 이 책에서 개략적으로 말하고 있는 규칙을 따르기에 알아둘 만한 가치가 있다. 대부분의 은행이나 투자 회사와 달리 이들은 고객을 바보 취급하지 않는다.

투자상담사를 거치지 않고 직접 투자하는 사람들을 위한 아주 좋은 상품도 시장에 나왔다. 이것은 투자 과정을 단순화해준다. 미국의 투자 회사 뱅가드^{Vanguard}도 화려하게 날개를 폈다. 전 세계 사람들은 언제든지 뱅가드 상품을 이용할 수 있다. 나는 이 책에서 그 방법을 설명할 것이다.

이미 수백 명의 사람들이 쓴 주식 책이 있음에도 불구하고 왜 굳이 이 책을 읽어야 하는가? 나는 그것을 설명하기 위해 이 책을 쓴 이유를 말하려 한다.

내가 사립학교 선생님일 당시 나를 비롯한 동료 선생님들 그 누구도 확정급여형 퇴직연금^{DB, Defined Benefit} 대상자가 아니었다. 그 이유로 우리의 돈은 언제나 활기가 넘쳤다.

내가 처음 학교에 부임했을 때 많은 동료들은 이미 내가 재테크와 관련한 많은 글을 써왔다는 것을 알고 있었다. 그래서 그들은 내게 투자에 대해 물었고 나는 자원해서 방과 후 세미나를 열었다. 이 세미나는 내가 상상했던 것보다 더 인기가 많았다.

그러나 나는 몇 번의 세미나로 끝내기보다 그들에게 더 많은 것을 전달해주고 싶었다. 그래서 나는 단순하고 쉬운 투자 책을 찾아 동료들에게 선물했고 열두 개 분야의 투자 관련 책을 추가로 샀다.

다음 날 나는 동료들에게 단체 메일을 보냈다. "제 교실에 투자 관련 책이 있습니다. 어서 와서 무료로 한 권씩 가져가세요." 이 책들은 교무실에 놓인 쿠키보다 더 빠르게 사라졌다. 그리고 나는 동아리 선생님처럼 그들을 소규모로 만나며 그들이 배운 것에 대해 함께 토론했다.

그러나 문제가 하나 있었다. 동료들은 책 속에 등장하는 금융 용어를 마치 이집트 상형 문자를 해독하는 것처럼 어려워했다. 많은 금융 책 저자들은 그들의 용어를 보통 사람이 이해하기 어려워한다는 걸 깨닫지 못한다.

나는 이 이야기를 이안 맥구건Ian McGugan에게 전했다. 당시 그는 〈머니센스MoneySense〉에서 내 글을 담당하는 편집자였다. 그는 "당신이 그런 책을 쓰세요."라고 말했다. 혼자 할 수 없는 일이기에 나는 도움을 요청했다. 그렇게 100명이 넘는 친구와 동료들이 이 책 작업에 기여했다. 이 책을 쓰는 동안 무료 투자 세미나를 열어서 보통 사람이 돈에 대해 얼마나 아는지 알아보기 위해 노력했다. 되도록 많은 청중이 쉽고 확실하게 이 책을 이해할 수 있도록 강의보다는 질문을 더 많이 했다.

그렇게 완성된 원고를 금융시장에 익숙하지 않은 친구들에게 보여줬다. 그들은 모두 의견을 보내줬고, 나는 이를 확인하며 전문 용어를 삭제하는 동시에 글을 더 분명히 했다.

그 결과로 나온 것이 이 책이다. 이 책은 학생들의 말을 주의 깊게 들은 백만장자 교사가 쓴 것이다.

우리 모두가 학교에서 배웠어야 할 부자가 되는 아홉 가지 규칙을 나는 이 책을 통해 여러분과 공유할 것이다. 여러분은 앞으로 나와 함께 백만장자처럼 소비하며 최고의 상품에 투자하는 법을 배울 것이다. 또한 당신의 이성을 무너뜨리는 공포와 탐욕, 당신의 돈에 손을 대려는 사람들의 속임수를 피하는 방법도 배울 것이다.

시간이 흘러도 변치 않는 이 아홉 가지 규칙 덕분에 나는 30대에 빚이 없는 백만장자가 될 수 있었다. 자, 이제는 당신의 차례다.

차례

규칙 1
부자가 되고 싶은 사람처럼 소비하라 _____ 21

규칙 2
투자는 무조건 일찍 시작하라 _____ 61

규칙 6
세계 어디에서나 직접 인덱스펀드 하라 _____ 211

규칙 7
현명하고 저렴한 투자 회사를 활용하라 _____ 255

규칙 8
투자상담사의 계략에 맞서라 _____ 289

규칙 9

수많은 유혹을 피하라 _____ 313

일러두기

· 이 책은 2012년 출간된 초판본《백만장자 선생님의 부자 수업》의 개정증보판이다.
· 본문에 언급된 단행본은《 》로, 잡지·방송 등은〈 〉로 구분했다. 국내에 번역된 출간물은 한국어판 제목
  (최신판 기준)을 표기하고, 출간되지 않은 경우 새로 번역했다.
· 온라인 링크는 집필 당시 운영되던 것으로 시점에 따라 접속이 불가능할 수도 있다.

부자가 되고 싶은 사람처럼 소비하라

여러분이 정말로 부자라면 흥청망청 소비해도 괜찮다. 그러나 직업 없이 평생 부유하게 살 수 없다면 월급이 아무리 많다 한들 그 사람은 진정한 부자라고 할 수 없다.

서른 살에 나는 부자가 아니었다. 그러나 내가 부자처럼 행동하고 싶었다면 그건 가능했다. 포르셰를 리스해서 타고 다니거나 무리하게 대출을 받아 값비싼 호화 주택을 구입하면 되는 문제였다. 또한 전 세계의 최고급 호텔에서 휴가를 즐길 수도 있었다. 그렇게 하면 다른 사람에게 부자로 보일 수는 있었겠지만 그 대신에 나는 은행 빚과 신용카드로 하루하루를 연명했을지도 모른다. 세상일이란 겉모습과 항상 같지 않은 법이다.

2004년에 나는 싱가포르에서 지내며 한 미국인 소년의 개인 과외를 맡았다. 그의 어머니가 매주 토요일마다 그를 차에 태워 나의 집 앞까지 데려다주었다. 그녀의 차는 최신식 재규어였다. 싱가포르에서 이 차를 사려면 25만 달러가 훨씬 넘는 돈이 들었을 것이다(싱가포르의 자동차 값은 매우 비싸다). 그들은 커다란 집에 살았으며 그녀는 4000달러짜리 우아한 롤렉스 시계를 차고 다녔다. 나는 당연히 그들이 부자라고 생각했다.

몇 차례 개인 과외 후 그녀는 나에게 수표를 써 주며 최근에 다녀온 해외여행 에피소드를 웃으면서 쏟아냈고, 내가 그녀의 아들을 도와주어서 매우 기쁘다고도 했다.

그녀가 써 준 수표는 150달러짜리였다. 그녀가 떠난 뒤 나는 자전거를 타고 은행에 가서 수표를 입금했다. 그런데 문제가 생겼다. 그녀의 계좌에 돈이 모자란 탓에 수표가 부도 처리된 것이다. 물론 이런 일은 누구에게나 발생할 수 있다. 하지만 이 가족에게는 이러한 일이 네팔 카트만두의 정전처럼 매우 빈번하게 일어났다. 수표를 현금으로 바꿀 때까지 일주일만 더 기다려달라고 애원하는 그녀의 전화가 점점 더 빈번해졌고 나는 두려웠다. 더 이상 과외를 이어갈 수 없었다.

과연 이런 일이 일어날 수밖에 없었는가? 어쨌든 그녀는 부자임에는 틀림없었다. 그녀는 롤렉스 시계를 차고 재규어를 끌었으며 큰 집에서 살고 있었다. 또한 남편은 투자은행가로 자신의 많은 월급으로 편안하게 살고 있었다.

하지만 지금은 그녀가 부자가 아닐지도 모른다는 생각이 든다. 연봉이 높고 페르시아의 왕족처럼 화려하게 산다고 해서 반드시 부자인 것은 아니다.

— 부를 위한 히포크라테스 선서 —————

부를 축적하는 데 관심이 있는 사람이라면 의사들이 하는 히포크라테스 선서처럼 스스로에게 맹세를 해야 한다. 선서문은 아마 이러할 것이다.

'재산에 손해를 끼쳐서는 안 된다!'

우리는 원하는 즉시 만족할 수 있는 시대에 살고 있다. 지구 반 바퀴 거리에 있는 누군가와 대화를 하고 싶다면 그 즉시 SNS나 전화를 이용하면 된다. 원하는 물건을 집에서 받고 싶다면 당장 현금이 없더라도 신용카드 번호만으로 주문이 가능하다.

겉으로는 아주 부유해 보이는 싱가포르의 미국인 가정처럼 우리는 우리에게 있지도 않은 돈을 펑펑 씀으로써 미래의 부를 아주 쉽게 망가트릴 수 있다. 이렇게 자신의 분수도 모른 채 화려하게 사는 사람들의 이야기가 세상 도처에 깔려 있다.

경제적으로 안정된 삶을 원한다면 부채가 아닌 자산을 축적해야 한다. 평생 부를 축적하는 가장 확실한 방법은 버는 것보다 훨씬 적게 쓰고 그 차액을 현명하게 투자하는 것이다. 그러나 너무나 많은 사람들이 '원하는 것'과 진짜 '필요한 것'을 구별하지 못해 경제적인 어려움을 겪고 있다.

대학을 졸업함과 동시에 아주 좋은 회사에 입사해서 과소비의 길로 들어선 사람들을 우리는 주변에서 흔히 볼 수 있다. 대체로 그런 과정은 인지하지 못하는 사이에 시작되기 마련이다. 그들은 편리한 신용카드 덕분에 새로운 식탁을 구입하고, 그 후에는 식탁과 어울리는 접시와 나이프, 포크를 갖기 위해 또다시 많은 돈을 지불한다. 그러자 이제는 식탁과 어울리지 않는 소파가 눈에 들어오고, 고맙게도 비자카드 덕분에 소파도 더 좋은 것으로 바꾼다. 그러나 얼마 지나지 않아 그들은 새 소파와 어울리는 아름다운 페르시아 카펫을 구입하기 위해 인터넷을 샅샅이 뒤진다. 그들은 또 최신식 게임기를 구입하고 그다음에는 집을 개축할 생각을 한다. 이 모든 것이 끝나면 하와이로 호화 여행을 다녀올 생각에 잠을 이루지 못한다.

그들은 아메리칸 드림은 실현하지 않고 그리스 신화의 악몽에 사로잡혀 산다. 시시포스는 제우스를 속인 죄로 산꼭대기로 바위를 밀어 올리는 벌을 받았다. 그러나 바위가 정상에 이르면 다시 아래로 굴러떨어지도록 되어 있었기 때문에 시시포스는 이 벌을 계속 되풀이해 받아야만 했다. 많은 소비자들은 그들의 잘못된 소비 습관으로 끊임없이 이 같은 과정을 반복하고 있다. 그들은 부채를 청산할 무렵, 그동안의 고생을 보상받기 위해 또다시 부채를 증가시킨다. 이 때문에 그들은 산더미 같은 부채의 나락으로 다시 빠져들고 만다.

신용카드가 필수 아이템이 된 세상에서 원하는 것을 구입하기 위해 저축하는 것은 1950년대식 낡은 발상으로 여겨진다. 많은 소비자들이 실제로 그렇게 생각한다. 그 결과 21세기 사람들에게 산더미 같은 개인 부채가 생겼지만 대개는 쉬쉬하고 있다.

부자가 되기 위해서는 투자하는 법을 배우기 전에 저축하는 법부터 배워야 한다. 중산층 월급으로 부자가 되고 싶다면 평범한 방식으로는 안 된다. 수많은 사람들을 희생자로 만드는 소비 습관을 반드시 바꿔야 한다.

미국의 중앙은행인 연방준비제도^{Federal Reserve} 이사회는 매년 신용카드 채무 수준에 관한 보고서를 작성하고, 카드허브닷컴^{Cardhub.com}은 그 결과를 사이트에 게재한다. 이에 따르면 2015년 미국 가계는 평균 7879달러의 신용카드 빚을 졌다. 같은 해 〈마켓워치^{MarketWatch}〉의 뉴스 편집자인 쿠엔틴 포트렐^{Quentin Fottrell}은 미국 주택 소유자의 15.4퍼센트가 주택의 실제 가치보다 더 많은 모기지 채무를 안고 있다고 보도했다. 미국이 전 세계에서 주택 매매가가 네 번째로 저렴한 나라라는 것을 고려하면 이것은 매우 놀랄 만한 일이다.

넘비오닷컴^{Numbeo.com}은 전 세계의 소득 대비 주택 가격을 비교한다. 2016년에는 102개국을 비교했는데, 미국 주택은 네 번째로 저렴한 곳으로 순위가 매겨졌다. 남아프리카공화국, 오만, 사우디

아라비아만 소득 대비 주택 가격이 낮았다.

자, 여기에서 재미있는 일이 벌어진다. 능력 이상으로 빚지는 사람들 대부분이 적은 월급으로 살아가는 노동자들 같지만 사실은 그렇지 않다.

미국의 작가이자 부자학의 권위자인 토머스 스탠리^{Thomas Stanley}는 1973년부터 미국의 부를 조사했다. 2009년에 그는 100만 달러 이상의 가치가 있는 미국 주택 대부분이 백만장자의 소유가 아니라는 점을 발견했다. 대다수의 100만 달러짜리 주택은 '백만장자가 아닌 사람들'이 거액의 모기지 대출을 받아 고급 취향으로 꾸민 것들이었다. 믿기지 않겠지만 백만장자의 90퍼센트는 100만 달러 미만의 주택에서 살고 있었다.

'재산에 손해를 끼쳐서는 안 된다!'

경제학에도 히포크라테스 선서가 있다면 우리 모두는 자살골을 넣듯 스스로에게 배임죄를 안기고 있는 셈이다. 여러분이 정말로 부자라면 흥청망청 소비해도 괜찮다. 그러나 직업 없이 평생 부유하게 살 수 없다면 월급이 아무리 많다 한들 그 사람은 진정한 부자라고 할 수 없다.

부를 어떻게 정의할 것인가?

부자인 척 행세하는 사람들에게 속지 않기 위해서는 진짜 부자와 부자인 체하는 사람을 구별하는 것이 중요하다. 부 자체는 항상 상대적이지만, 어떤 사람이 부자로 인정받기 위해서는 반드시 다음의 기준을 충족해야 한다.

1. 평생 일을 하지 않아도 될 만큼 충분한 돈이 있어야 한다.
2. 자신이 거주하는 국가 평균 소득의 두 배가 평생 제공되는 투자나 연금 또는 신탁 펀드가 있어야 한다.

미국 통계국에 따르면 2014년 미국의 평균 가구 소득은 5만 3657달러였다. 내가 정의한 부에 따르면 투자를 통해 연간 그 금액의 두 배를 버는 미국인이 있다면 그는 부자라고 할 수 있다.

일하지 않고도 자국의 평균 가구 소득보다 두 배를 버는 것은 누구나 이루고 싶은 꿈이다.

투자를 통한 꾸준한 현금 창출이 가능한가?

이 책은 주식시장과 채권시장을 활용하여 투자하는 방법에 중점을 둘 것이기 때문에 이제부터 그와 관련한 예를 살펴볼 것이다.

만약 어떤 사람이 250만 달러의 투자 포트폴리오를 구성하면 그는 매년 그 포트폴리오의 4퍼센트, 즉 연간 대략 10만 달러에 해당하는 투자 포트폴리오를 매각하고도 자금이 고갈되지 않을 수 있다. 믿을 수 없다면 32쪽의 '4퍼센트 규칙을 이용한 조기 퇴직'을 참고하라. 그의 투자가 연간 6~7퍼센트 꾸준하게 성장한다면 그는 투자 포트폴리오에서 매년 더 높은 비율을 매각하면서 장기간에 걸쳐 오르는 생활비를 보전할 수 있다.

위와 같은 상황이라면 나는 그를 부자라고 생각할 것이다. 또 그가 페라리를 타고 100만 달러짜리 주택에서 살면 나는 그를 대단한 부자로 여길 것이다.

그러나 40만 달러어치의 투자 포트폴리오가 있고 거액의 모기지 대출을 받아 100만 달러짜리 주택을 소유하고 있으며 페라리를 리스 해서 타고 다닌다면, 나는 그가 연간 60만 달러의 월급을 받는다 할지라도 부자는 아니라고 말할 것이다.

구두쇠처럼 살면서 버는 족족 다 저축해야 한다는 뜻은 아니다. 나 역시 그렇게 해봤지만 그것은 별로 재미가 없다(이 점에 대해서는 향후에 말하겠다). 그러나 부자가 되고 싶다면 결단력 있는 계획을 세워야 한다. 돈을 투자하기 위해 나의 소비 행태를 살피는 것은 중요한 요소이자 부자가 되기 위한 첫 번째 단계이다. 부를 축적하는 방법에 대해 모든 사람들이 강의를 듣고, 이에 대해 매년 성적을 매긴다면 누가 가장 먼저 비참하게 낙제할지 알고 있는가? 바로 프로농구 선수들이다.

미국 프로농구(NBA) 선수들은 매년 수백만 달러를 벌어들인다.

그러나 그들이 과연 부자인가? 물론 그들 대부분은 부자처럼 보인다. 그러나 중요한 것은 '얼마나 많은 돈을 버는가'가 아닌, '번 돈을 어떻게 쓰는가'이다. 〈토론토 스타Toronto Star〉의 2008년 기사에 따르면 토론토 랩터스Toronto Raptors 팀을 방문한 NBA 대표는 선수들에게 소비를 절제하라며 경고했다. 그는 은퇴한 NBA 선수의 60퍼센트가 5년 만에 파산한다는 점을 강조했다. 거액의 연봉을 받던 선수들에게 어떻게 그런 일이 일어날 수 있을까? 슬프게도 대부분의 NBA 선수들은 금융 상식이 매우 부족하다. 금융 세계에 대한 준비를 전혀 하지 않았기 때문이다.

NBA 선수들의 실수를 반복해서는 안 된다. 여러분은 이 책에 나와 있는 부자가 되는 규칙을 따름으로써 경제적 독립을 향해 나아갈 수 있다. 규칙을 철저히 실천하면 부자, 즉 내가 말하는 진정한 백만장자가 될 수 있다. 이것은 아홉 가지 규칙 중 첫 번째인 '부자가 되고 싶은 사람처럼 소비하라'를 따름으로써 이루어지기 시작한다. 불필요한 구매를 최소화하면 투자 자금을 극대화할 수 있다.

물론 당신이 갖고 싶은 물건을 다른 사람이 구매하는 것을 볼 때 당신은 괴로울 것이다. 간단해 보이지만 말이 쉽지 행하기는 어려울 것이다. 그러나 남이 가진 것을 부러워하지 말고 자신이 가진 것에 만족해야 한다. 그 물건이 꼭 필요한 것처럼 느껴지면 그것을 내 부모님의 낡은 차와 비교하라. 그렇게 함으로써 여러분은 부의 기초를 닦을 수 있다. 내 경우에는 그것이 어떤 효과를 발휘했는지 지금부터 설명하겠다.

4퍼센트 규칙을 이용한 조기 퇴직

빌리 Billy 와 아카이샤 카덜리 Akaisha Kaderli 는 서른여덟 살이라는 젊은 나이에 은퇴했다. 그들은 은퇴한 지 25년이 지났음에도 여전히 그들이 투자한 돈으로 생활하고 있다. 그런데 그보다 더 놀라운 사실은 그들이 지금까지 인출한 금액이 은퇴 당시 투자했던 금액보다 훨씬 더 많다는 점이다.

그렇다면 그들은 파산 직전인가? 아니, 파산 근처에도 가지 않았다. 복리가 마법을 부린 것이다.

그들은 1991년 은퇴했을 당시 50만 달러를 갖고 있었으나, 오늘날에는 훨씬 더 많은 돈을 소유하고 있다. 이것이 어떻게 가능했을까? 그들은 주택 비용이 비교적 저렴한 지역에서 검소하게 살았으며, 4퍼센트 규칙을 지켰다.

2010년에 필립 L. 쿨리 Philip L. Cooley, 칼 M. 허버드 Carl M. Hubbard, 대니얼 T. 왈츠 Daniel T. Walz 는 〈저널 오브 파이낸셜 플래닝 Journal of Financial Planning〉에 연구 논문을 발표했다. 그들은 1926년 1월부터 2009년 12월까지의 포트폴리오를 다양하게 배분하여 백테스트했다. 이를 통해 그들은 투자자가 매년 인플레이션을 반영하여 조정한 4퍼센트를 인출하면 그 투자 금액이 30년 이상 지속될 수 있다는 가능성을 발견했다.

빌리와 아카이샤가 보유한 포트폴리오는 S&P500 인덱스이다. 이는 내가 이 책에서 계속 강조할 투자법대로 그들이 투자했다는 것을 뜻한다. 그들은 매년 투자 금액에서 4퍼센트 미만의 금액을 인출했다. 그러나 그들이 매년 정확히 4퍼센트를 인출했다면 어떠했을지 알아보자.

그들이 26년 동안 포트폴리오에서 매년 4퍼센트를 인출했다면 최초 투자 금액인 50만 달러에서 총 132만 5394달러를 가져갔을 것이다. 믿기지 않겠지만 이 수치는 틀리지 않는다. 심지어 여전히 많은 돈이 남아 있을 것이다. 매년 돈을 인출했음에도 불구하고 2016년 4월 30일 그들의 포트폴리오에는 185만 5686달러가 남아 있을 것이다.

검소한 생활, 복리 증식, 4퍼센트 규칙을 강력하게 조합하면 여러분도 부자로 살 수 있다.

부는 언제나 상대적이다

열다섯 살 때 나는 아버지의 1975년형 닷선의 조수석에 탄 채로 우리가 조금 빨리 달리고 있다고 생각했다. 나는 몸을 숙여 속도계를 보았지만 그것은 고장 난 채로 움직이지 않았다. 나는 아버지에게 물었다. "속도계가 움직이지 않는데 속도를 어떻게 알 수 있어요?"

아버지는 내 발 밑에 있는 바닥 매트를 들어 올리라고 말하며 씩 웃었다. 바닥 매트를 들어 올리자 주먹 크기의 구멍이 보였고 그

밑으로 도로가 빠르게 스쳐 지나가는 것이 보였다. 아버지는 "바닥을 보면 속도가 더 잘 느껴지는데 속도계가 왜 필요하겠니?"라고 말씀하셨다.

다음 해 열여섯 살이 된 나는 슈퍼마켓에서 아르바이트를 하며 저축한 돈으로 차를 구입했다. 그것은 6년 된 중고차로 1980년형 혼다 시빅이었다. 내 차는 아버지의 차와 다르게 속도계가 정상적으로 작동했고 발아래에 통풍 구멍도 없었다. 집안에서 가장 좋은 차였기 때문에 멋진 차를 몰고 있다는 생각이 들었다. 그리고 이 때문에 나는 부의 축적에 관한 가장 큰 비밀 하나를 알게 되었다. 우리의 인식이 소비 습관을 좌우한다는 것이다.

장기간에 걸쳐 부자가 되는 가장 확실한 방법은 버는 것보다 훨씬 덜 소비하는 습관을 갖는 것이다. 가진 것에 만족하기로 나의 관점을 바꾸면 소득을 허공에 날리는 일은 생기지 않을 것이다. 장기간에 걸쳐 돈을 투자할 수 있다면, 주식시장에서는 복리 증식의 기적으로 중산층 역시 상당한 투자 자산을 축적할 수 있다. 나는 가끔 빗물이 새는 아버지의 차를 경험한 덕분에, 천장과 창문에서 빗물이 새지 않으며 안전하게 주행할 수 있는 차를 가진 내가 부자라는 생각을 할 수 있었다. 나는 내 차를 최신형의 더 빠르게 달리며 에어컨이 더 시원하게 가동되는 차들과 비교하지 않고 (점화 장치의 홈에 드라이버를 넣어 시동을 거는) 아버지의 차를 비교 대상 기준으로 삼왔다.

불교 신자들은 욕구가 고통을 초래한다고 믿는다. 내가 싱가포르에서 개인 과외를 한 소년의 가족은 충족되지 않은 물욕 때문에 필시 고통을 겪을 것이다. 특히 가장이 실직을 하거나 퇴직하고 싶을 때 더욱 그러할 것이다. 그것은 내가 어느 날 본 자동차 범퍼에 붙은 스티커를 떠오르게 한다. 그 스티커에는《백설공주와 일곱 난쟁이》에서 난쟁이들이 일하러 가며 부른 가사를 패러디한 문구가 쓰여 있었다. "나는 빚더미에 찌들어 일하러 가네.^{I owe, I owe, it's off to work I go.} "

부자가 되기를 바라면서 왜 비싼 차를 운전하는가?

부자가 될 자신이 있다면 굳이 고물차를 몰고 다닐 필요가 없다. 그렇게 하는 게 무슨 재미가 있겠는가? 그렇다면 미국 백만장자가 몰고 다니는 차종을 사는 건 어떨까? 부자가 되기 위해서는 소비를 줄여야 한다고 해놓고 백만장자들이 타는 BMW나 메르세데스 벤츠, 페라리에 수만 달러를 지출하라니? 목표 달성에 실패한 것처럼 느껴질지 모른다. 그러나 백만장자들의 자동차 취향은 여러분을 더 놀라게 할 수 있다. 2009년에 미국 백만장자들이 자동차에 지불한 평균 비용은 3만 1367달러였다. 부자들이 BMW나 메르세데스 벤츠, 또는 재규어와 같은 고급 유럽산 차를 선호할 거라고 생각하지 마라. 토머스 스탠리가 조사한 바에 따르면 미국 백만장자들에게 가장 인기 있는 차는 놀랍게도 평범한 토요타였다.

부자가 되기를 '원하는' 많은 사람들은 자동차 지출 부문에서 동료들을 앞서려고 한다. 그들은 미국의 백만장자들이 자동차 구입에 평균적으로 지불하는 3만 1367달러에 비해 많은 4만 달러 또는 그 이상을 선뜻 소비한다. 실제 백만장자보다 더 많은 금액을 자동차 값으로 지불한다면 어떻게 부를 축적하고 어떻게 경제적 어려움을 줄일 수 있겠는가? 이것은 올림픽 육상 경기에서 다른 선수들보다 50미터 뒤에서 출발하고도 그들에게 뒤처지지 않으려고 하는 것과 같다. 직업을 잃고 자동차 할부금을 지불하지 못한 채 여든 살까지 일해야 한다면 젊은 날의 화려한 겉모습은 아무런 의미가 없다.

백만장자와 보조를 맞추고 싶다면 출발선에서 시작하거나 가능한 한 많이 앞선 지점에서 시작하라. 겨우 네 바퀴 탈것에 부자보다 더 많은 돈을 지출하는 것은 사리에 맞지 않다.

당신은 천만장자보다 더 많은 돈을 소비하고 있다

세계 최고의 부자 중 한 사람인 워런 버핏Warren Buffett 은 2006년 그의 인생에서 가장 비싼 차를 구입했다. 그것은 5만 5000달러짜리 캐딜락이다. 또한 1000만 달러가 넘는 순자산을 가진 사람을 뜻하는 천만장자들이 최근 구입한 차에 지불한 평균 비용은 4만 1997달러이다.

자, 그렇다면 이제 부자들이 주로 찾는 쇼핑몰에 가서 주차장을 확인해보라. 그러면 4만 1997달러가 넘는 차를 여러 대 발견할 수 있을 것이다. 즉, 그들의 차는 천만장자들의 차보다 훨씬 비싸고, 세계 최고 부자의 차와 큰 차이가 없다. 그러나 차 소유자 중 몇 명이나 1000만 달러가 넘는 순자산을 갖고 있다고 생각하는가? "아마도 없을 것이다."라고 대답한다면 여러분은 이해가 빠른 편이다. 이처럼 많은 사람들은 부자가 되는 것 대신에 부자처럼 보이는 것에 현혹되어 부를 축적하는 일과 경제적으로 독립하는 일을 위태롭게 만들고 있다.

자동차를 구입하지 않으면 자동차 대출 이자를 절약할 수 있고, 부를 축적하기 위한 투자에 자동차 값을 사용할 수도 있다.

자동차는 투자 수단이 아니다. 부동산, 주식, 채권과 달리 자동차는 매년 시간이 지남에 따라 그 가치가 감소할 뿐이다.

─ 백만장자 정비공의 충고, 중고차를 노려라 ───

스무 살이 되던 해 여름, 나는 대학 수업료를 내기 위해 차고에서 버스 세차하는 일을 시작했다. 나는 그곳에서 통찰력이 풍부한 한 정비공을 만나게 되었는데, 그에게서 배운 것은 대학에서 배운 그 어떤 것보다 훨씬 더 가치 있었다. 러스 페리는 혼자 살며 두 아이를 키우는 백만장자 정비공이었다. 그의 투자 수완은 다른 정비공들이 존경할 정도였다. 그곳 사람들은 나에게 "이봐, 러스가 자네에게 돈 이야기를 하고 싶어 하면 반드시 귀를 기울여봐."라고 말했다.

러스와 나는 야간 근무를 함께 했는데 주말에는 그다지 바쁘지 않아서 우리는 이야기할 시간이 많았다. 근무 중 할 일이 없으면 러스가 돈과 사람에 대해 늘어놓는 설교를 듣다가 큰 소리로 웃기를 반복했다. 러스가 말한 모든 것이 정치적으로 옳지는 않았지만 거칠게 내뱉는 말 속에는 언제나 약간의 진실성이 있었다.

러스는 무슨 차를 몰고 다니는지에 따라 그 사람이 얼마나 현명한지를 분별할 수 있다고 주장했다. 그는 고급 대형 승용차와 같이 시간의 흐름에 따라 가치가 줄어드는 것에 거액을 지불하는 사람을 이해할 수 없다고 했다. 그리고 그들이 그것을 리스 해 몰고 다니거나 구입하기 위해 돈을 빌리면 그는 정말로 곤혹스러워했다. 그 대신에 러스는 주택이나 주식과 같은 자산에 투자하기를 권했다. 이것들은 시간이 지날수록 가치가 상승하지만, 자동차는 매년 돈을 잃게 한다.

그는 "앤드류, 차에 돈을 잃지 않으며 삶을 영위한다면 자네에게는 커다란 이점이 있을 걸세."라고 말했다. 그리고는 주차장 건너편에서 관리 업무를 하고 있는 사람을 가리켰다. "자네는 저 사람의 차가 BMW인 것이 보이는가?"

그날 밤 일하러 갔을 때 나는 그 차를 감탄하며 바라보았었다. 그것은 정말 아름다운 차였다. "그는 저 차를 2년 전에 샀다네. 그것도 새 차로 말일세."라고 러스는 말했다. "그러나 그는 운전하면 할수록 하락하는 차의 가치(감가상각)와 대출 이자로 벌써 1만 7000달러를 잃었다네. 그리고 아마 3년이 지나면 그는 또 새 차를 살 걸세."

차의 가치가 2년 만에 그렇게나 떨어졌는데 3년이 지나면 얼마나 더 떨어질지 나는 궁금해졌다.

"자네가 정말로 부자라면 사치품에 여윳돈 좀 날린다 해도 잘못이라고 할 수 없네. 그러나 자네가 부자가 되기를 원하면서 그런 식의 소비를 한다면 자네는 결코 부자가 될 수 없을 걸세. 결코 말일세." 러스는 진지한 어조로 강조했다.

러스는 통념을 깨주었다. 대부분의 사람들은 차를 사면 돈을 잃을 것으로 예상하는데, 그렇게 예상하면 결국 그렇게 되고 마는 것이 세상의 이치다. 그는 주의를 기울이면 차에 돈을 잃지 않을 수 있다고 나에게 설명했다.

경제적 또는 기계적 소질이 다분한 사람은 이를 단번에 이해할 수 있을 것이다. 하지만 당시에 내가 품은 의문은 이것이 나에게도 통할 것인가였다. 기계에 대해서는 아는 게 거의 없는 나 같은 사람에게 말이다.

"차를 살 때는 되팔 때 얼마를 받을 수 있을지, '전매 가격^{resale} ^{value}'에 대해서도 함께 생각하게."라고 러스는 말했다. 새 차의 감가상각은 대부분 첫해에 발생하니 이미 다른 사람이 감가상각의 대부분을 부담한 중고차를 사라고 러스는 조언했다.

그는 일본 차가 가장 좋은 전매 가격을 보인다고 했다. 페인트 칠이 그대로 남아 있고 타이어도 아주 좋으면서 내부 장식이 훌륭한 상태로 꼼꼼하게 관리된, 주행거리가 적은 중고차를 찾아보라고 했다.

감가상각을 다른 사람이 부담한 적당한 금액의 중고차를 사면 1~2년이 지난 후에도 동일한 가격에 그 차를 팔 수 있을 거라고 그는 역설했다.

진짜 백만장자가 되기 위한 차 구입 전략

나는 러스의 이론을 현실에 적용하기 위해 내 자금에 손해를 끼치지 않을 차를 찾아 나섰다.

시장에 대한 감각을 익히는 데는 그리 오랜 시간이 걸리지 않았다. 자동차에 대한 믿을 만한 소비자 보고서 몇 개를 읽었을 뿐이다. 한 가지 귀중한 자료는 매년 정보가 갱신되는 〈레몬에이드 중고차Lemon-Aid Used Cars〉라는 지침서였다. 이 보고서를 통해 어떤 차가 형편없는지, 어떤 차가 아주 좋은 애마가 될 수 있는지 알아갈 수 있었다. 나는 매일 아침마다 몇 분을 투자해 지역신문의 광고란을 훑어봤고, 좋은 가격에 판매하는 괜찮은 차가 있으면 그것에 대해 자세히 조사했다. 이러한 방식으로 나는 다음 몇 년 동안 주행거리가 적고 믿을 만한 일제 차를 몇 대 구입했다. 나는 각 차에 적게는 1500달러에서 많게는 5000달러까지 지불했으며, 거기에 추가 금액을 투입하지 않고 최소 12개월 동안 몰고 다녔다. 내 차는 저렴한 편이었기 때문에 판매 차익은 크지 않았고 보통 차 한 대당 800달러에서 1000달러 수준이었다.

불행하게도 돈을 제대로 쓰지 않는 사람들이 너무나 많다. 자신의 능력 이상으로 빚을 지려고 혈안이 된 사람들을 우리는 아주 쉽게 발견할 수 있다. 그들에게서 차를 구입하라. 그들은 일반적으로 더 좋은 차를 사고 싶어서, 혹은 만기일이 다가오는 대출을 갚기 위해 급히 돈을 원한다. 나는 이 두 유형의 판매자로부터 중고차를 사서 2~3년 동안 무려 6만 마일의 주행거리를 기록한 후 내가 지불한 것과 같은 가격에 되팔았다.

언젠가 나는 주행거리가 적은 12년 된 토요타 밴을 3000달러에 구입한 적이 있다. 나는 그 차로 캐나다와 멕시코를 넘나들며 여행했다. 한 번의 여행에서 8000마일이 넘는 거리를 주행한 후 그 차를 3500달러에 매각했다.

의외로 간단한 중고차 구입 전략 한 가지를 소개하겠다. 이 전략을 사용하면 많은 시간과 돈을 절약할 수 있다.

중고차 전시장에서 배회한다고 생각해보라. 혼자서 다니든 친구와 다니든 여기저기 자유롭게 돌아다니면서 구경하기란 그리 쉽지 않다. 말쑥하게 차려입은 영업 직원이 다양한 제조사와 모델을 소개하며 당신의 구매 유혹을 부추길 것이다. 그들은 선의로 그렇게 할 수도 있다. 그러나 여러분이 나 같은 사람이라면 능수능란하게 말하는 영업 직원이 여러분을 따라다닌다는 압박에 맥박이 조금 더 빨라지고 혼란을 겪을지도 모른다. 어쨌든 여러분은 그들의 영역 안에 들어와 있다.

우리와 같은 피라미들이 며칠째 굶주린 노련하고 큰 물고기에 대항하려면 효과적인 전략이 필요하다. 이것은 내가 취한 전략인데, 우선 원하는 차의 특성을 정확하게 정리한다. 나의 경우 수동변속기가 달려 있고 페인트칠이 벗겨지지 않은 일제 차를 사고 싶었다. 왜냐하면 사고로 생긴 녹이나 파손 같은 것이 페인트칠로 은폐되었는지 알아볼 식견이 나에게는 없었기 때문이다. 또 주행거리가 8만 마일이 채 안 되고 가격이 3000달러 미만인 차를 원했다.

차가 적절히 관리되면서도 많은 거리를 달리지 않았다면 차가 얼마나 오래되었는지는 정말로 문제가 되지 않는다.

나는 반경 20마일 이내에 있는 중고차 매장 번호를 찾아 정리한 다음, 익명이라는 용기로 똘똘 뭉친 비밀첩보원처럼 모든 매장에 전화를 했다. 그들에게 내가 정확히 무엇을 원하는지를 말했고 기준에 맞지 않는 것에는 전혀 관심을 보이지 않았다.

나는 공격적인 영업 직원들에 맞서 내 생각을 끝까지 지켜야 했다. 그러나 그것은 직접 만나서 상대하는 것보다 훨씬 더 쉬웠다. 대부분의 중고차 딜러는 3000달러 이하로는 절대 차를 팔 수 없다고 말했다. 어떤 딜러는 대체품을 거론하면서 나를 그들의 덫으로 유인하려고 했고, 또 다른 딜러는 내가 부르는 가격 상한선이 터무니없다고 말했다. 그러나 나는 신경 쓰지 않았다. 내가 세운 전략은 기사의 검이었고 전화는 믿을 수 있는 방패였다. 나는 그들이 결국 나에게 다시 전화할 거라는 것을 알고 있었다.

첫 시도에 더 이상의 진척이 없었기 때문에 나는 월말이 가까워졌을 때 딜러에게 다시 전화를 걸었다. 월간 할당 목표를 채우기 위해 영업 직원들이 월말에 더 적극적으로 판매할 거라 기대했기 때문이다. 아주 운 좋게도 한 노부부가 3만 마일을 주행한 낡은 토요타 터셀을 새 차와 교환하기 위해 내놓았다며 중고차 매장에서 전화가 왔다. 대리점은 더 비싼 값에 판매할 목적으로 그 차를 말끔히 청소하거나 검사하지 않고, 단지 영업 실적 달성을 위해 급히 3000달러에 판매하려고 했다.

지금의 나는 더 이상 구두쇠로 살지 않지만 중고차를 사는 건 여전하다. 대부분 나는 구입 금액보다 약간 적은 금액으로 차를 다시 매각한다. 그러나 지난 5년 동안 내가 중고차를 사고팔며 손해 본 금액을 모두 합하면 그리 크지 않다. 새 차 구매자들은 내가 5년 동안 손해 본 것보다 훨씬 더 많은 돈을 손해 볼 것이다.

차를 구매하는 비용을 절약하면 부를 축적하는 데 더 많은 돈을 투자할 수 있다.

리스 차는 100만 달러짜리 결정이다

내 친구 나단은 백만장자다. 그러나 나단은 대부분의 백만장자처럼 차를 결코 리스 해 타지 않는다. "중고차를 사지 않고 차를 리스 하는 것은 100만 달러가 드는 결정이다."라고 그는 말한다.

《이웃집 백만장자 The Millionaire Next Door 》의 저자 토머스 스탠리에 따르면 백만장자의 80퍼센트는 차를 리스 해 타지 않는다. 금융 전문가 데이브 램지 Dave Ramsey 역시 리스에 찬성하지 않는다. 그는 다음과 같이 말했다.

"빈털터리들은 '계약금이 얼마며 한 달에 내야 하는 돈은 얼마인가?'를 생각하고 부자들은 '얼마인가?'를 생각합니다. 차를 현금으로 살 수 없다면 자전거를 타세요. 리스는 절대 하지 마세요."

차를 리스 하면 왜 100만 달러가 드는가?

나단은 차를 살 때 결코 6000달러 이상을 지불하지 않는다. 그도 나처럼 주행거리가 적은 차를 찾는다.

미국인은 1년에 평균 1만 2000마일을 주행한다. 그러면 10년 된 차는 약 12만 마일의 주행거리를 기록할 것이다. 주행거리가 긴 차는 유지 비용이 서서히 오르기 때문에 차 소유자의 돈을 슬금슬금 갉아먹을 수 있다.

몇 년 전 나단이 산 차는 그의 취향을 전형적으로 보여준다. 그는 2006년형 혼다 어코드를 5500달러에 샀다. 이 차의 주행거리는 6만 마일에 불과했다. 이는 일반적으로 봤을 때 5년 정도 된 중고차라는 뜻이다. 나단은 "6만 마일의 주행 기록을 가진 잘 관리된 차는 앞으로 수년은 더 달릴 겁니다."라고 말한다.

그는 차를 사면 대개 3년 내지 5년간 탄다. 그다음에 자신이 지불한 가격보다 크게 낮지 않은 가격에 되판다. "제가 이 혼다 차를 3년 내지 5년 후에 팔면 적어도 3500달러는 받을 수 있을 것입니다."라고 그는 말한다.

많은 사람들은 새 차를 리스 하는 것을 선호한다. 그들은 새 차를 운전할 수는 있겠지만 한 푼도 저축하지 못한다. 그들은 몇 년간 그 차를 몰고 다니며 매달 돈을 지불한다. 그러나 그 차를 돌려줄 때는 한 푼도 받지 못한다. 심지어 돈을 추가로 내야 한다. 리스는 대부분 주행거리 제한이 있기 때문에 그보다 더 많이 운행한 사람은 차를 돌려주며 추가 비용까지 부담해야 한다.

에드먼즈닷컴Edmunds.com에 따르면 중형 리스 차에 평균 매월 294달러, 연간 3528달러가 든다고 한다. 요즘은 가구마다 차 두 대 정도는 소지하기 때문에 이 비용은 연간 약 7056달러에 이른다.

나단은 그와 아내의 차 두 대 구입 가격, 유지 비용, 재매각 가격을 고려하면 차에 연간 약 2200달러를 지불한다. 차 두 대를 보유한 가구의 '중고차'와 '리스 차'의 비용 차이는 연간 약 4856달러이다.

미국 주식시장은 1990년 1월부터 2016년 7월까지 연간 평균 9.2퍼센트의 복리 수익률을 기록했다. 매년 이 4856달러를 투자해 9.2퍼센트의 수익률을 내면 많은 돈을 벌수 있을 것이다.

〈표 1.1〉에서 볼 수 있듯이 15년 동안 이런 식으로 투자를 하면 15만 8162달러를 벌 수 있다. 35년이라고 가정하면 100만 달러가 넘는 돈을 벌 것이다. 그래서 나단은 리스 차가 100만 달러짜리 결정이라고 강조하는 것이다.

<표 1.1> 리스 차보다 중고차를 구입하는 것의 이득(가구당 2대 기준)

기간	중고차 절약 금액 *	리스 차 절약 금액
15년	$158,162	$0
20년	$277,455	$0
25년	$462,692	$0
30년	$750,326	$0
35년	$1,196,962	$0
40년	$1,890,496	$0
차 1대당 최대 구입 가격	$6,000	$0
차 1대당 5년 유지 비용	$3,000	$17,640(월 294달러씩 5년간의 리스 금액)
차 1대당 총 비용	$9,000	$17,640
차 1대당 재매각 가치(5년 후)	$3,500	$0(마모가 심하거나 주행거리 제한을 초과하면 차 반환할 때 돈이 드는 경우 있음)
재매각 후 차 1대당 가격	$5,500	$17,640
x 차 2대	$11,000	$35,280
연간 절약 금액	$4,856	$0

*매년 4,856달러를 투자하고 평균 9.2퍼센트의 수익률을 내는 것으로 가정

부정적인 바보들은 이렇게 될 수 없다며 갖가지 이유를 들 수도 있다. '9.2퍼센트의 투자 수익률을 낼 수 없을 것이다.', '주행거리가 적고 잘 관리된 중고차를 발견할 수 없을 것이다.', '중고차의 5년 유지 비용은 평균 3000달러가 넘을 것이다.' 등….

여러분은 꽤 괜찮은 중고차에 나단보다 더 많은 돈을 지불할지도 모른다. 그러나 리스 차를 타지 않고 중고차를 사는 것만으로도

평생에 걸쳐 수십만 달러의 이익을 볼 것이다.

주택 구입에 신중하라

대부분의 사람들은 비싼 자동차 구입이 부의 축적에 방해가 된다는 사실을 알고 있다. 그리고 2008~2009년의 글로벌 금융위기로 인해 우리는 주택에 대해서도 중요한 교훈을 배웠다.

부자가 되고 싶은 사람이 배워야 하는 교훈 중 하나는 은행은 절대 우리의 친구가 될 수 없다는 점이다. 은행은 그들의 주주들을 위해 돈을 버는 집단이다. 그들은 가능한 한 가장 친절하고 설득력 있는 영업 직원을 고용한다. 그들의 일은 여러분이 형편없는 투자 상품을 사도록 설득하는 것이다(이에 대해서는 제3장에서 다루겠다). 또 그들은 거액의 주택 자금 대출을 그럴듯하게 꾸며내서, 여러분이 여러 해 동안 이자를 낼 수밖에 없게 만든다.

2008~2009년의 금융위기는 '고객이 최선의 이익을 얻도록 살피지 않은 은행의 탐욕'과 '여유가 없는데도 집을 구입한 사람들의 무지'가 합쳐진 결과였다.

주택 붐에 휘말린 많은 사람들이 자신의 경제적 능력보다 비싼 주택을 샀고, 낮았던 이자율이 상승하자 그들은 대출금을 지불할 수 없어 파산했다. 이들이 집을 팔기 위해 내놓으면서 주택시장에 공급 과잉이 발생한 것은 놀라운 일도 아니다. 공급 과잉이 발생하면 사람들은 그 상품에 큰 금액을 지불하지 않기 때문에 상품의 가격은 하락하고 만다. 주택도 예외는 아니다.

은행은 전 세계의 다른 금융 기관에도 모기지 대출을 판매했다. 그러나 모기지 대출의 원래 소유자(주택 구입자)가 대출금을 갚을 능력을 상실하자 금융 기관은 그들의 집을 압류했다. 그러나 주택 가격이 낙하산 없는 스카이다이버처럼 하락했기 때문에 상당한 손실을 본 채 압류할 수밖에 없었다.

또한 은행은 모기지 대출을 한데 묶어 다른 글로벌 금융 기관에 판매했다. 그런데 주택 소유자가 모기지 대출을 상환하지 못하자 곤경에 처했고, 이에 따라 세계에서 높이 평가받는 많은 금융 기관들이 위험에 빠졌다. 금융 기관의 자금이 위축됨에 따라 은행은 이전처럼 기업에 대출을 해주지 못했고 이 때문에 기업들은 일상적인 활동을 충당할 돈조차 구하지 못했다. 세계적인 경기 둔화와 대량 해고까지 이어지며 피해는 눈덩이처럼 불어났다. 주택 대출을 보기 좋게 꾸며대는 사람들을 믿어서는 안 된다. 그 영향은 대단히 파괴적일 수 있다.

바다 근처에 위치한 땅을 사며 첫 모기지 대출을 받았을 때 어머니가 나에게 가르쳐준 교훈이 생각난다. 어머니는 나에게 "이자율이 두 배로 오르더라도 여전히 상환할 여유가 있느냐?"라고 물었다. 모기지 대출 조건에 따라 나는 연간 7퍼센트의 이자를 부담하고 있었다. 당시에 어머니는 모기지 대출 이자율이 7퍼센트인 것은 역사적으로 싼 것이며, 1970년대 말과 1980년대의 이자율에 비하면 특히 싸다는 것을 알았다. 어머니가 걱정한 것은 내가 이자율의 두 배, 즉 14퍼센트의 이자를 지불할 수 없다면 언젠가는 위험에 빠질 수도 있다는 점이었다. 조수로 인해 갯벌에서 벌거벗고 수영하는 것이 발각되는 불운한 사람이 내가 될 수도 있었다.

부동산을 잃고 싶지 않은 경우에 나의 어머니가 얘기한 규칙은 좋은 충고가 된다. 주택 구입을 생각하고 있다면 이자율이 두 배로 상승하더라도 여전히 상환할 여유가 되는지를 생각해보라. 상환할 수 있다면 주택을 살 여유가 있다는 뜻이다.

─ 부는 세습될 수 있는가? ─────

중국 속담에 부는 삼대를 넘지 못한다는 말이 있다. 부를 축적하는 세대가 있고 유지하는 세대가 있으며 탕진하는 세대가 있다는 뜻이다.

미국의 연구 자료에 의하면 우리가 생각하는 것과는 반대로 대부분의 백만장자는 부를 물려받지 않았다. 백만장자 중 80퍼센트 이상이 제1세대 부자들이었다.

내가 싱가포르 사립학교에 근무하며 가르친 외국인 학생들은 대부분 부유한 가정 출신이었다. 나는 그 학생들에게 반농담조로 "너희는 부자의 세계에서 곧 멸종될 거야."라고 말하고는 했다. 자녀들 돕고자 하는 부모의 마음은 매우 자연스럽다. 그러나 부를 축적하는 데 관여하지 않은 젊은이들이 부모의 돈을 어떻게 사용하는지를 중국인들은 이미 수천 년 전부터 알고 있었다. 그것은 결국 탕진되고 만다.

부모에게서 유용한 경제적 선물(주식, 현금, 부동산)을 받은 성인은 그렇지 못한 동일 소득 계층의 사람들보다 결국 더 낮은 수준의 부를 이룬다.

많은 부모들에게 이는 납득하기 힘든 사실이다. 대부분의 부모들은 아이들에게 돈을 줌으로써 자신의 아이들이 다른 이들보다 경제적으로 앞서 달릴 수 있다고 생각한다. 하지만 통계적으로 말하면 쉽게 번 돈은 쉽게 낭비될 수밖에 없다.

토머스 스탠리는 40대에서 50대 중 전문 교육을 받은 사람들을 광범위하게 뽑아 그들의 횡단면을 연구한 후 직업별로 분류했다. 그런 다음에 그들을 두 집단으로 나눴는데 하나는 부모에게서 경제적 지원을 받은 집단이고 다른 하나는 그렇지 못한 집단이었다.

경제적 지원에는 현금 지원, 대출금 상환 지원, 차량 구입 지원, 주택 구입 시 계약금 지원이 포함되어 있었다. 연구를 통해 토머스 스탠리는 그들의 소득이 정점을 찍을 때 부모에게서 경제적 지원을 받은 사람들이 그렇지 않은 사람들보다 더 적은 부를 이루는 경향이 있다는 것을 알게 됐다. 경제적 지원을 받음으로써 부를 창출하는 개인의 능력이 저해된 것이다.

예를 들어 부모에게서 경제적 지원을 받은 회계사는 그렇지 못한 회계사보다 43퍼센트 덜 부유했다. 경제적 지원을 받은 후 더 부자가 된 유일한 집단은 학교 교사와 대학 교수뿐이었다.

─ 나는 어떻게 백만장자가 되었는가? ──────

정비공이었던 나의 아버지는 그의 월급만으로 우리 4형제를 책임져야 했다. 그래서 우리 형제들은 자라는 내내 쓰고 다닐 돈이 충분하지 않았다. 열다섯 살 때부터 나는 내 옷을 사 입었다. 열여섯 살에는 슈퍼마켓에서 아르바이트를 해서 번 돈으로 내 차를 샀다. 원하는 것을 갖고 싶은 마음에 일을 하기는 했지만 일 자체를 즐기지는 않았다. 나 역시도 일하는 것보다 해안에서 노는 걸 더 좋아하는 평범한 아이였다.

그래서 나는 언제나 돈과 일을 동일시했다. 내가 갖고 싶은 물건이 고작 10달러밖에 하지 않더라도, 그 돈을 메꾸기 위해 슈퍼마켓 바닥을 걸레질하고 수많은 감자 포대를 쌓아올릴 수 있는지를 항상 나 자신에게 물었다. 대답이 부정적이라면 나는 그것을 사지 않았다. 공짜 돈을 결코 받지 않음으로써 나는 책임 있는 소비 습관을 지닐 수 있었다.

완벽한 구두쇠였던 나의 20대

지금 나는 아내와 유복하게 살고 있다. 우리 부부는 교사로 일하다가 2014년 함께 은퇴했다. 그 당시 내 나이 마흔네 살이었다. 은퇴 후 나는 투자에 대한 글을 쓰며 즐겁게 지내고 있다. 아이들을 가르치는 일이 그리워지면 언젠가는 다시 교사로 일할 수 있지만 확실한 것은 우리는 더 이상 일할 필요가 없다는 점이다.

우리는 55개국을 넘게 여행했다. 은퇴하기 전에는 수영장, 스쿼시 코트, 테니스 코트, 체력 단련실이 있는 고급 아파트에서 살았다. 또 우리는 매주, 그러니까 1년에 쉰두 번 마사지를 받았다. 은퇴 첫해에 우리는 멕시코, 태국, 발리, 말레이시아, 베트남을 여행했다. 건강이 받쳐준다면 우리는 이 여행을 향후 40년 동안 이어나갈 것이다.

우리 부부가 현재 이러한 즐거움을 누리며 살 수 있는 건 일찍

부터 빚을 싫어했기 때문이다. 나는 빚을 몹시 싫어한다. 극단적인 소리로 들리겠지만 은행에 빚을 진다는 건 나에게 있어 악마와 거래하는 것과 같다. 나는 항상 최악의 시나리오를 생각한다. 직장에서 잘리면, 부채 상환 자금을 마련하지 못하면, 그 이후에 어떻게 될지를 걱정한다.

조기 퇴직을 꿈꾸는 젊은이에게 나의 20대처럼 살라고 권하는 것은 아니다. 그러나 부채를 생명을 위협하는 전염병으로 생각한 것은 나에게 큰 도움이 되었다. 여러분이 내 이야기를 삶의 영감으로 생각하든, 망상에 불과한 것으로 생각하든 나는 그것이 매우 재미있을 거라고 생각한다.

나는 대학교를 졸업하고 몇 달 후 7학년 아이들을 가르치기 시작했고 월세와 식비에서 돈을 아껴야만 학자금 대출을 다 갚을 수 있다고 생각했다. 이것은 합리적인 생각처럼 들리지만 부채로 하루하루를 연명하는 대도시의 걸인들은 나의 생활양식에 질색할 수도 있다.

감자, 파스타, 조개는 나에게 가장 값싼 형태의 생계유지 수단이었다. 특히 조개는 무료로 단백질을 제공하는 식재료였다. 나는 친구 오스카와 함께 손에 양동이를 들고 해안가를 다니며 조개를 가득 주워오곤 했다. 오스카는 그것으로 진수성찬을 차렸지만, 나는 아주 간단하고 검소하게 요리했다. 감자는 전자레인지에 구웠으며, 파스타는 삶았고, 조개는 약간의 올리브유와 볶는 게 다였다. 자, 어떤가! 1달러도 안 되는 돈으로 저녁 식사를 차렸다. 맛없는 식사를 얼마나 잘 참아낼 수 있는지는 중요하지 않다. 매일 그런 식사를 하다 보면 거의 개밥을 먹어도 될 정도로 익숙해진다. 이렇게 식비를 줄임으로써 월급의 30퍼센트로 생활을 이어가고, 70퍼센트는 부채를 갚는 데 사용할 수 있었다.

또한 룸메이트와 방을 함께 쓰면서 주거 비용도 절약했다. 그러나 곧 월세를 아예 지불하고 싶지 않다는 생각이 들었다. 그래서 겨울철에 따뜻한 지역으로 휴가를 가는 사람들을 찾아서 그들의 집을 돌봐주며 무료로 그곳에 머물렀다. 나는 그 집에 머물며 아무리 춥더라도 히터를 켜지 않았다. 난방 비용을 줄이고 싶었으므로 셔츠와 스웨터를 여러 겹 껴입고 집 안을 걸어 다녔고 벽난로가 있으면 그것을 사용했다. 활활 타오르게 불을 지피고 담요를 끌어당겨 그 앞에서 잠을 자고는 했다. 아침에 일어나면 내 입에서는 자주 입김이 나왔다. 아버지가 사업차 이 도시에 왔을 때 나는 아버지를 초대하여 함께 지냈다. 아버지는 떠들썩한 분이었지만 내가 "안 돼요, 아버지! 히터는 안 켜요."라고 말했을 때 그는 평소답지 않게 말이 없었다. 몹시 추운 날씨에 아버지와 함께 벽난로 앞에 바싹 붙어 있는 것이 부자의 유대감 형성에 아주 좋을 거라고 기대했지만 아버지는 그렇게 생각하지 않았던 것 같다. 그다음 이 도시에 다시 왔을 때 아버지는 호텔에서 묵었다.

결국 나는 나만의 장소를 갖고 싶다는 생각에 한 달에 350달러 짜리 지하 투룸으로 이사했다. 그러나 적은 월세를 내는 곳은 불편할 수밖에 없다. 집과 직장의 거리가 35마일이나 되었다. 내가 차를 몰고 출퇴근을 했다면 먼 거리도 그렇게 나쁘지는 않았을 것이다. 당시 나에게는 1200달러에 구입한 20년 된 녹슨 폭스바겐이 있었다. (2년 후 나는 그것을 1800달러에 팔았다.) 그러나 왕복 70마일의 기름값을 지불할 엄두가 나지 않았기 때문에 나는 자전거를 타고 다녔다.

낡은 산악자전거로 비가 오나 눈이 오나 매일 왕복 70마일을 달렸다. 얼간이 상이라는 게 있었다면 아마 내가 받았을 것이다. 당시에 나는 상당한 투자 포트폴리오를 가지고 있었다. 그러니 마음만 먹으면 현금으로 최신형 스포츠카를 구입할 수도 있었고 임차로 해안가 아파트에서 지낼 수도 있었다. 그러나 내 직장 동료들은 내가 무일푼인 줄 알았을 것이다.

퇴근길에 우연히 동료 교사를 주유소에서 만났다. 그녀는 연료를 넣고 있었는데 내가 자전거에 걸터앉아 에너지바 먹는 것을 보더니 급히 다가와서 "앤드류, 당신을 위해 학교 모금을 시작해야 할 것 같습니다." 하고 말했다. 그것이 농담이었다면 나는 웃고 넘겼을 것이다.

얼마 후 나조차도 내 생활양식이 조금 극단적이라고 생각했다. 좀 더 편히 살기 위해서 나는 지역신문에 광고를 낸 후 직장과 가까운 곳으로 이사했다. 광고에는 '교사, 월 450달러 이하의 숙박시설을 구함'이라는 카피를 썼다. 이 가격은 시세보다 훨씬 낮았지만 교사라는 내 직업을 적음으로써 집주인의 마음을 움직일 수 있다고 생각했다. 나는 단지 두 통의 전화를 받았지만 그중 한 곳이 나무랄 데 없이 좋아 그 집을 선택했다.

스물한 살 이래로 계속 돈을 투자하고 있었기 때문에 내 돈은 이미 상당히 불어나 있었다. 그러나 그것을 매각해 대출금을 갚고 싶지는 않았다. 대신 나는 단 한 푼이라도 여유 자금이 생기면 학자금을 상환하는 데 투입했다. 그렇게 정규직으로 근무하며 수도승처럼 산 지 1년 만에 나는 모든 부채를 청산했다. 그 이후로는 부채 상환에 사용하던 돈을 모두 투자로 돌렸다.

학자금을 상환한 지 6년 만에 나는 바닷가에 있는 집 한 채를 구입했고 이번에는 모기지 대출금을 어떻게 적극적으로 줄여나갈 것인지를 궁리했다. 대출금 상환의 융통성을 높이기 위해 심지어 더 높은 이자율을 감수하기도 했다. 대출금을 다 상환한 후에는 그 금액을 다시 투자로 돌렸다.

나만큼 부채를 경멸하는 사람도 거의 없다는 것을 인정한다. 그러나 일단 부채가 없어지면 세상 어디에서도 맛볼 수 없는 홀가분

함을 느낄 수 있다.

내 생각을 오해하지 마라. 이 부분은 젊은이들이 꼭 따라야 할 초보 매뉴얼은 아니다. 당시에 그것은 재미있는 도전 과제였지만 지금은 내 관심을 끌지 못한다. 비록 그렇다 하더라도 부자가 되고 싶은 마음이 있다면 특히 젊었을 때 더 검소하게 생활해야 한다. 그러면 부자가 될 가능성은 급격히 높아진다.

― 앞날을 생각하는 소비 습관 ─────────

부자가 되고 싶은 사람들은 흔히 '책임 있는 소비 습관'을 간과한다. 하지만 이를 간과할 경우 전 세계를 여행하거나 손주와 시간을 보내며 노후를 맞이하기를 원하더라도 끊임없이 일을 해야만 한다. 모든 사람이 일에 대해 동일한 철학을 갖고 있지는 않을 것이다. 그러나 죽음의 순간에 "아이고, 사무실에서 더 많은 시간을 보냈으면 좋았을 텐데.", "에이, 그 승진이 지난 2025년에 이루어졌으면 좋았을 텐데."라고 한탄할 사람이 과연 있을까?

대부분의 사람들은 일보다 취미, 아이폰보다 자신의 아이들, 그리고 회사 회식보다 조용히 생각할 시간을 더 좋아한다. 나도 확실히 그런 사람들 중 한 명이다. 이것이 바로 소비를 억제하고 돈을 효과적으로 투자하는 법을 배워야 하는 이유이다.

만약 사회초년생인 당신이 누군가가 값비싼 물건을 갖고 있는 것을 봤다면 그가 그것을 어떻게 구입했을지 생각해보라. 아마도 그런 물건 중 거의 대부분은 신용카드나 대출로 구입했을 것이고 물건 구입 후에는 밤잠을 이루지 못했을 것이다. 그들 중 많은 사람들은 진정한 부자가 아니며 오히려 극빈자처럼 상당한 스트레스를 받고 있을 것이다.

부자처럼 소비하는 법을 배우면 궁극적으로 부를 축적할 수 있다. 그렇게 하기 위해서 여러분은 나처럼 살지 않아도 된다. 내가 공유할 부자가 되는 투자 규칙을 실행하면 여러분은 여러분의 이웃이 하는 것의 절반만 투자하면서도 마지막에는 그들의 두 배를 갖게 될 것이다. 심지어 위험 부담도 더 적다. 그 방법을 알아보려면 이 책을 계속해서 읽어보라.

투자는
무조건 일찍
시작하라

성공 가능성을 가장 확실하게 하기 위해서는 전 세계 주식시장을 보유하는 것이 바람직하다. 그리고 가능한 한 일찍 투자해야 기하급수적으로 이익을 볼 수 있다.

학교 수학 시간에 배우는 것 중 많은 내용은 우리의 일상에 어떤 영향도 미칠 것 같지 않다. 2차 방정식을 배우는 것은 혼자 걷도는 공학도를 신나게 할 수는 있다. 그러나 2차 방정식에 흥분하는 사람은 거의 없다.

나는 2차 방정식(더 분명히 표현하자면 2차 함수로 이루어진 다항식)은 대부분의 사람에게는 유용하지만 일부 사람에게는 고통스럽다고 생각한다. 그럼에도 불구하고 따분한 수학 책에 유용한 것이 하나 숨어 있는데 그것이 바로 복리라는 마법이다.

워런 버핏은 억만장자가 되는 데 바로 이 복리를 적용했다. 더 중요한 것은 여러분도 그렇게 할 수 있으며 내가 지금부터 그 방법을 알려줄 것이라는 점이다.

빌 게이츠^{Bill Gates}와 오랫동안 세계 최고의 부자 자리를 놓고 다툰 버핏은 내가 앞에서 이야기한 전형적인 백만장자처럼 살고 있다. 그는 물질적인 것에 많은 돈을 소비하지 않으며 일찍이 돈을 투자하는 비법을 터득했다. 그는 열한 살 때 처음으로 주식을 매수했는데 이 억만장자는 자신이 너무 늦게 시작했다고 농담 삼아 말한다.

일찍부터 투자를 시작하는 것은 자기 자신에게 할 수 있는 가장 큰 기부다. 내가 이 책에서 설명하는 방식으로 일찍, 그리고 효율적으로 투자하면 장기간에 걸쳐 큰돈을 축적할 수 있다. 투자한 것을 모니터링하기 위해서는 1년에 60분만 할애하면 된다.

워런 버핏의 말 중 "모든 것은 준비에서 나옵니다. 노아는 비가 내릴 때 방주를 만들지 않았습니다."라는 명언이 있다.

대부분의 사람들은 성서 속 '노아의 방주' 이야기를 잘 알고 있다. 신은 노아에게 곧 홍수가 닥칠 테니 방주를 만들고 여러 종류의 동물을 싣게 했다. 그리고 실제로 비가 내릴 때 그들은 새로운 출발을 위한 항해를 시작했다. 노아는 미루지 않았다. 그 즉시 방주를 만들기 시작했다

그러나 잠시 생각해보자. 노아는 아마도 우리와 비슷한 성격일 것이다. 그래서 신이 그에게 앞으로 닥칠 홍수에 대해 발설하지 말라고 했더라도 그렇게 하지 않았을지도 모른다. 어쨌든 그도 인간이다. 그래서 나는 그가 술집을 어슬렁거리다가 몇몇의 친구를 만나 버드와이저 맥주를 마시면서 "이봐 잘 들어보게. 신께서 내게 말씀하셨어. 곧 비가 많이 내릴 것이니 방주를 만들어서 이 땅이 홍

수로 잠기면 즉시 출항해야 한다고."라며 친구에게 속삭이는 모습을 상상할 수 있다. 그의 친구 중 몇 사람(심지어 친구 전부가 될 수도 있다)은 노아가 마약을 먹었다고 생각할지도 모른다. 그들 생각에 이것은 말도 안 되는 이야기였을 것이다.

그러나 누군가는 틀림없이 그의 말을 믿었을 것이다. 노아의 홍수 이야기가 터무니없는 것으로 들렸을지라도 적어도 한 사람은 자신의 방주, 또는 적당한 규모의 배를 만들어야겠다고 고무되었을지도 모른다.

하지만 그 사람은 분명 아무것도 만들지 못했을 것이다. 그는 재료비를 지불하기 위해 돈을 더 많이 벌고 난 후에 방주를 만들어야겠다고 계획을 세웠을 것이다. 그는 더 확신을 갖기 위해 구름이 짙어지고 빗방울이 떨어지기 시작할 때까지 기다려야겠다고 다짐했을 것이다. 영국의 생물학자 찰스 로버트 다윈 Charles Robert Darwin 은 이를 '자연 선택 natural selection '이라고 부를지도 모른다. 두말할 필요 없이 노아의 친구는 생존 경쟁에서 살아남지 못했다.

주식시장과 채권시장에서 부자가 될 가능성을 최고로 끌어올리기 위해서는 무조건 일찍 시작하는 것이 최선이다.

늑장을 부리더라도 노아의 친구처럼 죽음에 처하지 않는다는 점은 감사할 일이다. 그러나 일찍 시작하면 다른 사람들이 빗속에서 허둥지둥 배를 만드는 동안 여러분의 배는 이미 멀리 항해하고 있을 것이다.

일찍 시작하는 것은 단지 남보다 앞서 출발하는 것 이상의 의미가 있다. 그것의 요점은 복리의 마법을 활용할 수 있다는 것이다.

─ 복리, 세계에서 가장 강력한 경제 개념 ─────────

복리는 복잡한 과정 같지만 사실 간단한 것이다.

연리가 10퍼센트라고 가정하면, 100달러는 1년 후 10달러가 증가해 110달러가 된다. 2년째에는 110달러로 시작하여 10퍼센트 증가하면 11달러가 불어나 121달러가 될 것이다. 3년째에는 121달러로 시작하여 10퍼센트 증가하면 12.1달러가 불어난 133.1달러가 될 것이다.

오래 지나지 않아 눈덩이 효과를 볼 수 있다. 연리 10퍼센트로 투자한 100달러가 어떻게 불어날 수 있는지를 보라.

연리 10퍼센트 복리로 투자한 100달러는 다음과 같이 된다.

· 5년 후 161.05달러

· 10년 후 259.37달러

· 15년 후 417.72달러

- 20년 후 672.74달러

- 30년 후 1,744.94달러

- 40년 후 4,525.92달러

- 50년 후 11,739.08달러

- 70년 후 78,974.69달러

- 80년 후 204,840.02달러

- 100년 후 1,378,061.23달러

기간이 늘어날수록 대단히 비현실적으로 보일지 모른다. 그러나 이런 혜택을 받기 위해서 여러분이 죽지 않는 사람이 될 필요는 없다. 내가 했던 것처럼 스물한 살에 투자를 시작하고 (희망 사항이지만) 아흔 살까지 살면 69년 동안 시장에서 복리로 돈을 불릴 수 있다.

일찍 시작하는 것이 가장 중요하다

(자동차 할부금이든 신용카드 대출금이든) 높은 이자율의 대출금을 상환한 후 여러분은 버핏의 노아 원칙을 작동할 준비가 되어 있을 것이다. 일찍 시작할수록 더 좋다. 여러분이 스무 살이라면 지금 당장 시작하라. 여러분이 쉰 살인데 아직 시작하지 않았다면 시작하기에 지금보다 더 좋은 때는 없다. 여러분은 결코 지금보다 더 젊어

질 수 없다.

비싼 자동차나 최신 첨단 기기, 신용카드 지불 대금으로 들어갈 돈은 인내심만 있다면 주식시장에서 복리로 급격히 불어날 수 있다. 주식시장에 더 오래 투자할수록 위험은 더 낮아진다.

우리는 주식시장의 급격한 변동을 알고 있다. 그것은 심지어 여러 해 동안 횡보할 수도 있다. 그러나 지난 90년 동안 미국의 주식시장은 연간 9퍼센트를 웃도는 수익률을 시현했다. 여기에는 1929년, 1973~1974년, 1987년의 폭락뿐 아니라 2008~2009년의 폭락도 포함되어 있다. 펜실베이니아 대학교 와튼 경영대학원의 재무학 교수인 제러미 시겔Jeremy Siegel 은《주식에 장기투자하라 Stocks for the Long Run 》에서 역사적으로 지배적인 미국 시장이 단 하나의 장기 수익원은 아니라고 말한다. 글로벌 시장에서 영국의 중요성이 전보다 감소했음에도 불구하고, 영국 주식시장의 수익률은 1926년 이래로 미국 시장의 수익률과 매우 비슷하다. 한편 독일의 경우 두 번의 파괴적인 세계대전조차 주식시장의 장기 수익률을 훼손하지 못했는데 이것 역시 미국 시장 수익률에 필적한다.

나는 여러 나라 중 어느 한 나라의 주식시장을 선택하라는 것이 아니다. 어떤 주식시장은 다른 시장보다 더 좋은 수익률을 보이지만 동화에 나올 법한 수정구슬 없이는 그 무엇도 미리 알 수 없다. 성공 가능성을 가장 확실하게 하기 위해서는 전 세계 주식시장 전체의 지분을 보유하는 것이 가장 바람직하다. 그리고 가능한 한 일찍 투자해야 기하급수적으로 이익을 볼 수 있다. 어린 나이에 투자를 시작할수록 더 좋다.

옆집보다 적게 투자하면서 더 부자 되기

아래 문제는 일찍 시작하는 노아 원칙이 얼마나 강력한지를 보여준다.

> A. 3만 2400달러를 투자하여 105만 180달러로 만들고 싶은가?
>
> B. 24만 달러를 투자하여 81만 3128달러로 만들고 싶은가?

확실히 이것은 어리석은 질문이다. 사람이라면 누구나 A를 선택할 것이다. 그러나 대부분의 사람들은 경제 교육을 제대로 받지 못했기 때문에 시나리오 B에 직면하는 것만으로도 행운으로 생각한다. 그들은 시나리오 A가 있다는 것조차 모른다.

여러분 주변에 젊은 친구가 있다면 그는 여러분의 지식 덕분에 이익을 볼 수 있다. 그들은 3만 2400달러를 투자해 100만 달러 이상을 벌 수 있다. 돈을 주어 그들을 나약하게 만들지 마라. 그들이 그 돈을 직접 벌게 하라. 그 방법은 다음과 같다.

투자 액수보다 기간이 더 중요하다

　다섯 살 소녀 스타는 어머니 오텀과 함께 보헤미아의 한 섬에서 산다. 그 섬의 사람들은 빈 알루미늄 음료 캔을 하수구에 마구 버리는데 오텀은 이 캔을 수집해 재활용하면 환경에 유익할 뿐 아니라 궁극적으로 백만장자가 될 수 있다고 스타를 설득한다. 오텀은 스타를 재활용 처리장으로 데리고 가서 캔과 병을 주고 하루 평균 1.45달러를 벌어들일 수 있도록 한다. 본바탕은 자유분방한 보헤미안이지만 오텀은 시골뜨기 무지렁이가 아니다. 그녀는 캔과 병을 재활용 처리장에 반납하여 번 1.45달러로 투자를 하면 스타도 백만장자가 될 수 있다는 사실을 알고 있었다.

　그것을 미국 주식시장에 적용하면 스타는 연평균 9퍼센트를 벌어들인다(이것은 지난 90년 동안의 주식시장 평균보다 약간 낮은 수치이다). 오텀은 대부분의 부모들이 알지 못하는 것을 알고 있었다. 그녀가 스타에게 저축을 가르치면 그녀의 딸이 거물 투자자가 될 것이라는 점이다. 그러나 그녀가 다른 부모들처럼 스타에게 돈만 준다면 그녀의 딸은 경제적으로 나약한 사람이 될지도 모른다.

　이제 시간을 20년 빨리 감기 해보자. 스타는 이제 스물다섯 살이다. 오텀은 스타에게 매월 45달러짜리 수표(대략 하루에 1.45달러)

를 보내라고 요구한다. 오텀은 스타의 돈을 계속해서 투자하고 스타는 지역 농산물 직판장에서 자신이 직접 만든 드림캐처를 판다.

스타의 가장 친한 친구 루시는 뉴욕에서 투자은행가로 일하고 있다. (이 두 사람이 서로를 어떻게 알게 되었는지 궁금하겠지만 그냥 넘어가기 바란다. 이것은 내가 지어낸 이야기일 뿐이다.) 루시는 풍족한 생활을 한다. BMW를 몰고 다니고 고급 식당에서 식사를 하며 그 외에도 많은 소득을 의상, 극장 쇼, 값비싼 신발과 번쩍이는 보석에 낭비하고 있다.

마흔 살에 루시는 매월 800달러를 저축하기 시작한다. 그리고 그녀는 이메일을 통해 스타가 노후 자금을 위해 매월 45달러를 투자한다는 소식을 듣게 된다.

스타는 자랑하고 싶지 않았지만 루시에게 정확한 정보를 주기 위해 이메일을 쓴다. "루시, 경제적 곤경에 처한 사람은 내가 아니라 바로 너야. 네가 나보다 훨씬 많은 돈을 저축하고 있는 것은 사실이지만 내가 퇴직할 때 받을 금액만큼 모으려면 너는 800달러보다 더 많은 돈을 투자해야 할 거야."

이 이메일에 루시는 어리둥절하다. 그녀는 스타가 말도 안 되는 소리를 한다고 여긴다.

25년 후 예순다섯 살이 된 그들은 멕시코의 차팔라 호수 근처에 있는 퇴직자 전용 아파트를 함께 임차하기로 한다.

"자, 내가 말한 대로 매월 800달러 이상의 돈을 투자했니?" 하고 스타가 묻는다. 그러자 루시는 "매월 45달러밖에 투자하지 않은 사람이 할 질문이야?"라고 되묻는다. 스타가 위풍당당하게 "루시, 너는 노아 원칙을 무시했기 때문에 나보다 더 많은 돈을 투자하고도 나보다 더 적은 돈을 갖게 되었어. 네가 나보다 늦게 투자를 시작했기 때문이야."라고 말한다.

두 사람은 주식시장에서 동일한 수익을 실현했다. 어느 해에는 돈을 벌었고 어느 해에는 돈을 잃었다. 그러나 전체적으로 그들은 각각 매년 평균 9퍼센트의 복리 수익률을 얻었다.

〈그림 2.1〉은 스타가 투자를 일찍 시작한 덕분에 3만 2400달러를 100만 달러가 넘는 돈으로 만들 수 있었다는 것을 보여준다. 루시는 스타보다 거의 여덟 배나 많은 돈을 투자했지만 늦게 시작했기 때문에 스타보다 23만 7052달러 더 적은 돈을 갖게 되었다.

스물한 살에 투자를 시작한 나보다 다섯 살에 시작한 스타가 더 많은 수익을 올렸을 것이다. 그러나 나는 대부분의 사람들보다 훨씬 더 일찍 시작했기 때문에 노아 원칙의 마법을 충분히 발휘할 수 있었다. 나는 미국과 해외 주식시장에 돈을 투자했는데 1990년부터 2016년까지 이 시장의 수익률은 연평균 9퍼센트가 넘었다. 1990년 시장에 투입한 돈은 2016년에 열 배의 가치가 되었다.

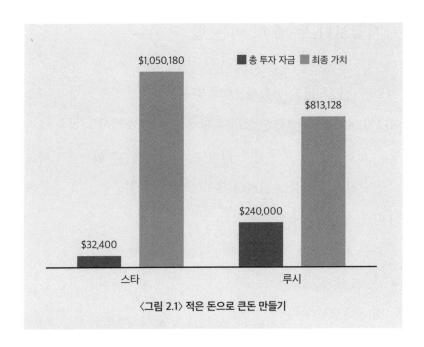

<그림 2.1> 적은 돈으로 큰돈 만들기

    젊은 부모들에게 복리 증식에 대해 이야기하면 그들은 한껏 고무되어 자녀의 장래를 위한 돈을 따로 떼어두려고 한다. 그러나 자녀를 위해 돈을 '따로 떼어두는 것'은 자녀가 직접 돈을 벌어 저축하고 투자하도록 격려하는 것과는 아주 다른 일이다. 돈을 주면 자녀의 나약함과 의존성이 심해진다.

    대신 돈의 의미를 가르치며 잘할 수 있다고 용기를 주면 자녀는 더욱 강해질 것이며 독립심과 자부심 역시 높아질 것이다.

– 지금보다 두 배 더 버는 법 ─────────────

2005년 두 명의 동료와 저녁 식사를 하다가 자연스럽게 저축 이야기가 나왔다. 그들은 얼마나 많은 돈을 저축해야 퇴직에 대비할 수 있을지 알고 싶어 했다. 퇴직연금을 기대할 수 있는 공립학교 교사와 달리 사립학교 교사인 우리는 퇴직 후 사용한 돈을 월급에서 따로 떼어내 저축하고 있었다.

나는 퇴직 후를 생각했을 때 우리가 매월 저축해야 할 최소 금액을 그들에게 말했다. 그 금액은 그들이 현재 저축하고 있는 돈의 두 배에 해당했다.

동료 교사 줄리는 그것이 실행 가능한 금액이라고 생각했지만 그녀의 남편 톰은 미친 짓이라고 생각했다. 그래서 나는 그들에게 다음의 두 가지를 실행해보라고 요구했다.

1. 식비, 모기지 대출 상환금, 자동차 연료비, 건강 보험 납부금 등 3개월 동안 지출한 모든 항목을 적어보라.
2. 이 3개월의 월말에 매월 생활비가 얼마나 드는지 계산해보라.

몇 달 후 우리는 저녁 식사를 함께 하며 그 결과에 대해 이야기했다. 줄리는 외식하고 옷 사고 커피 마시는 등 사소한 것에 얼마나 많은 돈을 지출했는지를 알고 매우 놀랐다고 했다. 톰은 골프를 치러 간 클럽하우스에서 친구와 함께 맥주를 마시는 데 얼마나 많은 돈을 지출했는지 깨닫고 놀랐다고 했다.

3개월 후 그들은 변하기 시작했다. 매일 저녁 지갑에서 영수증을 꺼내 그날의 경비를 적어가며 오늘 하루 얼마나 많은 돈을 탕진했는지 깨달았다. "하루가 끝날 무렵에 내가 구매한 것을 적어야 한다는 것을 알았어요. 그것은 책임의 척도가 되었습니다. 그 후 저는 돈을 덜 쓰기 시작했어요."라고 톰은 설명했다.

가정 경제를 효율적으로 이끌어가는 가구의 경우 자신들의 생활비가 얼마인지를 알고 있다. 비용을 장부에 기록하는 것은 일반적으로 두 가지 장점이 있다. 한 달에 얼마나 많은 돈을 지출하는지 알 수 있고, 이로써 한 달에 얼마를 투자할 수 있는지도 알 수 있다. 이것은 소비에 대한 책임을 깨닫게 해주고 비용을 절감하도록 도와준다.

월간 소득에서 평균 경비를 공제하면 얼마나 많은 금액을 투자할 수 있는지 알 수 있다. 그 돈을 투자하기 위해 월말까지 기다려서는 안 된다. 월급을 받은 날에 바로 투자하라. 그러지 않으면 월말에 투자 플랜을 이행하기 위한 충분한 돈이 남아 있지 않을 것이다. 내 아내는 나와 결혼하기 전까지 그런 잘못을 저질렀다. 그녀는 월말이나 연말에 그녀의 계좌에 남아 있는 돈으로 투자를 했다. 그녀가 태도를 바꿔 월급날 일정 금액이 자동 이체되도록 설정하자 이전보다 두 배나 많은 돈을 투자하게 되었다.

내 친구 줄리와 톰 역시 투자 습관을 바꿔 1년 후에는 기존 금액의 두 배를 투자하게 되었다. 2년 후 그들은 원래 불입했던 금액의 세 배로 투자 금액을 올렸다. 두 사람은 똑같은 말을 했다. "우리는 매월 그 돈이 어디로 가고 있는지 모르고 있었어요. 3년 전과 지금의 삶이 다르지 않지만, 우리는 투자 계좌에 넣는 저축금을 세 배나 늘렸어요."

내 아내와 나는 아이폰에 있는 앱을 이용해 그날의 지출을 모두 기록한다. 이것은 쉬운 일이다. 식료품점이나 음식점에서 나와 즉시 비용을 기입하면 된다. 내가 흥분해서 주위 사람들에게 다 들리도록 "이 앱은 지금까지 나온 것 중 최고입니다!"라고 말하면 내 아내는 당황하며 나를 밖으로 끌고 나온다.

소비한 것을 기록하면 건전한 소비 패턴을 체득하게 되고 그 결과 시간이 지날수록 훨씬 더 많은 돈을 투자할 수 있게 된다.

또 하나의 유용한 조언을 하겠다. 앞으로 여러분의 연봉은 분명 오를 것이다. 어느 해에 연봉이 1000달러가 오른다면 적어도 그것의 절반을 투자 계좌에 추가하라. 그리고 뭔가 특별한 것을 위해 나머지 금액은 다른 계좌에 넣어라. 그런 식으로 하면 여러분은 연봉 인상분에 대해 두 배로 보답을 받을 것이다.

– 투자하지 말아야 할 때 ─────────

    얼마나 많은 돈을 저축하고 투자할 수 있을지 결론짓기 전에 분명히 해야 할 중요한 사항이 하나 있다. 여러분이 신용카드 이자를 내고 있다면 '투자'는 경제적으로 사리에 맞지 않다. 대부분의 신용카드는 연간 18~24퍼센트의 이자를 청구한다. 그것을 월말까지 완전히 청산하지 않으면 친절한 카드 회사는 여러분의 피에 빨대를 꽂고 돈을 빨아들일 것이다. 신용카드 빚에 18퍼센트의 이자를 지불하면서 투자로 10퍼센트 수익이 나기를 바라는 것은 비합리적이다.

    18퍼센트 이자의 신용카드 빚을 청산하는 것은 여러분의 돈에서 비과세로 18퍼센트의 수익을 얻는 것과 같다. 그 어떤 투자도 세후 그 같은 수익을 보장하지 않는다. 투자상담사나 광고 또는 어떤 종류의 투자 집단이 연간 18퍼센트의 수익률을 약속하면 다단계 사기꾼으로 생각해도 좋다. 아무도 그런 수익률을 보장할 수 없다.

    신용카드 회사를 제외하고는 아무에게도 그런 일은 일어나지 않는다. 그들은 연간 18~24퍼센트를 여러분을 통해 벌고 있다. 이는 결코 여러분을 위한 것이 아니다.

– 주식의 가치는 어떻게,
그리고 왜 상승하는가?

여러분은 20년 동안 내가 어떻게 주식시장에서 연평균 10퍼센트의 수익률을 올렸는지 궁금할 것이다. 내 돈의 가치가 하락했을 때도 있었지만 10퍼센트가 훨씬 넘는 수익을 올린 해도 있었다.

그 돈은 어디에서 생기는가? 그것은 어떻게 창출되는가?

소설《찰리와 초콜릿 공장》의 주인공 윌리 웡카가 작은 초콜릿 가게를 연다고 가정해보자. 그는 녹지 않는 아이스크림과 맛이 사라지지 않는 추잉 껌, 악마조차 자신의 영혼을 팔고 싶을 만큼 맛있는 초콜릿을 만들고 싶어 한다.

그러나 공장을 키울 돈이 충분하지 않았다. 그는 더 큰 건물이 필요했고, 작고 기이한 근로자들을 더 많이 고용하기를 원했고, 초콜릿을 빠르게 만들기 위한 기계 역시 구입하기를 원했다.

윌리는 뉴욕증권거래소에 접근할 사람을 고용했다. 그런데 윌리가 알기도 전에 그의 회사에 투자한 사람이 있었다. 그들은 초콜릿 공장의 일부를 매수했는데 이것을 지분share 또는 주식stock 이라

한다. 윌리는 회사 일부를 신규 주주에게 판매함으로써 더 크고 효율적인 공장을 지을 수 있게 되었고, 덕분에 회사의 이익은 증가했다.

윌리의 회사는 이제 공개public 되었다. 공개되었다는 건 주주가 원할 시 회사의 지분을 다른 사람에게 팔 수 있다는 것을 의미한다. 회사의 주식이 주식시장에서 공개적으로 거래될 때 그 행위가 회사에 미치는 영향은 미미하다. 그래서 윌리는 초콜릿 제조라는 그가 가장 잘하는 분야에 집중할 수 있었다. 주주들은 그를 귀찮게 하지 않았다. 일반적으로 소수의 주주들은 회사의 일상적인 업무에 영향을 미치지 않기 때문이다.

윌리의 초콜릿은 대단했다. 주주를 기쁘게 하면서 그는 더욱더 많은 초콜릿을 판매하기 시작했다. 그러나 주주들은 점차 자신들이 초콜릿 공장의 일부 소유주라는 것을 나타내는 (뉴욕증권거래소나 증권 회사에서 발행해주는) 증명서 이상의 것을 원했다. 그들은 초콜릿 공장의 이익을 공유하고 싶어 했다. 엄밀히 따지면 주주들 역시 이 회사의 소유주이기 때문에 이것은 사리에 맞는 요구였다.

그래서 이사회(이사회의 지위는 주주의 투표로 결정된다)는 연간 이익의 일정 비율, 즉 배당을 주주에게 지급하기로 결정하고 모든 사람은 행복해한다. 이것은 다음과 같이 작동한다. 윌리의 공장은 매년 약 10만 달러어치의 초콜릿과 다른 맛있는 제품을 판매한다. 이익에 대한 세금과 임금 그리고 관리 비용을 제외하고 윌리 웡카의 초콜릿 공장은 연간 1만 달러를 벌었다. 회사 이사회는 연간 1만 달러의 이익 중에서 5000달러를 주주에게 지불하기로 결정하고 그들에게 분배했다. 이것이 바로 배당이다.

나머지 5000달러는 회사에 재투자했다. 윌리는 그 돈으로 더 좋은 기계를 구입하고 초콜릿을 두루 광고하며 훨씬 더 빨리 초콜릿을 만들어 많은 이익을 창출했다.

이렇게 재투자된 이익은 윌리의 회사를 훨씬 더 수익성 있는 기업으로 만들었다. 그 결과 초콜릿 공장의 다음 해 이익은 두 배로 늘어나 2만 달러가 되었으며 주주에 대한 배당금 지불도 증가했다.

물론 이것을 보고 다른 잠재적 투자자는 군침을 흘렸다. 그들은 이 공장의 주식을 사고 싶어 했다. 이제 주식을 팔고 싶어 하는 사람보다 사고 싶어 하는 사람이 더 많아졌다. 주식에 대한 수요로 초콜릿 공장의 주식 가격은 상승했다(매도자보다 매수자가 더 많으면 주가는 상승한다. 반대로 매수자보다 매도자가 더 많으면 주가는 하락한다).

시간이 흐르면서 윌리 회사의 주가는 변동을 거듭했다. 투자자 정서에 따라 어떤 때는 상승했고 어떤 때는 하락했다. 회사에 대한 좋은 뉴스가 나오면 대중의 주식 수요가 증가하여 가격이 상승했다. 다른 날에는 비관적인 투자자들 때문에 주가가 하락했다.

윌리의 공장은 수년 동안 계속해서 돈을 벌어들였다. 장기적으로 회사의 이익이 증가하면 주가는 함께 상승한다.

윌리의 주주들은 두 가지 방식으로 돈을 벌 수 있었다. 그들은 배당금(일반적으로 매년 네 번 주주에게 지불하는 현금)에서 이익을 실현할 수 있었다. 또는 주식시장에서 주식 가치가 상승할 때 주식의 일부 또는 전부를 매도하여 이익을 실현할 수 있었다.

투자자가 윌리 웡카 회사의 주식을 소유함으로써 연간 10퍼센트의 이익을 올릴 수 있는 가상의 방법은 다음과 같다.

몽고메리 번스는 윌리 웡카의 초콜릿 공장 주식에 눈독을 들이고 주당 10달러에 주식 1000달러어치를 사기로 했다. 1년 후 주가가 10.50달러로 상승하면 주가 상승률은 5퍼센트가 될 것이다 (10.50달러는 번스가 지불한 10달러보다 5퍼센트 더 높은 가격이다).

그리고 번스가 50달러의 배당금을 받았다면 그는 추가적으로 5퍼센트의 이익을 얻었다고 할 수 있다. 왜냐하면 50달러의 배당금은 최초 투자 금액인 1000달러의 5퍼센트이기 때문이다.

그래서 그의 주식 가치가 5퍼센트 상승하고 배당금 지불에서 추가로 5퍼센트의 이익을 올리면 1년 후 번스는 주식에서 10퍼센트의 이익을 얻을 것이다. 물론 지불된 5퍼센트의 배당금만 '실현된' 이익으로 그의 주머니로 들어갈 것이다. 주식 가치가 상승하면서 생긴 5퍼센트의 이익은 번스가 윌리 웡카 주식을 팔아야만 실현될 것이다.

그러나 몽고메리 번스는 윌리 웡카 주식이 등락을 거듭할 때 그것을 사고팔며 부자가 된 것이 아니다. 연구에 의하면 주식을 사서 재빨리 되파는 투자자들은 장기간에 걸쳐 주식을 보유하는 투자자만큼 많은 이익을 얻을 수 없다.

번스는 수년 동안 그 주식을 보유했다. 어떤 때는 주가가 상승했고 어떤 때는 하락했다. 그러나 회사의 이익은 계속 증가했기 때문에 장기간에 걸쳐 주가는 상승했다. 연간 배당금을 받은 번스의 탐욕스런 입술 위에는 미소가 끊이지 않았다. 주가 상승 이익으로 그는 연간 평균 10퍼센트의 잠재적 이익을 얻었다.

그러나 번스는 여러분이 기대하는 것처럼 유쾌하게 두 손을 싹싹 비비면서 쾌재를 부르지는 못했다. 왜냐하면 윌리 웡카의 주식을 사며 그는 '호머의 도넛'과 '루의 바' 주식도 매수했기 때문이다. 이 두 회사는 잘 돌아가지 않았고 번스는 돈을 잃었다.

그러나 그를 정말로 미치게 한 것은 '바트의 바프 개그스' 주식을 놓친 것이었다. 번스가 이 회사의 주식을 샀더라면 그는 어렵지 않게 큰돈을 손에 넣었을 것이다. 주가가 단 4년 만에 네 배로 상승했기 때문이다.

다음 장에서는 주식시장에 투자하는 가장 좋은 방법을 알려줄 것이다. 번스의 전략처럼 어떤 주식이 오를지 추측하기보다는 주식시장에 있는 모든 주식을 소유하는 것이 더 좋다. 모든 주식을 산다는 게 불가능한 것처럼 들리겠지만 모든 주식을 소유하고 있는 단 하나의 상품을 매수하면 이 문제는 쉽게 풀린다.

여러분이 주식을 일찍 시작하기만 하면 이웃이 투자하는 금액의 절반만 투자하더라도 평생 그보다 두 배의 돈을 더 모을 수 있다는 점을 기억하라. 전 세계 주식시장의 총 수익률을 살펴보면 인내심이 강한 투자자에게 시장은 언제나 굉장한 이익을 안겨주었다.

예를 들어 미국 주식시장은 1920년부터 2016년까지 연평균 10.16퍼센트의 수익률을 보였다. 그것보다 더 빨리 상승한 기간도 있었지만 다른 때에는 하락하기도 했다. 그러나 그 10.16퍼센트의 평균 수익률은 장기적으로 굉장한 수익을 안겨주었다. 물론 주식시장이 매년 수익을 안겨주지는 않았지만 인내심 많은 투자자들은 보상을 받는다.

일례를 들어보자. 여러분이 1978년에 미국 주식시장에 1600달러를 투자했다고 가정해보자. 어떤 일이 있어도 매월 100달러를 납입한다면 정액분할 매수dollar-cost averaging를 실천한 것이다. 투자하기에 '좋은 때'인지 '나쁜 때'인지를 추측하지 않고 돈이 자동적으로 투자되도록 한 것이다. 1978년부터 2016년 8월까지 최초 납입액 1600달러에 매월 100달러(연 1200달러)를 추가로 투입했을 때 비과세 계좌에서 그 돈이 어떻게 불어나는지를 보자.

〈표 2.1〉 1,600달러에 매월 100달러를 추가하여 미국 주식을 정액분할 매수할 경우

연말	총 누적 투자 금액	수익 성장 후 총 가치
1978	$1,600	$1,699
1979	$2,800	$3,273
1980	$4,000	$5,755
1981	$5,200	$6,630
1982	$6,400	$9,487
1983	$7,600	$12,783
1984	$8,800	$14,863
1985	$10,000	$20,905
1986	$11,200	$25,934
1987	$12,400	$28,221
1988	$13,600	$34,079
1989	$14,800	$46,126
1990	$16,000	$45,803
1991	$17,200	$61,009
1992	$18,400	$66,816
1993	$19,600	$74,687
1994	$20,800	$76,779
1995	$22,000	$106,944
1996	$23,200	$132,767
1997	$24,400	$178,217
1998	$25,600	$230,619
1999	$26,800	$280,564
2000	$28,000	$256,271
2001	$29,200	$226,622
2002	$30,400	$177,503
2003	$31,600	$229,523
2004	$32,800	$255,479

2005	$34,000	$268,932
2006	$35,200	$312,317
2007	$36,400	$330,350
2008	$37,600	$208,940
2009	$38,800	$265,756
2010	$40,000	$301,098
2011	$41,200	$302,298
2012	$42,400	$344,459
2013	$43,600	$403,514
2014	$44,800	$458,028
2015	$46,000	$463,754
2016.08	$46,800	$498,904

*S&P500 수익률 사용
출처: 버턴 말킬, 《랜덤워크 투자수업 A Random Walk Down Wall Street 》

　　1978년부터 2016년 8월 23일까지 투자한 돈은 단지 4만 6800달러에 불과했다. 그러나 그 돈은 49만 8904달러로 불어났다. 막대한 부를 쌓기 위해서는 일찍 투자하는 것이 가장 좋다. 다음 장에서 그 방법을 자세히 알려주겠다.

인덱스펀드에
투자하라

가장 치명적인 단점은 뮤추얼펀드의 높은 수수료다. 1퍼센트의 10분의 1로 표시된 비용은 낮아 보일 수 있지만 생애에 걸쳐 보면 수만 달러의 비용이 될 수도 있다. 투자 생애에 걸쳐 모든 비용을 공제하고 나면 인덱스펀드의 포트폴리오가 뮤추얼펀드의 포트폴리오를 능가할 것이라는 점은 확실하다.

한 관광객이 가이드의 안내를 받으며 뉴욕 금융가를 구경하고 있었다. 뉴욕항이 내려다보이는 배터리 공원에서 가이드가 정박 중인 멋진 배를 가리키며 말했다. "자, 저 배들이 은행가와 주식중개인들의 요트입니다." 그러자 이 순진한 관광객이 물었다. "고객의 요트는 어디에 있습니까?"

- 프레드 쉐드Fred Schwed, 《고객의 요트는 어디에 있는가 Where Are the Customer's Yachts? 》

  중에서

1971년 권투 선수 무하마드 알리Muhammad Ali 가 무패 행진을 하고 있을 때 미국의 농구스타 윌트 체임벌린Wilt Chamberlain 은 자신이 권투로 알리를 이길 수 있다고 말했다. 이 경기를 성사시키기 위해 프로모터들이 급히 모였다. 자신만만했던 알리는 엄청나게 큰 키의 체임벌린을 나무에 비유해 "나무 넘어가요! Timber-r-r-r! " 하고 공개적으로 조롱하며 소리쳤다.

체임벌린은 자신이 운 좋게 펀치 한 대만 제대로 날리면 알리를 이길 수 있다고 생각했지만 권투 관계자들은 그렇게 생각하지 않았다. 체임벌린이 이길 가능성은 턱없이 낮았고 그의 허세는 스스로에게 고통만 초래할 뿐이었다.

전해지는 말에 의하면 알리의 "나무 넘어가요!"는 겁먹은 체임벌린의 불안감을 자극했고 이 때문에 경기가 중단되었다고 한다.

패배를 좋아하는 사람은 없다. 그렇기에 우리는 어떤 일을 해서는 안 된다는 걸 알며, 또 그렇게 한다. 체임벌린에게는 미안하지만 프로복서가 아닌 사람이 링에서 이길 거라는 데에 사람들은 돈을 걸지 않는다. 마찬가지로 우리는 법정에서 개인이 검사에 맞설 수 있다고 돈을 걸지 않을 것이다. 체스 경기에서 체스의 달인을 이길 수 있다고도 돈을 걸지 않을 것이다.

그렇다면 장기적인 투자 경연에서 개인이 전문 투자상담사에 맞설 수 있는가? 기본 상식으로는 그럴 수 없다. 그러나 투자 분야에서는 전문가를 쉽게 이길 수 있다. 그러니 이것은 전문가에 도전하지 말라는 규칙에 대한 유일한 예외가 될지도 모른다.

─ 초등학교 5학년생도 월가와 대적할 수 있다 ─

그렇다. 초등학교 5학년 아이가 월가와 대적하는 것은 쉬운 일이다. 그 아이가 영리할 필요는 없다. 단지 투자 상담을 받을 때 상담사가 최고의 투자 수단이라고 권하는 것을 선택하지 않으면 된다. 주식시장은 보통의 투자자에게 불리하도록 조작된다. 왜냐하면 대부분의 상담사는 고객의 비용으로 돈을 벌기 때문이다.

금융서비스 산업의 이기적인 실체

대다수의 투자상담사들은 고객의 경제적 이익보다 자신의 이익을 우선시하는 영업 직원이다. 그들은 자신(또는 고용주)에게 많은 수입을 가져다주는 투자 상품을 여러분에게 판매한다. 그들의 우선순위에서 여러분은 아주 멀리 떨어진 두 번째 고려 대상이다. 우리 중 많은 사람이 금융플래너와 친분이 있다. 그들은 파티나 골프장에서 상당히 재미있게 이야기하는 사람들이다. 그러나 그들이 적극적으로 운용하는 뮤추얼펀드를 추천한다면 그들은 지금 당신에게 해를 끼치고 있는 것이다.

그들이 여러분을 진정으로 생각한다면 뮤추얼펀드가 아닌, 인덱스펀드 index fund 를 권해야 한다.

상담사가 매우 싫어하는 인덱스펀드

논픽션 책에는 보통 인덱스(색인)가 있다. 인덱스는 그 안에 있는 모든 것을 나타낸다.

주식시장을 책에 대입해보라. 인덱스로 가면 그 '책' 속에 있는 모든 것을 볼 수 있다. 예를 들어 미국 주식시장의 인덱스로 가면 월마트Walmart, 갭The Gap, 엑슨 모빌Exxon Mobil, 프록터 앤드 갬블Procter & Gamble, 콜게이트 파몰리브Colgate-Palmolive와 같은 상장 회사의 이름을 볼 수 있을 것이다. 그리고 그 목록은 수천 개 이상 이어질 것이다.

투자 세계에서 '미국의 전체 주식시장 인덱스펀드'를 매수하면 수천 개의 주식이 포함되어 있는 '단일 상품'을 매수하는 것과 같다. 단 하나의 상품이지만 그것은 주식시장 전체를 나타내고 있다.

단지 세 개의 인덱스펀드만 매수하면 투자한 돈을 거의 모든 글로벌 금융시장으로 분산할 수 있다.

1. **자국 주식시장 인덱스**(미국인은 미국 인덱스, 캐나다인은 캐나다 인덱스)

2. **해외 주식시장 인덱스**(전 세계로부터 다양한 종류의 해외주식을 보유)

3. **정부 채권시장 인덱스**(안정적인 보장 이율로 정부에게 빌려주는 돈)

나는 제5장에서 채권시장 인덱스를 설명할 것이고, 제6장에서 인덱스 투자로 수익을 낸 여러 나라의 실제 인물을 소개할 것이다. 그것은 그들에게도 쉬운 일이었고 여러분에게도 쉬울 것이다.

그것이 전부다. 단지 세 개의 인덱스펀드만 구입하면 여러분은 대부분의 투자 전문가를 크게 앞설 수 있다.

─ 반박할 수 없는 워런 버핏의 투자 원칙 ──────

전문가, 예컨대 치과의사는 사람들에게 많은 것을 해준다. 그러나 사람들은 전문 자금운용자에게서 그 어떤 것도 얻어내지 못한다. 보통주를 소유하는 가장 좋은 방법은 인덱스펀드에 투자하는 것이다.

- 워런 버핏, 버크셔 해서웨이 Berkshire Hathaway 회장

어디에 투자할지 워런 버핏에게 물으면 그는 아마 인덱스펀드를 매수하라고 할 것이다. 또 그는 자신의 자산 상속인에게 "내 유산의 90퍼센트는 인덱스펀드에 투자하라."라고 당부했다. 그는 이 내용을 버크셔 해서웨이의 2014년 연차보고서에 게재했다. "저의 조언은 매우 단순합니다. 유산 중 현금의 10퍼센트를 단기 국채에 넣고 나머지 90퍼센트를 비용이 낮은 S&P500 인덱스펀드에 넣으세요(뱅가드 인덱스펀드를 추천합니다)."

여러분은 세계 최대의 투자자인 워런 버핏이 아내의 돈을 투자하기 위해 성장주를 잘 선정하는 사람이나 능력 좋은 뮤추얼펀드 운용자를 찾는 모습을 상상할지도 모른다. 그러나 그는 현명한 사

람이다. 세금 공제 후 시장보다 더 좋은 수익률을 내줄 사람을 찾기란 불가능하다. 그래서 그는 아내의 돈 역시 인덱스펀드에 투자한다.

30대에 평범한 교사 월급으로 투자하며 나도 모르게 투자상담사 수수료를 지불했다면 지금과 같이 100만 달러를 축적할 수 없었을 것이다. 내가 후한 사람이 아니라고는 생각하지 마라. 나는 단지 영업 직원을 빙자해 말만 번지르르하게 하는 사람에게 수만 달러를 거저 주고 싶지 않을 뿐이다. 그리고 여러분 역시 그래서는 안 된다고 생각한다.

노벨 경제학자는 투자에 대해 어떻게 이야기하는가?

주식 포트폴리오를 다각화하는 가장 효율적인 방법은 수수료가 낮은 인덱스펀드를 매수하는 것이다.

- 폴 새뮤얼슨Paul Samuelson, 1970년 노벨 경제학상 수상자

우리 시대 가장 유명한 경제학자인 폴 새뮤얼슨은 경제학에서 노벨상을 받은 최초의 미국인이다. 공정히 말해서 그는 이웃해 있는 금융 회사들, 메릴 린치Merrill Lynch, 에드워드 존스Edward Jones, 레이먼드 제임스Raymond James 사무실에서 이해상충 문제로 고통받고

있는 중개인보다 돈에 대해 훨씬 더 많은 것을 알고 있다.

일반 금융플래너는 여러분이 이 사실을 아는 것을 원치 않을 것이다. 그러나 노벨 경제학상 수상자로 이루어진 드림팀은 여러분이 이 사실을 알기를 원할 것이다. 투자자들은 주식시장보다 더 좋은 수익률을 낼 수 있는 전문 자금운용자를 찾을 수 없다.

> 그들은 틀림없이 그럴 수 없을 것이다. 그런 일은 틀림없이 일어날 수 없을 것이다.
>
> - 대니얼 카너먼 Daniel Kahneman, 2002년 노벨 경제학상 수상자, 광범위한 인덱스펀드를 능가할 수 있는 가능성에 대해 질문 받았을 때

카너먼은 자연스러운 인간의 행동이 투자 결정에 어떤 부정적인 영향을 미치는가에 대한 연구로 노벨상을 받았다. 그가 보기에는 너무 많은 사람들이 장기적으로 시장 인덱스를 능가하는 펀드 운용자를 만날 것이라고 믿고 있었다. 그러나 그 기대는 잘못됐다.

> 소극적 투자(인덱스펀드)에 대부분의 자금(포트폴리오의 70~80퍼센트)을 투자하지 않는 연금펀드 운용자는 위법 행위, 해이한 행위, 나쁜 행위를 저지르고 있는 것이다!
>
> - 머튼 밀러 Merton Miller, 1990년 노벨 경제학상 수상자

연금펀드 운용자들은 정부와 기업의 위탁을 받아 수십억 달러를 투자하는데 미국의 경우 그들 중 절반이 넘는 사람들이 인덱스펀드 접근법을 사용한다. 밀러에 의하면 그렇지 않은 사람들은 무책임한 수단을 강구하는 사람들이다.

> **나에게는 전체 비용이 8bp**(베이시스 포인트: 1퍼센트의 100분의 1)**에 불과한 글로벌 인덱스펀드가 있다.**
>
> – 로버트 머튼 Robert Merton, 1997년 노벨 경제학상 수상자

하버드 경영대학원의 명예 교수인 머튼은 아마도 자신이 시장을 능가할 수 있다고 생각했을 것이다. 어쨌든 그는 1994년에서 1998년까지 연간 40퍼센트의 수익률을 낸 것으로 보도된 미국의 헤지펀드 hedge fund (나중에 설명할 뮤추얼펀드의 한 종류) 회사인 롱텀 캐피털 매니지먼트 Long-Term Capital Management 의 이사였다. 그러나 이 헤지펀드는 주주 대부분의 돈을 잃고 2000년에 폐쇄되었다.

머튼과 같은 노벨상 수상자가 뛰어난 능력을 가진 것은 당연한 일이다. 더구나 그는 자신의 잘못에서 무언가를 배울 수 있을 정도로 매우 뛰어났다. 2009년 〈PBS 뉴스아워 PBS News Hour 〉와의 인터뷰에서 그는 투자 자산의 공개를 요청받자 제일 먼저 글로벌 인덱

스펀드에 대해 말했다. 이 펀드는 8bp를 비용으로 청구한다. 이것은 인덱스펀드의 숨겨진 연간 비용이 0.08퍼센트라는 것을 아주 멋지게 표현한 것이다.

투자상담사와 함께하는 보통의 소매 투자자는 그보다 12배에서 30배까지 많은 수수료를 지불한다. 이 비용은 평생으로 보면 수십만 달러에 이를 수 있다. 나는 여러분의 투자 비용을 로버트 머튼이 지불하는 금액과 매우 비슷한 수준으로 낮추는 방법을 알려주겠다. 그렇게 함으로써 여러분도 머튼의 잘못에서 교훈을 얻을 수 있을 것이다.

> **적극적 운용을 옹호하는 사람들의 주장은, 적극적 운용자로 경력을 쌓고 있는 사람들의 편리를 위해 산수의 법칙이 완전히 사라졌다고 가정할 때만 정당화될 수 있다.**
>
> - 윌리엄 샤프 William F. Sharpe, 1990년 노벨 경제학상 수상자

당신의 집 건너에 샤프가 살고 있다면 그는 자신이 인덱스펀드의 열렬한 지지자라고 말할 것이다. 또 그는 다른 형태의 시장을 추구하는 투자상담사와 뮤추얼펀드 운용자가 우리를 속이고 있다고 말할 것이다.

한 투자상담사가 인덱스펀드에 투자하지 말라고 말한다면 그는

본질적으로 자신이 워런 버핏보다 더 현명하며 노벨 경제학상 수상자보다 돈에 대해 더 잘 안다고 말하는 것과 같다. 여러분은 이에 대해 어떻게 생각하는가?

─ 전문가가 뮤추얼펀드에 고개를 흔드는 이유 ─

적극적으로 운용되는 뮤추얼펀드를 고객이 매수할 때 상담사들은 높은 보수를 받는다. 그래서 그들은 고객들에게 뮤추얼펀드를 매수하라고 권한다. 여러분이 주식시장 인덱스를 매수하면 상담사들은 거의 아무런 보수도 받지 못하기 때문에 그들은 필사적으로 수익이 더 많이 나는 방향으로 고객들을 인도하려고 한다.

적극적으로 운용되는 뮤추얼펀드는 다음과 같이 작동된다.

1. 상담사는 여러분의 돈을 받아 펀드 회사로 보낸다.

2. 펀드 회사는 여러분의 돈을 다른 투자자의 돈과 합쳐서 뮤추얼펀드에 넣는다.

3. 펀드 회사는 투자자에게 이익을 안겨줄 것이라는 희망으로 주식을 사고파는 펀드운용자를 고용한다.

전체 미국 주식시장 인덱스는 미국 시장의 거의 모든 주식을 항상 보유하고 있지만 뮤추얼펀드는 운용자가 수시로 선별한 주식을 매매한다.

예를 들면 뮤추얼펀드 운용자는 오늘 코카콜라^{Coca-Cola} 주식을 사고 내일 마이크로소프트^{Microsoft} 주식을 팔며, 그다음 주에 마이크로소프트 주식을 다시 사고 제너럴 일렉트릭^{General Electric} 주식을 12개월 동안 두세 번 사고팔 수 있다.

뮤추얼펀드가 전략적으로 유리해 보이지만, 학계의 통계에 의하면 뮤추얼펀드를 매수하는 것은 인덱스펀드와 비교할 때 패자의 게임이다. 펀드운용자가 전략적으로 주식을 매매함에도 불구하고 거의 대다수의 뮤추얼펀드는 장기적으로 인덱스펀드에 뒤질 것이다.

노벨 경제학상 수상자인 윌리엄 샤프는 스탠포드 대학교에서 간행한 논문에서 이에 대해 다음과 같이 설명했다.

'어느 해에 미국 주식시장이 8퍼센트 상승한다고 할 때 그것은 주식시장에 투자된 모든 돈이 그해 8퍼센트 상승한다는 것을 뜻한다. 어느 해에 미국 주식시장이 8퍼센트 하락한다고 할 때 그것은 주식시장에 투자된 모든 돈의 가치가 그해 8퍼센트 하락한다는 것을 뜻한다.'

그러나 지난해 주식시장이 8퍼센트 상승했다고 해서 미국 주식에 투자한 모든 투자자가 8퍼센트의 수익을 거둔 것은 아니다. 일부는 더 많이 벌었고 일부는 더 적게 벌었다. 주식시장이 8퍼센트의 수익을 얻었을 때 그해에 투자한 사람의 절반은 8퍼센트가 넘는 수익을 거두었을 것이고 또 나머지 절반은 8퍼센트에 못 미치는 수익을 거두었을 것이다. 그해 개별 주식의 상승이나 하락 측면에서 모든 '성공'과 '실패'를 평균했을 때 그 수익이 8퍼센트였을 것이다.

주식시장에 있는 대부분의 돈은 뮤추얼펀드와 인덱스펀드, 연금펀드, 헤지펀드, 기부금펀드에 들어 있다.

시장이 어느 해에 8퍼센트의 수익을 냈다면 뮤추얼펀드, 연금펀드, 대학 기부금펀드는 그해 평균적으로 각각 얼마의 수익을 냈을 것이라고 생각하는가?

물론 대답은 8퍼센트에 매우 근접할 것이다. 수수료를 공제하기 전까지는 말이다.

우리는 이 가설의 해에 광범위한 인덱스펀드가 대략 8퍼센트의 수익률을 냈을 것이라는 걸 알고 있다. 왜냐하면 인덱스펀드는 시장에 있는 모든 주식을 보유하고 이는 곧 '평균적인' 시장 수익률을 실현할 것이기 때문이다. 전체 주식시장 인덱스펀드가 주식시장 수익률을 능가할 수학적인 가능성은 없다. 주식시장이 어느 해 25퍼센트의 수익률을 실현하면 인덱스펀드는 그것을 운용하는 데 드는 소규모 비용(약 0.2퍼센트)을 제외한 약 24.8퍼센트의 수익을 거둘 것이다. 주식시장이 다음 해에 13퍼센트의 수익을 내면 주식 시장 인덱스는 약 12.8퍼센트의 수익을 낼 것이다.

뮤추얼펀드를 판매하는 투자상담사는 바로 지금 여러분의 지갑에 손을 깊이 집어넣고 있을 가능성이 높다. 그는 인덱스펀드보다는 탁월한 뮤추얼펀드를 매수함으로써 훨씬 더 나은 실적을 낼 수 있다고 말할지도 모른다.

뮤추얼펀드의 운영 비용이 거의 없고 상담사가 무료로 일한다는 가정하에 투자자가 인덱스를 능가하는 펀드를 발견할 확률은 50퍼센트일 것이다. 〈저널 오브 포트폴리오 매니지먼트Journal of Portfolio Management〉는 15년간의 미국 시장 연구를 게재하면서 뮤추얼펀드를 S&P500 주식시장 인덱스와 비교했다. 이 연구 자료는 적극적으로 운용하는 뮤추얼펀드의 96퍼센트가 수수료, 세금, 생존 편향survivorship bias을 고려하면 미국 시장의 인덱스에 미치는 못하는 실적을 보였다고 결론지었다.

주식투자의 실패 요인, 생존 편향

뮤추얼펀드의 실적이 형편없으면 투자자를 유치하지 못할 뿐만 아니라 기존 고객 역시 더 좋은 실적을 내는 펀드로 옮겨갈 것이다. 빈약한 실적을 내는 펀드는 다른 펀드와 합병되거나 폐쇄된다.

나는 최근에 받은 뼈암 수술로 커다란 갈비뼈 세 개와 척추의

돌출된 부분을 제거했다. 여기서 내가 말해주고 싶은 건 내가 5년 동안 생존할 가능성이 뮤추얼펀드가 생존할 가능성보다 더 높을 수 있다는 점이다. 투자 관련 연구자인 로버트 아노트Robert Arnott 와 앤드류 버킨Andrew Berkin 그리고 지아 예Jia Ye 는 20년간의 뮤추얼펀드 자료를 조사한 끝에 그들이 추적한 195개의 뮤츄얼펀드 중 17퍼센트가 사라졌다고 보고했다. 2000년 〈저널 오브 포트폴리오 매니시먼트〉에 게재한 기사에 의하면 그들이 추적한 195개의 펀드 중 서른세 개는 1979년과 1999년 사이에 사라졌다. 어떤 펀드가 생존하고 어떤 펀드가 생존하지 못할지는 그 누구도 예측할 수 없다. 어떤 뮤추얼펀드가 생존할 것인지 예상하는 일은 어떤 뼈암 생존자가 가장 오래 살 것인지를 예측하는 일과 같다.

— 최고의 펀드가 최악의 펀드가 될 때 ———————

여러분은 오랜 기간 확실한 실적을 낸 최고의 펀드의 경우, 규모도 크고 생존력 역시 강할 거라고 생각할지 모른다. 이러한 펀드가 갑자기 악화돼서 사라질 리는 없지 않은가?

44 월 스트리트펀드의 투자자들도 그렇게 생각했다. 이것은 1970년대 최고의 펀드였고 업계의 그 어떤 다각화 펀드보다 더 좋

은 실적을 냈으며 S&P500지수를 11년 연속 능가했다. 그러나 이러한 성공은 일시적이었다. 44 월 스트리트펀드는 10년 동안 최고의 실적을 내는 펀드에서 다음 10년 동안 최악의 실적을 내는 펀드로 바뀌었다. 1980년대에 들어와서는 기존 가치의 73퍼센트를 잃었다. 그 결과 브랜드명은 엉망진창이 되었고 결국 1993년 컴벌랜드 그로스펀드와 합병되었으며 1996년에는 매터혼 그로스펀드와 합병되었다. 오늘날 이 펀드는 전혀 존재하지 않았던 것처럼 보인다.

린드너 라지캡펀드도 마찬가지였다. 이 펀드는 1974년부터 1984년까지 11년 동안 매년 S&P500지수를 능가하는 뛰어난 실적으로 많은 투자자를 끌어들였다. 그러나 오늘날 이 펀드는 보이지 않는다. 다음 18년 동안(1984년에서 2002년까지) 투자자들은 이 펀드에서 겨우 연간 4.1퍼센트의 수익률을 얻는 데 그쳤다. 이것은 S&P500지수에서 투자자가 12.6퍼센트의 연간 수익률을 거둔 것과 크게 대비되었다. 린드너 라지캡펀드의 암울한 실적은 헤네시 토탈리턴펀드와 합병되며 깨끗이 사라졌다.

여러분은 인덱스펀드와 적극적 운용 펀드의 실적 비교를 다룬 수많은 책을 읽을 수 있다. 대부분의 책에서는 10년 이상 장기로 볼 때 인덱스펀드가 80퍼센트의 적극적 운용 펀드에 비해 유리하다고 말한다. 그러나 그것은 생존 편향(또는 이 장의 뒷부분에서 논의할 세금)을 고려하지 않은 수치다. 생존 편향을 고려하면 인덱스펀드가 그보다 훨씬 더 큰 이점이 있다. 수수료, 생존 편향, 세금을 고려하면 대부분의 적극적 운용 펀드는 인덱스펀드의 실적에 훨씬 못미친다.

마크 크리츠맨$^{Mark\ Kritzman}$은 보스턴에 있는 윈드햄 캐피털 매니지먼트$^{Windham\ Capital\ Management}$의 사장이자 최고 경영자다. 또 그는 MIT 슬론 경영대학원에서 금융공학 석사 과정의 학생들을 가르친다. 그는 과세 계좌에서 적극적으로 운용하는 뮤추얼펀드가 인덱스펀드와 손익 균형을 맞추기 위해서는 연평균 4.3퍼센트 더 높은 수익률을 내야만 가능하다고 계산했다.

뮤추얼펀드가 숨기고 있는 다섯 가지 취약점

미국 뮤추얼펀드의 수익률을 끌어내리는 요인 다섯 가지가 있다. 비용률(보수율), 12B1 수수료, 트레이딩 비용, 판매수수료, 세금이다. 많은 사람들은 나에게 뮤추얼펀드 명세서에 왜 이런 수수료 부담이 언급되어 있지 않은지를 묻는다. 매우 작은 활자로 표기된 비용률과 판매수수료는 예외로 할 수 있지만 나머지는 아예 보이지도 않는다. 투자 생애에 걸쳐 이런 상품을 구매하는 것은 물속에서 커다란 카펫을 끌며 수영 경기를 하는 것과 같다.

1. 비용률

비용률은 뮤추얼펀드 운용과 관련된 비용(보수)이다. 적극적으로 운용하는 뮤추얼펀드 매수 비용에는 어떤 주식을 매매할지 선택하는 분석가와 트레이더의 월급이 숨겨져 있다. 이런 사람들은 업계에서 가장 많은 월급을 받는 전문가들 중 일부이다. 이 때문에 그들을 고용하려면 비싼 대가를 지불해야 한다. 이 외에도 컴퓨터 유지비, 사무실 임대료, 그들이 수시로 사용하는 종이 값과 전기 요금, 그리고 펀드를 추천하는 상담사와 판매 직원의 월급도 포함되어 있다.

여기에서 끝이 아니다. 펀드 회사의 소유주도 있다. 300억 달러를 소유하고 있는 미국 펀드는 비용률 수수료로 투자자에게 매년 약 4억 5000만 달러(총자산의 1.5퍼센트)의 비용을 물릴 것이다. 그 돈은 뮤추얼펀드의 가치에서 공제되지만 투자자들이 볼 수 있는 항목으로는 표시되지 않는다. 그리고 뮤추얼펀드가 돈을 벌든 잃든 그 돈은 어김없이 빠져나간다.

2. 12B1 수수료

모든 적극적 운용 펀드 회사가 12B1 수수료를 청구하지는 않지만 미국 회사 중 약 60퍼센트가 이 수수료를 청구하고 있다. 이것은 최고 0.25퍼센트, 즉 300억 달러 규모의 펀드에 연간 7500만 달러의 수수료를 청구한다. 펀드 회사는 새로운 투자자를 유치하기 위해 잡지, 신문, 텔레비전, 온라인 웹 사이트 등에 마케팅을 하며 이 돈을 사용한다. 그 돈은 어디에선가 나와야 한다. 그래서 현재의 투자자들은 새로운 투자자를 끌어들이는 데 비용을 지불한다. 그것은 매일 밤 가면을 쓴 유령이 뮤추얼펀드 투자자의 지갑에서 돈을 빼내는 것과 같다. 명세서에는 이 비용 역시 작성되어 있지 않다.

3. 트레이딩 비용

트레이딩 비용은 펀드운용자가 얼마나 많은 매매를 하는가에 따라 매년 변동된다. 적극적으로 운용하는 뮤추얼펀드의 경우 조금이라도 유리한 운용을 하기 위해 주식을 매매하는 트레이더가 있다는 것을 기억하라. 그들이 하루 종일 무엇을 하고 있겠는가? 글로벌 조사회사인 리퍼Lipper에 따르면 적극적으로 운용하는 주식시장 뮤추얼펀드는 평균 연간 0.2퍼센트, 즉 300억 달러 펀드라면 연간 6000만 달러의 트레이딩 비용을 발생시킨다. 하지만 아직 놀랄 때가 아니다. 뮤추얼펀드 투자자의 걱정거리는 트레이딩 비용, 12B1 수수료, 비용률에 국한되지 않는다.

4. 판매수수료

위에서 말한 세 가지 수수료 때문에 초등학교 시절 개똥을 밟았을 때의 악몽이 되살아났다면 나는 더 나쁜 소식을 말해줘야겠다. 많은 펀드 회사들은 판매수수료를 청구한다. 그것은 펀드를 매수할 때 공제하는 일정 비율의 수수료거나 펀드를 매도할 때 지불하는 수수료이다. 이 수수료는 최고 6퍼센트까지 올라갈 수 있다. 많은 투자상담사들은 '판매수수료가 있는 펀드 loaned fund'를 판매하고 싶어 한다. 왜냐하면 이것은 상담사들의 개인 계좌에는 큰 기쁨을 주지만 투자자에게는 그리 크지 않은 액수이기 때문이다. 예를 들어 5.75퍼센트의 판매수수료를 청구하는 펀드라면 예탁금을 손해 보지 않기 위해서 다음 해에는 6.1퍼센트의 수익을 내야 한다. 처음에는 이것이 이상한 수학 공식처럼 느껴질지 모르지만 일정 비율을 수수료로 잃으면 이를 다시 회복하기 위해 더 높은 수익을 내야 하는 것은 당연하다.

예를 들어 100달러를 투자해 50퍼센트를 잃고 50달러가 되면 원래의 100달러를 회복하기 위해서는 돈을 두 배로 늘려야 하는 것과 같다.

5. 세금

미국 뮤추얼펀드에 있는 돈의 60퍼센트 이상은 과세 계좌에 있다. 이것은 특정 해에 뮤추얼펀드가 돈을 벌면 과세 펀드 계좌를 보유한 투자자들이 그 수익에 대한 세금을 지불해야 한다는 뜻이다. 뮤추얼펀드는 펀드 내에 주식을 매매하는 펀드운용자가 있다. 그들이 매도하는 주식이 펀드의 이익을 창출하면 투자자들은 연말에 자본이득에 대한 세금 청구서를 받게 된다. 펀드운용자가 더 많이 운용할수록 펀드는 세금 측면에서 불리해진다.

인덱스펀드의 경우 실질적으로 트레이딩을 하지 않는다. 투자자가 지불한 것보다 더 높은 가격으로 펀드를 매도하지 않는 한 주식에서 번 돈은 과세로 타격을 주지 않는다. 인덱스펀드 투자자는 매년 높은 비율의 자본이득세를 지불하지 않고 수익을 나중으로 미루며 펀드를 매도할 때가 되어서야 자본이득세를 지불한다. 그렇게 하면 상당한 복리 증식 이익을 누릴 수 있다.

뮤추얼펀드 운용자들은 자신의 세후 이익을 다른 이들과 비교하며 자랑하지 않는다. 그 이유는 세후 연간 11퍼센트의 수익을 올리는 펀드가 연간 12퍼센트의 수익을 내는 펀드를 능가할 수 있기 때문이다. 왜 특정 펀드가 다른 펀드보다 세금 측면에서 더 불리한가? 그것은 그들의 매매 빈도 때문이다. 뮤추얼펀드는 보유한 모든 주식을 매년 매매한다. 이를 '100퍼센트 회전율'이라고 한다. 대부분의 뮤추얼펀드 운용자의 트레이딩 관행은 펀드가 돈을 벌 때 펀드 소유자에게 단기적인 자본 이득을 안겨주는 것이다. 단기 투자의 자본이득세는 금액이 매우 커서 불리하지만 거의 모든 뮤츄얼펀드 운용자는 이를 개의치 않는다.

이와 비교하여 인덱스펀드 투자자들은 과세 계좌에서도 훨씬 더 적은 세금을 낸다. 인덱스펀드는 '매수 후 보유' 전략을 취하기 때문이다.

보글 파이낸셜 마켓 리서치 센터Bogle Financial Markets Research Center 는 세후 뮤추얼펀드 실적에 대한 15년(1994~2009년)의 연구를 통해 뮤추얼펀드가 인덱스펀드보다 세금 측면에서 훨씬 더 불리하다는 것을 밝혀냈다. 예를 들어 여러분이 1994년에서 2009년까지 주식시장 인덱스 실적과 유사한 펀드(과세 계좌)에 투자했다고 하더라도 인덱스펀드보다 돈을 더 적게 벌었을 것이다. 여러분의 펀드가 주식시장 인덱스의 실적과 똑같은데도 왜 돈을 더 적게 벌 수밖에 없었을까?

펀드가 미국 주식시장 인덱스와 세전 기준으로 같은 실적을 냈다면 연평균 6.7퍼센트의 실적을 냈을 것이다. 그러나 세후 기준으로 뮤추얼펀드가 미국의 인덱스펀드만큼 돈을 벌려면 15년 동안 총 16.2퍼센트만큼 인덱스를 능가해야 할 것이다. 이것은 뮤추얼펀드 운용자가 평균적인 회전율로 펀드를 적극적으로 매매, 운영했다고 가정했을 때의 이야기다.

탁월한 실적과 낮은 회전율이라는 과거 성과를 보인 적극적 운용 펀드를 살펴보자(좋은 실적은 좀처럼 지속되지 않는다는 것을 기억하라). 피델리티^{Fidelity}의 콘트라펀드가 이 경우에 해당한다. 2016년 중반, 펀드 평가회사인 모닝스타^{Morningstar}에 접속했을 때 콘트라펀드 회전율은 35퍼센트였다. 이것은 나쁘지 않다. 업계 평균보다 훨씬 낮은 수치이다. 이 수치는 이 펀드가 전년도에 보유 자산의 35퍼센트만 거래했다는 뜻이다.

콘트라펀드는 2016년 4월 30일까지 지난 3년 동안 연평균 11.57퍼센트의 세전 복리 수익률을 실현했다. 이것은 뱅가드 S&P500 인덱스의 세전 수익률을 능가하는 수치다. 뱅가드 S&P500 인덱스는 같은 기간에 연평균 11.09퍼센트의 수익을 냈다. 그러나 인덱스펀드의 회전율은 3퍼센트에 불과했기 때문에 세후로 볼 때는 인덱스펀드가 더 유리했다.

모닝스타는 콘트라펀드의 3년 세후 수익률이 연간 9.82퍼센트라고 추정했다. 뱅가드 S&P500 인덱스의 세후 복리 수익률은 연평균 10.38퍼센트로, 콘트라펀드보다 더 좋은 수익률을 보였다.

뮤추얼펀드 세후 실적을 주식시장 인덱스펀드와 비교하는 자료는 일반적인 뮤추얼펀드 명세서에서는 좀처럼 볼 수 없다. 그러나 세후 수익이야말로 중요하게 고려해야 할 유일한 수치다.

높은 비용률, 12B1 수수료, 트레이딩 비용, 판매수수료, 세금을 껴안고 투자하는 것은 권투 선수가 상대방에게 다섯 대 맞고 경기를 시작하는 것과 같다. 이미 피가 흐르고 있는 상태에서는 공정한 경기를 하기 힘들다.

여러분이 이 사실을 학교에서 배웠더라면 성인이 된 후 적극적 운영 펀드에 대한 투자를 고려하지 않았을 것이다.

의미 없는 뮤추얼펀드 1위

투자상담사에게 인덱스펀드에 투자하고 싶다고 말하면 그는 절망할 것이다. 여러분이 인덱스에 투자하면 그는 돈을 벌지 못할 것이다(또는 많은 돈을 벌지 못할 것이다). 상담사 입장에서는 당신에게 적극적으로 운용하는 뮤추얼펀드를 판매하는 것이 훨씬 더 유익할 것이다. 그는 자신이 후하게 보상받을 수 있는 상품을 여러분이 매수하기를 원한다. 그래서 그가 제시할 카드는 다음과 같다.

"이봐요, 저는 전문가입니다. 그리고 우리 회사의 조사 담당자는 제가 인덱스를 능가할 적극적 운용 펀드를 고를 수 있게 도와줄 겁니다. 가장 인기 있는 이 펀드를 보세요. 저는 여러분에게 지난 10년 동안 주식시장 인덱스를 능가한 수십 개의 펀드를 보여줄 수 있습니다. 당연히 저는 여러분을 위해 가장 인기 있는 펀드만을 살 것입니다."

지난 5년이나 10년 또는 15년 동안 주식시장 인덱스를 능가한 펀드가 수십 개 있는가? 물론 그렇다. 그러나 그 펀드들은 과거의 실적에도 불구하고 계속해서 인덱스를 능가할 가능성이 크지 않다. 역사적으로 우수한 뮤추얼펀드에 투자하는 것은 아무런 의미가 없다.

— '평균으로의 회귀'를 기억하라 ———————

미국의 펀드 평가회사인 모닝스타는 별 다섯 개 시스템에 입각해 펀드에 상을 준다. 뛰어난 실적을 보이는 펀드에 별 다섯 개를 부여하고 빈약한 실적을 보이는 펀드에 별 한 개를 부여하는 등 실적에 따라 차등을 둔다. 별 다섯 개를 받은 펀드는 지난 5년 혹은 10년 동안 인덱스를 능가한 펀드일 가능성이 높다.

그러나 문제는 펀드 순위와 펀드 실적이 항상 변한다는 점이다. 어떤 펀드가 오늘 별 다섯 개를 받았다고 해서 그것이 내년 또는 5년이나 10년 후까지 인덱스를 능가한다는 뜻은 아니다. 과거에 훌륭한 실적을 낸 펀드를 찾아보는 것은 쉬운 일이지만 이에 근거해 펀드를 선택하는 것은 어리석은 일이다.

학자들은 '평균으로의 회귀'라는 것을 지적한다. 실제로 인덱스를 능가하는 적극적 운용 펀드는 일반적으로 평균이나 평균보다 더 나쁜 수준으로 되돌아간다. 바꾸어 말하면 역사적으로 최고의 실적을 낸 펀드를 매수하는 것은 결국 파멸로 끝날 수 있다.

투자상담사가 모닝스타의 별 다섯 개 펀드를 여러분에게 매수해주고 펀드의 등급이 하락할 때 그것을 매도한 후 새로 선정된 별 다섯 개 펀드로 교체해준다고 가정해보자. 광범위한 미국 주식시장 인덱스펀드와 비교하여 1994년에서 2004년까지 어떤 실적을 거두었으리라고 생각하는가?

투자 뉴스레터인 〈헐버트 파이낸셜 다이제스트^{Hulbert's Financial Digest}〉 덕분에 우리는 그 답을 알 수 있다. 그것은 〈그림 3.1〉에 잘 나타나 있다.

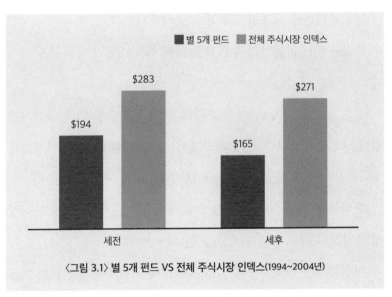

〈그림 3.1〉 별 5개 펀드 VS 전체 주식시장 인덱스(1994~2004년)

출처: 존 C. 보글, 《모든 주식을 소유하라 The Little Book of Common Sense Investing》

100달러를 투자하여 1994년에서 2004년까지 최고 등급의 모닝스타 펀드만을 보유하도록 계속 조정했다면 이것은 연평균 6.9퍼센트의 수익률을 내며 약 194달러가 되었을 것이다.

같은 금액을 1994년에서 2004년까지 광범위한 미국 주식시장 인덱스에 투자했다면 이것은 연평균 11퍼센트의 수익률을 내며 약 283달러가 되었을 것이다.

그들이 과세 계좌에 투자하면 적극적 운용 펀드와 인덱스펀드 사이의 세후 수익률 차이는 훨씬 더 커진다.

100달러를 투자하여 1994년에서 2004년까지 최고 등급의 모닝스타 펀드만을 보유하도록 계속 조정했다면 과세 계좌에서는 세후 연평균 5.15퍼센트의 수익률을 내며 약 165달러가 되었을 것이다.

같은 금액을 1994년에서 2004년까지 광범위한 미국 주식시장 인덱스에 투자했다면 과세 계좌에서는 세후 연평균 10.5퍼센트의 수익률을 내며 약 271달러가 되었을 것이다.

흥미로운 사실은 뮤추얼펀드에 투자되는 돈의 98퍼센트 이상이 모닝스타 최고 등급 펀드로 쏠린다는 것이다.

버턴 말킬Burton Malkiel에 의하면 미래에 어떤 뮤추얼펀드를 고를 것이냐 하는 것은 우범 지구를 통과해야 하는 장애물 코스와 같다. 프린스턴 대학의 경제학 교수이며 베스트셀러 《랜덤워크 투자수업 A Random Walk Down Wall Street 》의 저자인 말킬은 해당 책에서 다음과 같이 덧붙였다.

최고의 뮤추얼펀드 운용자를 선택할 수 있는 방법은 없다. 나는 최근 1년, 2년, 5년, 10년간 최고의 실적을 낸 펀드를 매수하는 전략의 결과를 계산해봤는데 이 전략 중 그 어떤 것도 평균 이상의 수익을 내지 못했다. 나는 〈포브스 Forbes〉가 선택한 최고의 펀드를 매수하여 그 실적을 산출했는데 이후 그 펀드는 평균 이하의 수익을 냈다.

연구 자료에 의하면 지난달, 지난해 또는 지난 10년의 성과에 근거해서는 시장보다 더 좋은 성과를 내는 뮤추얼펀드를 고를 수 없다. 일반적으로 시장을 능가하는 성과를 낸 펀드는 다음 기간에는 타격을 받는다.

S&P 다우 존스 인덱스 S&P Dow Jones Indices 는 '스파바 SPIVA '라는 자료를 1년에 두 번 발행한다. 이 자료는 상위 25퍼센트의 실적을 보이는 적극적 운용 펀드를 조사한다. 그리고 이 펀드들 중 몇 개의 펀드가 상위 25퍼센트의 실적을 계속 유지하는지를 알아낸다. 2013년 3월 상위 25퍼센트의 실적을 보이는 미국 주식시장 펀드는 682개였다. 2015년 3월경에는 그중 5.28퍼센트만 상위 25퍼센트에 드는 실적을 유지했다. 이 보고서를 6개월마다 찾아보라.

그것은 항상 이와 같이 놀랄 만한 이야기를 제공한다.

많은 금융 담당 기자들이 크리스마스가 되면 독자들이 기억상실증을 앓기를 바란다. 〈포브스〉의 발행인인 스티브 포브스Steve Forbes 도 마찬가지다. 그는 다음과 같이 말했다.

"당신은 충고를 듣고 매매하기보다 충고를 해주며 돈을 더 벌수 있습니다. 이것이 잡지사가 사업을 이어가는 방식입니다. 독자들의 기억력이 나쁜 깃도 여기에 한몫합니다."

〈비즈니스 인사이더Business Insider 〉의 닉 리바이스Nick Levis 가 쓴 2011년 7월 20일자 기사를 보면 그는 대담하게도 '과거에 장기적으로 믿음직한 실적을 보인 상위 일곱 개의 뮤추얼펀드'를 추켜세웠다. 그 어떤 것도 인덱스펀드는 아니었다. 그에게 인덱스펀드는 지루할 것이다. 건강에 도움이 되는 브로콜리보다 그는 먹기 좋은 솜사탕을 홍보했다.

나는 모닝스타의 뮤추얼펀드 담당 이사에게 향후 좋은 실적을 낼 것으로 기대되는 뮤추얼펀드를 고를 때 어떤 점을 살펴야 하는지를 물었다. 그는 "저비용이 가장 좋은 예측 수단입니다."라고 말했다. 물론 최저 비용의 펀드는 인덱스펀드이다.

닉 리바이스의 조언에 충실히 따른 사람들은 분명 한탄할 것이다. 이 기사가 나온 뒤 그가 추천한 일곱 개 펀드는 모두 S&P500 대비 부진한 실적을 보였다. 모닝스타에 의하면 이 일곱 개의 펀드에 1만 달러씩 투자했다면 2015년 11월 13일에 그 돈은 1만 2219달러가 되었을 것이다. 이와 비교하여 뱅가드의 S&P500 인덱스펀드에 1만 달러를 투자한 사람은 36퍼센트 증가한 1만 6625달러를 손에 넣었을 것이다.

학자들은 이런 현상을 '평균으로의 회귀'라고 부른다. 승리하는 펀드는 좀처럼 계속 승리하지 못한다. 2015년 말 S&P500은 닉 리바이스의 조언 이전에 잘나갔던 펀드보다 더 좋은 5년 성과를 보였다. 10년 성과 측면에서도 마찬가지였다.

나는 지금 리바이스를 비난하려는 것이 아니다. 금융 담당 기자들은 신나는 기사를 써야 한다. 그것이 그들의 밥줄이다. 언젠가 〈포천 Fortune〉의 한 기자는 "낮에는 '지금 사야 할 여섯 개의 펀드'에 대해 쓰고 밤에는 '합리적인 인덱스펀드'에 투자합니다. 불행하게도 인덱스펀드에 호의적인 기사를 쓰면 잡지가 팔리지 않습니다."라고 말했다.

— 최상의 뮤추얼펀드가 당신을 빈털터리로 만들 때 ——————

2010년 5월의 사례를 들어보자. 〈유에스 뉴스 앤드 월드 리포트 US News and World Report)는 '장기적인 관점에서 가장 좋은 뮤추얼펀드 100개'라는 기사를 게재했다.

이 기자는 첫 문장을 "뮤추얼펀드를 선택할 때 견실한 과거 실적보다 더 좋은 것은 없습니다."라고 썼다. 이것은 "유리 위에서 달릴 때는 맨발이 가장 좋다."라고 말하는 것과 같다. '장기적인 관점에서 가장 좋은 뮤추얼펀드 100개'에는 쉰 개의 미국 주식시장 뮤추얼펀드가 포함되어 있었다(나머지 쉰 개는 채권펀드, 혼합형펀드, 해외펀드였다). 이 기자는 이 펀드들을 가치주, 성장주, 소형주, 중형주, 대형주까지 총 다섯 개의 유형으로 분류했다.

기자는 첫 문장에 이어서 다음과 같이 썼다.

우리는 10년간 플러스 수익률을 보이는 펀드와 주식 펀드 중 같은 기간 동안 S&P500 수익률을 능가하는 것으로만 선정했습니다. 뮤추얼펀드 업계의 최고로 알려진 분석가가 평가한 것을 기준으로 했습니다.

그러나 그는 다음과 같이 써야만 했다.

우리는 학계의 연구 자료를 무시했습니다. 그 대신에 어제 승리한 펀드와 점쟁이가 고른 펀드를 선정했습니다. 이 펀드를 매입한 사람들은 아마도 인덱스펀드보다 연평균 2.31퍼센트 낮은 수익률을 거둘 것입니다.

그들의 은퇴 자금 잠재력이 30년 동안 3분의 1만큼 줄어들 수 있습니다.

이 2.31퍼센트의 수치를 어디에서 구했는가? 나는 이 기사가 2010년 5월에 게재된 이후 이 추천 펀드들이 어떤 실적을 냈는지를 알아보기 위해 포트폴리오비주얼라이저닷컴^{Portfoliovisualizer.com}을 이용했다.

펀드 유형에는 어떤 것들이 있는가?

펀드는 가치주, 성장주, 소형주, 중형주, 대형주로 나뉜다.

가치주 펀드는 실적에 비해 낮은 가격으로 거래되는 주식으로 구성되어 있다. 성장주 펀드는 기업의 수익률이 높을 것으로 기대되는 주식으로 구성되어 있다. 소형주, 중형주, 대형주 펀드는 주식 규모 자체로 결정되는 펀드이다. 예를 들면 대형주 펀드는 코카콜라, 월마트와 같은 대기업으로 이루어져 있다. 소형주 펀드는 소기업 주식으로 구성되어 있으며 중형주 펀드는 중기업 주식으로 이루어져 있다.

투자자들은 소형주 뮤추얼펀드나 소형주 인덱스펀드를 매입할 수 있다. 그러나 나는 여러분이 그런 수고를 하지 않아도 된다고 생각한다. 그 대신에 내가 추천하는, 그리고 나 역시 현재 보유하고 있는 펀드의 포트폴리오가 이 복잡한 문제를 단순하게 만들어줄 것이다. 이것은 모든 것을 조금씩 광범위하게 보유한 인덱스펀드로 이루어져 있다.

119

어떤 펀드는 빈약한 실적과 회사의 합병 또는 인수 때문에 이름을 바꾸었지만 나는 한 펀드를 제외한 모든 펀드를 추적했다. 〈유에스 뉴스 앤드 월드 리포트〉 기사가 나왔을 때는 모든 펀드가 인덱스를 능가했다는 점을 명심하라. 놀랍게도 기사가 게재된 후 인덱스펀드는 다섯 개 유형 모두에서 이 펀드들을 압도했다.

미국 가치주 펀드는 2010년 5월과 2016년 5월 사이에 8.77퍼센트의 연평균 복리 수익률을 기록했다. 뱅가드의 가치주 인덱스(VIVAX)는 같은 기간에 11.13퍼센트의 연평균 복리 수익률을 보였다.

미국 성장주 펀드는 연간 10.73퍼센트의 복리 수익률을 냈다. 뱅가드의 성장주 인덱스(VIGRX)는 같은 기간에 12.35퍼센트의 연평균 복리 수익률을 내며 〈유에스 뉴스 앤드 월드 리포트〉를 납작하게 뭉개버렸다.

미국 소형주 펀드 역시 인덱스펀드에 압도당했다. 이 펀드는 연평균 8.39퍼센트의 복리 수익률을 보였고, 뱅가드의 소형주 인덱스(NAESX)는 연평균 10.79퍼센트의 복리 수익률을 기록했다.

중형주 펀드 역시 시장보다 뒤처졌다. 미국 중형주 펀드는 9.71퍼센트의 연평균 복리 수익률을 실현했고 뱅가드의 중형주 인덱스(VIMSX)는 연평균 11.69퍼센트의 복리 수익률을 기록했다.

또 그들은 열 개의 미국 대형주 펀드를 추천했는데 자료를 찾을 수 없는 한 개의 펀드를 제외한 아홉 개의 평균 수익률을 산출했을 때 전체적으로 형편없는 수익률을 기록했다. 이 펀드들은 2010년 5월부터 2016년 5월까지 연평균 8.77퍼센트의 복리 수익률을 보였다. 이때 뱅가드의 대형주 인덱스(VLISX)는 연평균 11.73퍼센트의 복리 수익률을 기록했으며 뱅가드의 S&P500 인덱스(VFINX)는 연평균 11.86퍼센트를 기록했다.

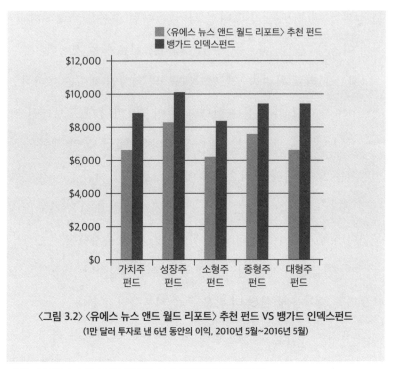

〈그림 3.2〉〈유에스 뉴스 앤드 월드 리포트〉추천 펀드 VS 뱅가드 인덱스펀드
(1만 달러 투자로 낸 6년 동안의 이익, 2010년 5월~2016년 5월)

출처: 〈유에스 뉴스 앤드 월드 리포트〉, 포트폴리오비주얼라이저닷컴

〈그림 3.2〉에 보이는 바와 같이 이 기자가 추천한 미국 주식시장 펀드의 다섯 가지 유형은 2016년 5월까지 6년 동안 인덱스펀드보다 연간 2.31퍼센트 밑돌았다. 이는 일반적인 적극적 운용 펀드의 성과보다 훨씬 좋지 않다. 예측이란 것이 그런 것이다.

이 펀드의 대부분은 '사야 할 뮤추얼펀드' 목록에 앞으로는 오르지 못할 것이다. 많은 투자상담사들도 이들을 무시할 것이다.

그 대신에 많은 기자와 투자상담사들은 인덱스보다 최근 더 좋은 성과를 낸 펀드를 찾아 나설 것이다. 이런 순환은 반복된다. 그러니 이들의 제안에 따르는 사람은 대가를 치르게 될 것이다.

〈월 스트리트 저널The Wall Street Journal 〉의 기자인 제이슨 츠바이크 Jason Zweig 가 이를 가장 잘 표현했다. 그의 책《머니 앤드 브레인Your Money and Your Brain 》에서 그는 "고대 스키타이인들은 틀린 예언을 한 점쟁이를 모두 태워 죽임으로써 아무도 경솔한 예언을 하지 못하도록 했다."라고 썼다. 그는 투자상담사에게도 위와 같은 기준을 적용한다면 투자자들에게 더 좋을 것이라는 말을 추가했다.

그가 언급한 주제는 워런 버핏의 말을 상기시킨다. 사람들은 교육보다는 즐거움에 훨씬 더 많은 돈을 지불하려고 한다.

그럼에도 불구하고 대부분의 상담사들은 포기하려 하지 않는다. 시장 인덱스를 능가하는 펀드를 발견할 수 있다고 고객을 설득해야만 자신의 생계가 보장되기 때문이다.

　결혼하기 전에 나의 아내는 미국에 본사를 둔 금융서비스 회사 레이먼드 제임스의 도움을 받고 있었다. 그들은 내 아내에게 뮤추얼펀드를 판매했는데 이 펀드는 숨겨진 뮤추얼펀드 수수료 외에도 매년 1.75퍼센트를 추가로 청구했다. 이와 같은 연간 수수료는 건강식품 상점에서 판매하는 독이 든 쿠키 상자와 같다. 왜 상담사는 그녀에게 추가 비용을 청구했는가? 강도가 도둑질을 일삼듯 상담사는 내 아내에게 돈을 빼앗아갔다.

　2007년 미국의 투자 업계 주간신문인 〈인베스트먼트 뉴스 Investment News 〉에 실린 기사에 의하면 레이먼드 제임스의 직원은 높은 수수료를 만들어내며 많은 보상을 받았다.

> 미국의 퇴직연금 중 하나인 401(k)에서 세금을 연기해 지급하는 이연 지급 프로그램을 올해 처음 실시했다. 이를 통해 수수료로 45만 달러를 거두어들인 레이먼드 제임스 직원은 1퍼센트의 보너스를, 75만 달러를 벌어들인 직원은 2퍼센트의 보너스를 그리고 100만 달러를 벌어들인 직원과 상담사는 3퍼센트의 보너스를 받았다.

　이 기사는 레이먼드 제임스가 회사를 위해 추가로 벌어들인 50만 달러마다 상담사에게 1퍼센트의 보너스를 지불한다는 것을 덧붙이고 있다. 350만 달러의 수수료 수입을 올린 상담사는 10퍼센트에 이르는 보너스를 받는다. 이와 같이 조금씩 빼돌리는 인센티브로 영업 직원과 상담사는 왕처럼 산다.

아내의 투자 포트폴리오를 살펴보니, 상담사가 추천한 뮤추얼펀드 대신에 인덱스펀드에 투자했더라면 지난 5년 동안 2만 달러는 더 벌었을 것이라는 계산이 나왔다. 내 계산에 따르면 그녀는 뮤추얼펀드의 정규 비용 외에도 연간 1.75퍼센트의 바가지 수수료를 냈다.

아내가 펀드 실적이 빈약한 이유를 묻자 상담사는 새로운 뮤추얼펀드를 추천했고 인덱스펀드에 대해 물었을 때는 아내의 입을 막았다. 아마도 그는 포르셰나 아우디컨버터블과 같은 큰 상을 노렸을 것이다. 그가 고객에게 인덱스펀드를 판매하면 그는 둘 중 어떤 것도 얻을 수 없다. 그래서 그는 아내에게 다른 적극적 운용 펀드를 추천해주었는데 그 펀드들은 모두 모닝스타 별 다섯 개 등급의 펀드로 지난 5년 동안 인덱스를 능가했었다.

그러나 그 새로운 펀드들은 2004년에서 2007년까지 나쁜 실적을 냈다. 그 펀드들의 과거 실적은 탁월했지만 상담사가 그것을 아내의 계좌에 선정한 후에는 시장 인덱스에 비해 빈약한 실적을 보였다. 그래서 아내는 그 상담사를 해고했고 이후 나와 결혼했다.

투자 생애에 걸쳐 모든 비용을 공제하고 나면 인덱스펀드의 포트폴리오가 뮤추얼펀드의 포트폴리오를 능가하리라는 것은 확실하다. 그러나 1년이나 3년, 심지어 5년에 걸친 짧은 기간에는 적극적 운용 펀드가 인덱스를 능가할 가능성이 항상 있다.

내가 2010년에 개최한 세미나에서 알게 된 찰리라는 남자는 인덱스 기반 포트폴리오의 수익률을 본 뒤 "내 투자상담사는 지난 5년 동안 그 수익률을 능가했습니다."라고 말했다.

그것은 가능한 일이지만 통계적 진실은 분명하다. 투자 생애 동안 그의 계좌는 인덱스 포트폴리오보다 훨씬 더 뒤처질 가능성이 크다.

1993년 7월 〈뉴욕 타임스The New York Times〉는 세간의 이목을 끄는 펀드상담사들(그리고 그들이 선정한 뮤추얼펀드)과 S&P500 주식시장 인덱스를 경쟁시키는 20년간의 투자 대회를 개최하기로 했다. 그리고 3개월마다 세금 없는 계좌에 돈이 투자되는 것처럼 실적을 보고했다. 상담사는 원할 때마다 비용을 들이지 않고 자신의 펀드를 교체할 수 있었다.

이것은 펀드상담사에게 아주 좋은 홍보 수단으로 시작되었지만 분위기는 재빨리 바뀌었다. 아마 그들은 분기마다 벌을 받는 기분이었을 것이다. 7년 후에 S&P500 인덱스는 〈그림 3.3〉에 나타난 바와 같이 높은 수익률을 보였으나 상담사들이 선정한 뮤추얼펀드는 그에 미치지 못하는 실적을 보였다.

하지만 이상하게도 꼭 7년 후에 〈뉴욕 타임스〉는 이 대회를 중단했다. 아마도 연구 대상이 된 상담사들이 망신당하는 데 지겨워졌기 때문일 것이다.

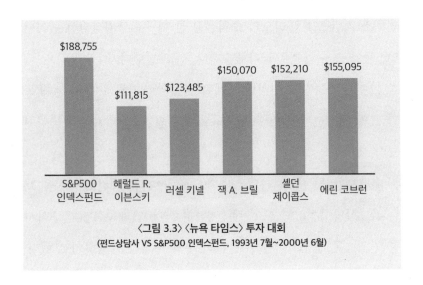

〈그림 3.3〉〈뉴욕 타임스〉투자 대회
(펀드상담사 VS S&P500 인덱스펀드, 1993년 7월~2000년 6월)

─ 인덱스펀드와 뮤추얼펀드의 차이 ─────

적극적 운용 펀드와 인덱스펀드의 차이를 이해하는 가장 좋은 방법은 옆으로 나란히 늘어놓는 것이다.

〈표 3.1〉은 이 두 가지 펀드를 항목별로 비교하고 있다.

<표 3.1> 뮤추얼펀드와 인덱스펀드의 차이

적극적으로 운용하는 뮤추얼펀드	전체 주식시장 인덱스펀드
펀드운용자가 수십 또는 수백 개의 주식을 매매한다. 일반적으로 연초에 보유한 주식을 연말까지 계속 보유하는 뮤추얼펀드는 거의 없다.	펀드운용자가 대규모의 주식, 흔히 1000개 이상의 주식을 매수한다. 96퍼센트 이상의 주식이 매년 동일하다. 트레이딩은 일어나지 않는다. 증권거래소에서 탈락하는 기업은 인덱스에서 탈락하고 새로운 기업이 추가된다.
펀드운용자와 그의 팀은 광범위한 조사를 수행한다. 그들의 높은 봉급이 이 업무의 고단함을 말해주고 있다. 이 비용은 당연히 투자자들이 지불한다.	개별 주식에 대해 어떤 조사도 하지 않는다. 전체 시장 인덱스펀드는 그야말로 조사 비용 없이 컴퓨터에 의해 운용될 수 있다. 그것의 목적은 주식시장에 있는 모든 것을 소유하는 것이기 때문에 트레이딩 결정이 필요 없다.
펀드 내에서 하는 주식 트레이딩(주식의 매수와 매도)은 수수료를 창출한다. 이 비용 역시 투자자들이 지불한다.	트레이딩이 없기 때문에 매수 또는 매도에 대한 수수료가 대단히 적다. 절약한 돈은 투자자에게 돌아간다.
과세 계좌에 펀드를 보유할 때 트레이딩은 세금을 유발하고 이는 투자자들이 부담한다. 세금 징수원은 여러분에게 청구서를 보낸다.	트레이딩을 하지 않기 때문에 과세 계좌에서조차 연간 최소한의 세금만 납부한다. 이는 자본 이득이 증가하는 것을 뜻한다.
펀드운용자는 특정 주식 규모와 부문에 집중한다. 예를 들면 소형주 펀드는 소기업만을 보유할 것이고 대형주 펀드는 대기업만을 보유할 것이다. 가치주 펀드는 저렴한 기업만을 보유하고 성장주 펀드는 성장 기업만을 보유할 것이다.	전체 주식시장 인덱스는 왼쪽에 열거된 모든 범주의 주식을 보유, 이 모든 것이 한 펀드에 포함된다. 왜냐하면 인덱스펀드는 전체 주식시장을 보유하기 때문이다.
뮤추얼펀드를 제공하는 회사는 펀드의 수수료에서 이득을 본다. 투자자에게서 더 많은 수수료를 받을수록 펀드 회사는 더 큰 이득을 얻는다.	펀드 회사 뱅가드는 비영리 회사이다. 뱅가드는 세계 최대의 인덱스펀드 제공자이고 미국, 호주, 영국에서 서비스하고 있다. 낮은 비용의 인덱스펀드는 아시아, 캐나다, 유럽에서도 살 수 있다.

뮤추얼펀드 회사들은 회사의 이익을 추구한다. 그들은 고객에게 펀드를 판매하기 위해 공격적인 마케팅을 하고 영업 직원(상담사)에게는 인센티브를 제공한다. 투자자들이 이 비용 모두를 지불한다.	영업 직원들은 인덱스펀드를 좀처럼 광고하지 않는다. 왜냐하면 금융서비스 회사가 그것을 팔기에는 수익성이 덜하기 때문이다.
적극적으로 운용하는 펀드 회사들은 상담사에게 매년 펀드 판매수수료를 준다. 투자자들이 결국 이 비용을 지불한다.	인덱스펀드는 상담사에게 펀드 판매수수료를 거의 지불하지 않는다.
대부분의 미국 펀드 회사들은 판매·환매 수수료를 청구한다. 그 수수료는 여러분에게 펀드를 판매한 중개인이나 상담사에게 돌아간다. 투자자가 이 비용을 지불한다.	대부분의 인덱스펀드는 판매·환매 수수료를 청구하지 않는다.
적극적으로 운용하는 뮤추얼펀드를 상담사와 중개인이 대단히 좋아한다.	인덱스펀드는 대부분의 상담사와 중개인이 그리 좋아하지 않는다.

― 정부의 규제가 필요한 뮤추얼펀드 ―――――

데이비드 스웬슨David Swensen은 미국에서 가장 유명한 투자자 중 한 명이다. 그는 예일 대학교의 기부금 펀드를 운용하며 캡틴 아메리카처럼 정의를 위해 싸우고 있다. 그는 뮤추얼펀드의 높은 수수료를 비난한다. 그는 자신의 책《색다른 성공 Unconventional Success》에서 "개인 투자자를 체계적으로 착취하는 펀드 산업에 대한 정부의 규제가 필요하다."라고 썼다.

적극적으로 운용하는 뮤추얼펀드 비용은 미국에서도 비싸지만 미국 이외의 지역에서는 훨씬 더 비싼 것이 일반적이다. 〈옥스포드 대학신문Oxford University Press 〉이 2008년 제시한 연구 자료에서 연구원들은 판매수수료 추정치를 비롯한 해외펀드 비용을 비교했다. 그 연구에 의하면 주식시장 뮤추얼펀드 수수료가 가장 비싼 나라는 캐나다이다.

미국 이외의 지역에 있는 투자자들이 높은 투자 비용을 피하기 위해서는 적극적으로 운용하는 뮤추얼펀드보다 인덱스펀드를 매수하는 편이 훨씬 더 낫다.

2015년 6월 모닝스타는 〈글로벌펀드 투자자 경험 연구〉라는 자료를 발간했다. 이에 따르면 국가별 비용 순위는 2008년 〈옥스포드 대학신문〉 연구 자료 이후 크게 변하지 않았다.

캐나다와 인도에서 적극적 운용 펀드를 매수한 투자자들이 가장 큰 손해를 본 것으로 나타났다. 캐나다와 인도 투자자들은 판매수수료로 입은 손실을 제외하더라도 여전히 뮤추얼펀드 비용으로 연간 2퍼센트를 웃도는 비용을 지불하고 있다. 〈표 3.2〉에서 우리는 이 사실을 확인할 수 있다.

슬픈 일이지만 벨기에, 중국, 덴마크, 핀란드, 프랑스, 독일, 홍콩, 이탈리아, 한국, 노르웨이, 싱가포르, 남아프리카공화국, 스페인, 스웨덴, 대만, 태국, 영국의 뮤추얼펀드 투자자들도 이와 크게 다르지 않다. 모닝스타 연구 자료에 의하면 판매수수료를 제외하고 이들이 지불하는 비용은 연간 1.75퍼센트에서 2.0퍼센트에 이른다. 판매수수료를 고려하면 그들 대부분은 훨씬 더 많은 비용을 지불한다.

〈표 3.2〉 적극적으로 운용하는 주식시장 뮤추얼펀드의 전 세계 수수료(2008년 기준)

적극적 운용 펀드가 저렴한 국가 순위	국가	판매수수료를 포함한 총 추정 비용
1위	네덜란드	0.82%
2위	호주	1.41%
3위	스웨덴	1.51%
4위	미국	1.53%
5위	벨기에	1.76%
6위	덴마크	1.85%
7위	프랑스	1.88%
8위	핀란드	1.91%
9위	독일	1.97%
10위	스위스	2.03%
11위	오스트리아	2.26%
12위	영국	2.28%
13위	아일랜드(더블린)	2.40%
14위	노르웨이	2.43%
15위	이탈리아	2.44%
16위	룩셈부르크	2.63%
17위	스페인	2.70%
18위	캐나다	3.00%

출처: 〈옥스포드 대학신문〉

트럼프가 인덱스펀드를 매입했더라면…

1982년 〈포브스〉가 미국의 최고 부자 목록을 처음 발간할 당시 도널드 트럼프 Donald Trump 의 순자산은 2억 달러였다. 그는 그 돈의 대부분을 아버지 유산으로 물려받았다. 2014년 〈포브스〉는 그의 자산이 41억 달러로 껑충 뛰어올랐다고 말했다. 그것은 연간 9.9퍼센트의 복리 수익률이다. 그러나 트럼프는 이 수치가 부당하다고 목소리를 높였다.

그는 〈포브스〉가 자신의 부를 얕보고 있다고 불평했다. 〈비즈니스 인사이더〉에 의하면 그는 최근 자신의 순자산이 87억 달러라고 말했다. 1999년 〈포브스〉는 "우리는 트럼프를 매우 좋아한다. 그는 우리가 전화하면 다시 답례 전화를 한다. 그는 대개 점심을 산다. 그는 심지어 자신의 순자산도 평가한다. 그러나 우리가 아무리 열심히 노력해도 그것을 증명할 수는 없다." 라고 썼다.

〈포브스〉가 틀렸다고, 트럼프가 자신이 주장하는 만큼 돈을 가지고 있다고 가정해보자. 티모시 L. 오브라이언 Timothy L. O'Brien 의 책 《트럼프네이션: 트럼프만의 특성을 갖기 위한 기술 TrumpNation: The Art of Being The Donald》에 의하면 트럼프는 1982년 자신의 재산이 〈포브스〉가 보도한 2억 달러가 아닌 5억 달러였다고 말했다. 우리가 〈포브스〉의 자료를 무시하고 트럼프가 주장하는 87억 달러를 기준으로 한다면 그의 순자산이 연간 9.05퍼센트의 복리 수익률로 증가했다는 것을 알 수 있다.

트럼프가 최초의 그 5억 달러를 뱅가드의 S&P500 인덱스펀드에 투자했더라면 그는 33년 동안 연간 11.3퍼센트의 복리 수익률을 냈을 것이다. 즉, 그의 돈 5억 달러는 171.1억 달러로 불어났을 것이다. 이것은 트럼프가 주장하는 것보다도 84.1억 달러 더 많은 돈이다.

─ 누가 인덱스펀드에 반대론을 펴는가? ─────────

적극적 운용 펀드 포트폴리오가 세금과 수수료를 다 공제한 후에도 장기간에 걸쳐 인덱스 포트폴리오를 능가할 가능성이 더 높다고 주장하는 사람은 세 부류이다.

첫 번째 부류는 투자상담사로, 일어날 것 같지 않은 일을 일어날 거라고 떠들며 무대 위에서 춤을 추는 사람들이다. 그는 가방에서 온갖 종류의 속임수를 꺼내 지구가 평평하고, 태양이 지구 주위를 돌며, 미래를 예측하는 데 집시보다 자신이 더 낫다는 사실을 여러분에게 확신시킨다. 그에게 인덱스펀드를 언급하는 것은 누군가가 그의 생일 케이크에 침을 뱉는 것과 같다.

무대 왼쪽으로 그가 나가면 더 유능한 직원이 청중들 앞에 나타난다. 전문가가 다린 정장을 입은 그녀는 투자 상담 홍보부에서 일한다. 그녀가 하는 일은 뮤추얼펀드 명세서에 첨부되어 있는 혼란스러운 시장 상황에 대한 요약 해설이다. 그것은 다음과 같다.

청바지에 비해 금 매수자가 더 많은 관계로 소매 판매가 2.5퍼센트 하락하며 이번 달 주가가 떨어졌다. 이로써 연방 적자가 증가하면서 중국 선물 값이 상승할 가능성이 높다. 또한 좁아지는 채권 수익률 곡선 때문에 월가 은행가 두 명이 발가벗고 센트럴파크를 달렸다.

이것은 아무도 읽지 않는다는 가정하에 금융플래너가 작성하고 배포하는 허튼소리만큼이나 혼란스럽고 가치가 없다.

여러분이 그녀에게 물어보면 그녀는 적극적으로 운용하는 뮤추얼펀드가 최선의 대안이라고 말할 것이다. 그러나 그녀는 하와이 해변에 있는 자신의 1700만 달러짜리 여름 별장 모기지 지불금 때문에 자신이 곧 죽을 지경이며 그녀의 대출금을 바로 당신이 갚아주어야 한다는 점에 대해서는 말하지 않는다.

세 번째 부류의 사람은 자만심이 강하거나 속기 쉬운 사람이다. 그들은 상담사가 본인의 금융 이익을 고객의 이익보다 우선시한다는 사실을 인정하지 않으려 한다.

역사상 가장 위대한 뮤추얼펀드 운용자 중 한 명이었던 피터 린치[Peter Lynch]를 생각해보자. 그는 마젤란펀드를 운용했다. 이 펀드는 1977년부터 1990년까지 연평균 29퍼센트의 수익을 올리며 대중의 관심을 끌었다. 그러나 그 이후, 린치는 투자자들을 실망시켰다.

1990년 1월에 1만 달러를 투자했다면 그것은 2016년 5월 16일에 8만 3640달러로 불어났을 것이다. 그러나 같은 기간 같은 금액을 뱅가드 S&P500 인덱스펀드에 투자했다면 9만 9760달러가 되었을 것이다. 인덱스펀드의 창시자 존 보글John C. Bogle 은 그의 책《모든 주식을 소유하라The little Book of Common Sense Inversting 》에서 투자 업계의 잘못을 질타하며 다음과 같이 말했다.

상황은 더 나빠지고 있고 전문가들이 이 상황을 더욱 악화시키고 있습니다. 대중은 인덱스펀드에 투자하는 것이 더 나을 것입니다.

여러분은 1980년대 업계의 우상인 린치가 이전 시대의 유물이라고 말할 수도 있다. 하지만 주의를 현재로 돌려 빌 밀러Bill Miller 를 살펴보자. 그는 레그 메이슨 밸류 트러스트펀드를 운용했다. 2006년 〈포천〉의 한 기자는 이 펀드가 15년 연속 S&P500을 능가했을 때 밀러를 '우리 시대의 가장 위대한 자금운용자'라고 불렀다. 그러나 〈머니〉의 제이슨 츠바이크가 2007년 7월 그를 인터뷰했을 때 밀러는 인덱스펀드를 추천했다.

주식 자산의 상당 부분을 인덱스펀드로 구성해야 합니다. 여러분이 운용자 선정에 있어 운이 따르지 않거나 펀드 운용에 숙련된 상태가 아니라면 인덱스펀드에서 훨씬 더 좋은 결과를 낼 것입니다.

밀러가 한 말은 시의적절했다. 2007년 이후 그의 펀드는 형편 없는 실적을 보였다. 2007년 1월부터 2016년 5월 17일까지 그 펀 드의 총 수익률은 2.6퍼센트였다. 같은 기간 뱅가드 S&P500 인덱 스는 78.2퍼센트 상승했다.

실적이 나쁜 펀드는 자주 이름을 바꾼다. 빌 밀러의 레그 메이 슨 밸류 트러스트도 그랬다. 밀러는 한때 '우리 시대의 가장 위대한 자금운용자'로 여겨졌다. 그러나 오늘날 그는 우리에게 고통만 안 겨줄 뿐이다. 2011년에 밀러는 자리에서 물러났다. 그가 운용했던 펀드는 현재 클리어브리지 밸류 트러스트로 불린다.

일부 뮤추얼펀드 운용자들은 고용주로부터 '그들이 운용하는 펀드를 매수'하라는 지시를 받고 있다. 그러나 펀드매니저가 자신 의 돈을 굳이 나쁜 곳에 빠트려야 할 이유가 없다면 아마 직접 매수 하지는 않을 것이다.

테드 아론손^{Ted Aronson}은 70억 달러가 넘는 돈을 적극적으로 운 용한다. 그는 업계 최고의 운용자 중 한 사람이다. 그런 그가 자신 의 돈을 어떻게 관리하고 있는지 아는가? 1999년 〈CNN 머니^{CNN} ^{Money}〉에 글을 쓰고 있던 제이슨 츠바이크에게 그가 말한 바에 따 르면 그의 돈은 모두 뱅가드 인덱스펀드에 투자되어 있다.

세금을 포함시켜 이야기하면 뮤추얼펀드 운용에 대한 모든 논쟁이 쓸모 없어진다. 인덱스펀드가 손쉽게 이긴다. 세후로는 적극적 운용 펀드가 절대 이길 수 없다.

신랄한 비판자인 미국 증권거래위원회의 전직 회장 아더 레빗 Arthur Levitt 은 다음과 같이 말했다.

가장 치명적인 단점은 뮤추얼펀드를 보유하는 데 드는 높은 비용이다. 1퍼센트의 10분의 1 단위로 표시되어 투자자에게 낮은 비용처럼 보일 수 있지만 생애에 걸쳐 보면 수만 달러의 비용이 될 수도 있다.

투자 실적에 실망할 필요가 없다. 철저한 규율에 따르며 비용이 낮고 세금도 절약할 수 있는 인덱스펀드에 정기적으로 투자할 의향만 있다면 말이다. 생애에 걸쳐 이웃이 투자하는 금액의 절반으로 더 많은 돈을 얻을 수 있다.

이런 교훈을 학교에서는 배우지 않았을지 모르지만 이것은 여러분의 경제적 행복에 아주 중요한 문제이다.

· 인덱스펀드 투자는 적극적으로 운용하는 뮤추얼펀드 투자와 비교하여

높은 성공 가능성을 제공할 것이다.

· 뮤추얼펀드가 지속적으로 주식시장 인덱스를 능가할 방법을 찾을 수 있는 시스템은 아직 아무도 고안하지 못했다. 그렇지 않다고 말하는 사람을 무시하라.

· 뮤추얼펀드의 역사적 수익률에 감동하지 마라. 과거 실적에 근거해 펀드에 투자하는 것은 투자자가 행하는 가장 어리석은 일 중 하나다.

· 과세 계좌에서는 인덱스펀드가 적극적 운용 펀드보다 우세하다.

· 대부분의 상담사들이 처한 상황을 기억하라. 그들은 여러분이 인덱스펀드를 매수하는 것을 원하지 않는다. 왜냐하면 그들은 여러분이 적극적 운용 펀드를 매수하도록 설득함으로써 펀드 판매수수료와 기타 수수료에서 훨씬 더 많은 돈을 벌 수 있기 때문이다.

시장의 움직임에
흔들리지 마라

1988년에서 1998년까지 코카콜라 기업 이익은 294퍼센트 증가했다. 그러나 코카콜라의 주가는 무려 966퍼센트 상승했다. 투자자와 펀드운용자들은 주식을 매수하기 위해 몰려들었고 주가는 훨씬 더 높이 올라갔다. 결국 10년 후 기업 이익과 수준을 맞추기 위해 코카콜라의 주가는 1998년보다 더 낮아졌다. 탐욕은 인간의 가장 큰 환각제일지도 모른다.

내 동생은 영화 〈파이트 클럽Fight Club〉의 대단한 팬이다. 그는 주인공 타일러가 자신의 부은 얼굴에 강타를 날리는 장면을 좋아한다. 영화 속에서 타일러는 끊임없이 소비하고 싶은 충동과 싸우고 있다. 그리고 대부분의 투자자들 역시 이와 비슷한 싸움을 하고 있다. 그런 싸움의 대부분은 주식시장을 오해하는 데서 생긴다. 나는 여러분 속 도플갱어의 목덜미를 잡아줄 수는 없지만 주식시장이 어떻게 작동하는지, 그리고 인간의 감정이 어떻게 잘 짜인 계획을 고의로 방해할 수 있는지 알려줄 수 있다. 이를 이해하면 누구나 투자에서 더 큰 성공을 경험할 수 있다.

10퍼센트의 이익이 10퍼센트가 아닐 때

과거 20년 동안 연평균 세후 10퍼센트의 수익률을 보인 뮤추얼펀드를 생각해보라. 10퍼센트는 평균이기에 어느 해는 돈을 잃었을 수 있고 어느 해는 기대보다 높은 이익을 실현했을 수 있다. 이것은 롤러코스터를 타는 것과 같다. 그러나 많은 우여곡절을 겪은 후 평균 10퍼센트의 수익을 얻었다고 생각해보라. 1990년부터 2010년까지 그 펀드에 투자한 1000명의 투자자를 찾으면 여러분은 그들 개개인이 10퍼센트의 연간 수익률을 얻었을 거라고 기대할 것이다.

그러나 평균적으로 그들은 10퍼센트에 가까운 수익을 거두지 못했을 것이다. 몇 년 동안 펀드의 실적이 좋지 않으면 대부분의 투자자들은 즉각 반응하여 더 적은 돈을 투입하거나 투입을 완전히 중단한다. 많은 투자상담사들은 "이 펀드는 최근 좋은 실적을 내지 못했습니다. 우리는 여러분이 최선의 이익을 볼 수 있도록 더 좋은 실적을 보이는 펀드로 여러분의 돈을 옮길 것입니다."라고 말하고는 한다. 그리고 펀드가 아주 좋은 실적을 보이는 해에는 그 펀드에 더 많은 돈을 투입하기 위해 대부분의 개인 투자자와 투자상담사는 연어 앞 도둑고양이들처럼 앞다투어 몰려든다.

이 행동은 자기 파괴적이다. 그들은 펀드가 싸질 때 매도하거나 매수를 중단하고, 펀드가 비싸질 때 미친 듯이 매수한다. 이런 투자 행태는 투자자들이 장기간에 걸쳐 평균보다 더 높은 가격을 지불하도록 한다. 이런 식으로 투자하면 인덱스펀드든 뮤추얼펀드든 나쁜 실적을 낼 수밖에 없다. 왜냐하면 이러한 행동은 낮은 가격에 펀드를 살 생각은 하지 않고 어떻게 하면 더 높은 가격에 펀드를 살 수 있을까 매달리는 격이기 때문이다. 그것은 가련한 일이다.

모닝스타는 대부분의 투자자가 이렇게 한다고 말한다. 2014년 연구 자료에서 그들은 2013년 12월 31일까지 10년에 걸쳐 평균적인 뮤추얼펀드 수익률을 살펴봤다. '펀드'는 일반적으로 세후 연평균 7.3퍼센트의 수익률을 보였다. 그러나 '펀드의 투자자'는 일반적으로 연평균 4.8퍼센트의 수익률을 보였다.

낮은 가격의 공포로 인해 그들은 펀드가 저렴할 때 매수하지 못했다. 반면 높은 가격에 고무되어 펀드 가격이 비싸지면 매수했다. 그런 이상한 행동으로 인한 결과는 참담했다. 모든 것이 심리적인 불안 때문에 벌어진 일이다. 이런 일이 30년에 걸쳐 되풀이된다면 그 경제적 차이는 막대할 것이다.

· 30년 동안 연 7.3퍼센트로 매월 500달러를 투자할 경우 = $641,971
· 30년 동안 연 4.8퍼센트로 매월 500달러를 투자할 경우 = $403,699
· 비합리성의 비용 = $238,272

주식시장의 움직임에 반응하지 않으면 어떻게 될까?

투자자로서 여러분은 주식시장이 오르는지 내리는지를 지켜보지 않아도 된다. 25년 동안 인덱스펀드를 매수하고 그 펀드에 매달 같은 금액을 투입하면 된다('정액분할 매수'라고 한다). 그 펀드가 연평균 10퍼센트의 수익을 내면 여러분은 연평균 10퍼센트 또는 그 이상의 수익을 거둘 것이다. 왜 그 이상의 수익인가?

주식시장이 폭락하면 정액분할 매수로 수익을 창출할 수 있다. 일례를 들어보자.

어떤 사람이 2008년 1월에 뱅가드 미국 전체 주식시장 인덱스에 100달러를 투자하기 시작했다고 가정해보자. 우리는 다음에 무슨 일이 일어났는지 알고 있다. 2008년과 2009년에 주가가 폭락했다. 〈그림 4.1〉에서 이를 확인할 수 있다. 2008년에 주식은 심하게 하락했고 2009년에 주식은 회복하기 시작했다. 그러나 2011년 1월까지 시장은 여전히 2008년 1월 수준을 밑돌았다.

2008년 1월에 투자하기 시작한 투자자는 자신의 불운을 저주할지도 모른다. 그러나 계획대로 정액분할 매수를 고수했으면 결과는 괜찮았을 것이다.

2008년 1월부터 2011년 1월까지 매월 100달러를 투자했다면 그들은 총 3600달러 투자한 셈이다. 그러나 그들의 투자 금액은 4886달러의 가치로 불어났을 것이다.

투자자가 계속해서 2016년 8월까지 매월 100달러를 투자했다면 2008년 1월부터 총 9200달러를 투자한 셈이다. 그리고 그들의 투자 금액은 1만 9228달러로 불어났을 것이다.

　　매월 인덱스에 동일한 금액을 추가했다면 투자자는 시장이 떨어졌을 때 더 많은 수의 주식을 사고 시장이 올랐을 때 더 적은 수의 주식을 샀을 것이다. 그들은 장기적으로 보면 평균보다 더 낮은 가격에 펀드를 구입한 격이다.

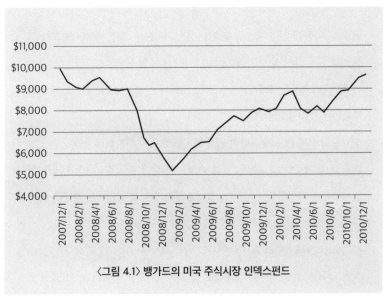

〈그림 4.1〉 뱅가드의 미국 주식시장 인덱스펀드

출처: 뱅가드

　　주가가 요동치면 정액분할 매수를 한 투자자는 규율대로 행동한 것에 보상을 받는다. 그들은 실제로 인덱스의 수익률을 능가할 수 있을 것이다. 주식시장 수익률이 안정적이면 정액분할 매수를 한 사람은 시장 수익률은 능가하지는 못하겠지만 여전히 좋은 실적을 낼 것이다. 그러나 이러한 사실에도 불구하고 계획대로 규율을 지키는 투자자는 거의 없다.

일시불로 투자해야 하는가, 정액분할 매수로 투자해야 하는가?

어느 날 예정에 없던 자산을 상속받았다. 여러분은 그 돈을 투자하기로 결정했다. 그렇다면 한 번에 투자해야 하는가? 매월 정액분할 매수로 투자해야 하는가? 아무도 확실히 알 수 없다. 그러나 보편적으로는 일시불로 빨리 투자하는 것이 승리한다.

뱅가드의 사례 연구에 의하면 돈을 일시불로 즉시 투자하는 것이 정액분할 매수를 할 때보다 더 좋은 수익을 낸다. 그들은 어떤 사람이 100만 달러를 일시불로 투자했다고 가정했다. 일시불 투자가 분할 납입하는 것보다 10년 후 더 높은 수익을 내는지를 알아보기 위한 연구였다.

뱅가드는 1926년부터 2011년까지의 미국 시장을 순차적으로 비교했다. 그들은 영국과 호주 시장에 대해서도 같은 시나리오를 비교했다. 그 결과 일시불 투자가 67퍼센트의 기간에 더 좋은 수익률을 보였다.

주식시장에 흔들리면 돈을 잃는다

투자자의 미친 행동을 뮤추얼펀드 수수료와 결합시켜보자. 그러면 이 투자자는 인덱스펀드에 매월 같은 금액을 투자하는 투자 자와 비교했을 때 상대적으로 보잘것없는 포트폴리오를 갖게 된 다. 〈표 4.1〉은 향후 5년은 투자를 이어갈 직장인 투자자를 분류하 고 있다.

〈표 4.1〉 보통 투자자와 진화한 투자자 비교

보통 투자자	진화한 투자자
뮤추얼펀드 매수	인덱스펀드 매수
가격이 상승할 때 펀드에 흥분하며 더 많은 주식을 매수한다.	매번 동일한 금액으로 인덱스펀드를 매수한다. 주식시장이 상승하면 더 적은 수의 주식을 매수하는 것임을 안다.
가격이 하락할 때 펀드에 흥미를 잃고 매수를 제한하거나 매도한다.	주가지수가 하락하는 것을 보기 좋아한다. 여윳돈이 있다면 그들은 더 많이 매수할 것이다.

나는 모든 인덱스 투자자들이 공포와 탐욕으로 생긴 자기 파괴 적 행동을 제어하며 시장의 무시무시한 급등락을 무시할 정도로 진화했다고 말하려는 것이 아니다. 그러나 그들이 인덱스에 정기 적으로 투자하며 시장의 등락에 평온을 유지할 수 있다면 훨씬 더 부자가 될 것이다. 〈표 4.2〉를 보면 1980년에서 2005년까지 실제 미국 수익률에 근거한 예가 나온다.

형편없어 보이겠지만 '보통 투자자'의 25년 후 포트폴리오 가치는 사실 조금 후한 편이다. 적극적 운용 펀드에 대한 10퍼센트의 연간 수익률은 역사적으로 과대평가되었다. 왜냐하면 그것은 판매 수수료나 상담사 랩 수수료, 과세 계좌에서 추가된 세금 납부 의무를 포함하고 있지 않기 때문이다.

〈표 4.2〉 보통 투자자와 진화한 투자자의 역사적 차이

보통 투자자	진화한 투자자
1980년에서 2005년까지 평균적인 미국 뮤추얼펀드에 매월 100달러(매일 약 3.33달러) 투자. 연평균 10% 수익률	1980년에서 2005년까지 평균적인 미국 주식시장 인덱스펀드에 매월 100달러(매일 약 3.33달러) 투자. 연평균 12.3% 수익률
투자자의 자기 파괴적인 행동에 의해 수익률에서 연간 2.7% 차감	어리석은 행동에 의한 손실 없음
투자자의 25년간 연평균 수익률: 7.3%	투자자의 25년간 연평균 수익률: 12.3%
25년 후 포트폴리오 가치: $84,909.01	25년 후 포트폴리오 가치: $198,181.90

*미국 주식시장이 지난 100년 동안 연평균 약 10퍼센트의 수익률을 실현했지만 이보다 더 좋은 실적을 보인 시기도 있었고 더 나쁜 실적을 보인 시기도 있었다. 1980년에서 2005년까지 미국 주식시장은 연평균 12.3퍼센트를 약간 웃도는 실적을 보였다.

자신의 계좌를 파괴하지 않는 규율 있는 인덱스 투자자들은 결국 25년 동안 보통 투자자의 두 배가 되는 포트폴리오를 쉽게 보유할 수 있다.

─ 인덱스펀드 투자자가 더 현명한가? ───────

투자상담사들 역시 희생자가 된다. 그들은 인기 있는 펀드를 추천하는 것을 좋아한다. 또 그들은 때때로 시장의 등락 시점을 예상할 수 있다고 믿는다. 아메리칸 펀드American Funds라는 미국의 적극적 운용 펀드 회사가 있다. 투자자들은 이곳의 펀드를 직접 살 수 없다. 오직 투자상담사나 중개인을 통해서만 살 수 있다.

모닝스타의 자료를 이용해 나는 이 회사 모든 펀드의 10년 동안의 실적을 비교해봤다. 투자자들의 수익률에 비해 이 펀드의 실적이 어땠는지를 알고 싶었다.

2004년 10월 31일부터 2014년 10월 31일까지 미국 대형주, 신흥시장, 해외시장, 소형주 펀드를 조사했다. 네 가지 유형 각각에서 투자자 수익률을 평균 냈을 때 투자자들은 이 회사의 펀드에 비해 연평균 1.75퍼센트 더 낮은 수익률을 보였다. 펀드 투자자들이 합리적이었다면 그들은 펀드가 공시한 것과 같은 수익을 얻었을 것이다.

예를 들면 한 펀드가 어느 기간에 연평균 10퍼센트의 수익을 냈다면 그 펀드의 투자자들 역시 같은 기간에 같은 수익을 내야만 했을 것이다. 그러나 그들의 잘못된 행동(승리하고 있는 펀드를 추종, '고점'에 사고 '저점'에 팔기) 때문에 아메리칸 펀드의 투자자들은

2004년 10월 31일과 2014년 10월 31일 사이에 연간 1.75퍼센트의 손해를 봤다. 다시 한번 말하면 투자자들은 상담사를 거치지 않고 이 펀드를 살 수 없다. 상담사의 현명한 지도라는 게 바로 그런 것이다!

나는 펀드 회사 피델리티에서도 그런 유형을 비교해봤다. 많은 경우에 투자상담사는 고객 계좌를 피델리티의 적극적 운용 펀드로 채운다. 이 네 가지 유형을 같은 기간에 비교해보니 피델리티의 투자자들은 펀드에 비해 연평균 2.53퍼센트 더 낮은 실적을 보였다. 아메리칸 펀드의 투자자처럼 그들도 제 발등을 찍었다.

대부분의 인덱스펀드 투자자들은 투자상담사 없이 혼자서 투자한다. 뱅가드의 인덱스펀드 투자자의 수익률을 같은 네 가지 유형에서 같은 기간 비교했을 때 펀드보다 연간 0.71퍼센트 더 낮았다. 인덱스펀드 투자자는 완벽하지는 않더라도 적극적 운영 펀드를 하는 사람들보다는 훨씬 덜 어리석게 행동했다.

나는 2014년 12월 애셋빌더AssetBuilder에 실린 '인덱스펀드 투자자는 단순히 더 현명한가?'라는 글에 내가 발견한 것들을 자세하게 썼다. 3개월 반이 지난 뒤 〈월 스트리트 저널〉의 기자 역시 '인덱스펀드 투자자는 더 현명한가?'라는 비슷한 기사를 게재했다. 그는 모닝스타가 더 광범위한 연구를 해줄 것을 요구했다. 인덱스펀드 투자자가 더 강한 규율을 지키는 것처럼 보이는데 그 기자는 이에 대해서도 설명했다.

나는 이것이 지성의 문제가 아닌 확신의 문제라고 생각한다. 여러분이 인덱스펀드를 살 때 해야 할 단 하나의 걱정은 시장의 방향이다. 그러나 적극적 운용 펀드를 살 때는 시장의 방향과 여러분 펀드의 성과, 두 가지 모두를 걱정해야 한다.

투자자와 상담사는 추측하지 말아야 한다. 그들은 투자하면 일단 그것을 고수해야 한다. 그런 규율을 갖고 저비용의 인덱스펀드를 보유하면 중산층 소득자가 고소득 이웃보다 더 효과적으로 부를 축적할 수 있다. 제1장에서 이야기한 것처럼 중산층 소득자들이 신중히 소비할 때 특히 더 잘 들어맞는다.

여러분의 이웃이 매월 여러분의 두 배를 투자한다고 할 때 그들은 보통 인기 있는 적극적 운용 펀드를 살 것이다. 그런 후 시장이 하락하면 투자금을 늘리지 않고 오히려 시장이 비쌀 때 기분 좋게 펀드를 살 것이다. 그들은 주식이 하락하여 매우 싼값에 거래될 때는 펀드에 그다지 관심을 두지 않을 것이다.

여러분의 이웃과 같은 사람이 되지 마라. 자기 파괴적인 행동을 피하면 부를 축적할 가능성이 더 높아진다.

– 매매 시점 예측보다
투자 기간이 더 중요하다 —————

적절한 시점에 주식시장에서 치고 빠질 수 있다고 잘못 생각하는 영리한 사람들이 있다(그런데 그들이 그렇게 영리한 것은 아니다). 그것은 간단해 보인다. 시장이 상승하기 전에 들어가서, 시장이 하락하기 전에 나오면 된다. 이것을 매매 시점 예측이라 한다. 그러나 투자상담사들이 시장 매매 시점을 효과적으로 예측할 가능성보다는 테니스 경기에서 테니스 황제를 이길 가능성이 더 높다.

〈포천〉이 선정한 '20세기 4인의 투자 대가' 중 한 명인 뱅가드의 존 보글은 시장 매매 시점 예측에 대해 그의 책《뮤추얼펀드 상식 Common Sense on Mutual Funds》에서 다음과 같이 말한다.

> 업계에서 거의 50년을 보냈지만 시장 매매 시점 예측을 성공적으로 일관성 있게 해낸 사람을 알지 못한다. 나는 심지어 이런 사람을 알고 있는 사람조차 알지 못한다.

시장이 광란으로 치달을 때 극적으로 뛰어들었다가 빠져나오면 된다는 것이 솔깃할 수 있다. 그러나 주식시장은 매우 비합리적이고 단기적으로 변동하는 특성이 있다. 주식시장은 행복감을 느끼는 국면에서 사람들이 예측하는 것보다 더 많이 올라가지만 경제적인 압박 국면에서는 예상보다 더 심하게 하락한다. 과도한 폭락에서 돈을 보호하기 위해 매년 여러분이 취할 수 있는 전략은 단순하고 기계적이다. 제5장에서 이것을 설명할 것이다. 여러분의 투자는 주식시장이 하락할 때 함께 하락하겠지만 여러분의 이웃만큼 많이 하락하지는 않을 것이다. 이로써 여러분은 주식시장이 미쳐서 날뛸 때도 더 편하게 잠잘 수 있다.

내가 여러분에게 보여줄 전략은 주식시장의 방향을 추측하려 하지 않는 것이다. 주식시장이 단기간에 어디로 갈지 예측하는 것은 미쳐 날뛰는 수많은 나방 중 어떤 것이 전구에 먼저 타 죽을지 예측하려는 것과 같다.

인덱스펀드를 장기적으로 보유하는 것 외에 아무것도 하지 않는 것은 금융이 호황을 누릴 때는 지루하고 금융이 폭락할 때는 섬뜩할 것이다. 그러나 전문가를 포함해 주식시장에 들락날락하는 대다수의 사람들은 그들의 감정적 판단 때문에 흔히들 높은 가격에 매수하고 낮은 가격에 매도하며 손해를 자초한다.

잘못된 추측으로 무엇을 놓칠 수 있는가?

연구 자료에 의하면 시장 움직임은 지난해에 걸린 독감이나 바지 주머니에서 발견한 10달러짜리 지폐와 같다. 어떠한 경우에도 여러분은 그것이 들어오는 것을 보지 못한다. 심지어 주식시장에서 가장 큰 역사적 수익률을 낸 시기를 돌아보더라도 시장의 활발한 움직임을 설명할 어떤 이유도 없다고 경영학 교수인 제러미 시겔은 말한다. 그는 하루 5퍼센트 이상 시장이 움직인 시기에 집중하며 1985년 이래 가장 큰 주식시장 움직임을 되돌아봤다. 그는 그 각각의 경우를 세계적인 사건과 연결시켜보려 했다.

하지만 대부분의 경우 커다란 주식시장 움직임의 이유를 논리적으로 설명할 길은 없었다. 그는 시장의 행태를 시간순으로 보며 역사적인 세계 뉴스와 결부시키려고도 했으나 불가능했다.

시겔과 같이 영리한 사람도 세계적인 사건과 주식시장 움직임을 연결시키지 못하는데 누가 경제적 사건(또는 다가오는 경제적 사건의 예측)에 근거해 미래 시장의 움직임을 예측할 수 있단 말인가?

여러분이 누군가의 단기 주식시장 예측에 근거해 투자한다면 결국 스스로를 원망하게 될 것이다. 주식시장의 커다란 수익은 일반적으로 매년 소수의 거래 기간에 집중적으로 발생한다.

1994년에서 2013년(5037거래일)까지 20년 동안 미국 주식은 연평균 9.22퍼센트의 복리 수익률을 보였다. 그러나 최고의 5거래일을 놓친 투자자들은 연평균 7퍼센트의 수익률을 얻는 데 그쳤다. 그들이 최고의 20거래일을 놓쳤다면 연평균 수익률은 3.02퍼센트에 불과했을 것이다. 그들이 최고의 40거래일을 놓쳤다면 돈을 잃었을 것이다. 〈표 4.3〉에서 이것이 여러분의 돈에 미칠 영향을 확인해볼 수 있다.

〈표 4.3〉 추측의 대가(1994~2013년)

	연평균 수익률	1만 달러로 시작한 총 금액
주식시장 수익률	9.22%	$58,352
최고의 5거래일을 놓쳤을 때	7%	$38,710
최고의 20거래일을 놓쳤을 때	3.02%	$18,131
최고의 40거래일을 놓쳤을 때	-1.02%	$8,149

출처: IFA 어드바이저즈 IFA Advisors

시장은 예측할 수 없게, 그리고 매우 빨리 움직인다. 그러므로 주식시장에서 돈을 하루나 일주일, 1개월이나 1년 동안 빼내면 10년 중 가장 좋은 거래일을 놓칠 수 있다. 여러분은 행운이 오는 것을 결코 보지 못할 것이다. 이것은 그냥 일어날 뿐이다. 더욱 중요한 것은 이전에 말했듯이 그 누구도 이 결과를 예측할 수 없다는 점이다.

전설적인 투자자이자 자수성가한 억만장자로서 〈포브스〉에 자신의 칼럼을 쓰고 있는 케네스 피셔 Kenneth Fisher 는 시장 시점 예측에 대해 다음과 같이 말한다.

얼마나 빨리 시장이 움직이는지 절대 잊지 마라. 여러분의 연간 수익률은 단지 몇 번의 커다란 움직임에서 나올 수 있다. 여러분은 이것이 언제가 될지 아는가? 나는 확실히 모르면서 1세기의 3분의 1 동안 돈을 관리해왔다.

책임 있고 다각화된 투자 계좌를 구축하는 가장 쉬운 방법은 주식과 채권 인덱스펀드를 보유하는 것이다. 채권 인덱스에 대해서는 제5장에서 논의하겠지만 지금은 일단 포트폴리오에 안정을 가져다주는 수단이라는 것만 인식하라.

많은 사람들은 채권을 지루하다고 생각한다. 왜냐하면 이것은 주식과 같은 장기 수익률을 가져다주지 않기 때문이다. 그러나 채권은 주식이 하락하는 것처럼 마구 떨어지지 않는다. 채권 인덱스는 더 꾸준하고 더 느리고 더 의지할 만한 투자 포트폴리오의 일부분이다. 책임 있는 포트폴리오는 일정 비율이 주식시장과 채권시장에 배분되어 있으면서 투자자의 나이에 따라 채권 비중을 높이는 것이다.

그러나 주식이 상승하기 시작하고 모든 사람이 이익을 내며 활기를 띨 때는 대부분의 사람들이 채권은 무시한 채 더 많은 주식을 매수한다. 최근에 좋은 실적을 보인 펀드를 무조건 매수한다.

여러분이 절대 그런 희생자가 되지 않을 거라고 어떻게 장담할 수 있겠는가? 희생자가 되는 일은 여러분이 생각하는 것보다 훨씬 더 쉽다.

─ 주식시장은 계속 상승할 수 없다 ──────

주식시장은 기업을 모아 놓은 것이다. 이것은 단지 차트 위에 구불구불하게 그려져 있는 많은 선도 아니고 신문에 쓰인 호가도 아니다. 인덱스펀드를 소유하면 여러분이 서 있는 땅처럼 실제적인 무언가를 소유하게 된다. 인덱스펀드에 들어 있는 기업을 통해 여러분은 모든 산업과 기업의 간접적인 소유주가 된다. 토지, 건물, 브랜드명, 기계, 운송시스템, 제품이 그것이다. 단지 이 핵심 개념을 이해함으로써 여러분은 투자자로 커다란 이점을 지닐 수 있다.

기업 이익과 주가 성장은 별개의 것이지만 장기적으로 그것은 같은 결과를 반영한다. 예를 들어 기업이 30년 동안 이익을 1000퍼센트 신장시켰다면 우리는 같은 기간 동안 그 기업의 주가가 비슷하게 상승할 것이라고 예상할 수 있다.

주식시장 인덱스도 마찬가지다. 인덱스 내의 기업들이 평균적으로 30년 동안 1000퍼센트 상승(연평균 8.32퍼센트)한다면 주식시장 인덱스도 이와 비슷하게 상승할 것으로 기대할 수 있다. 장기적으로 보면 주식시장은 기업들의 성쇠를 예측 가능하게 반영한다. 그러나 단기적인 관점에서 보면 주식시장은 가죽 끈에 묶여 있는 미친개처럼 비합리적으로 움직일 수도 있다. 우리를 부자가 아닌 가난뱅이로 유혹하는 것이 바로 이 미친개의 움직임이다.

옛날 우리 집에 '수'라는 이름의 개가 있었다. 수는 마치 로켓 연료를 먹은 것처럼 행동했다. 뒷마당에서 등을 돌리기만 하면 수는 마당에 있는 5피트 높이의 담장을 뛰어넘어 옆집 정원을 파괴하려고 했다. 수의 그러한 행동은 우리 집과 옆집의 외교 관계에 긴장감을 불러일으켰다.

내가 수와 장거리 달리기를 하려고 넓은 들로 나가면 수는 부지런히 움직이며 상당한 칼로리를 소비했다. 나는 한 방향으로 달렸지만 수는 위로 솟았다가 뒤로 갔다가 오른쪽으로 달리다가 그다음에는 왼쪽으로 돌진했다. 그러나 긴 줄에 묶여 있었기 때문에 다른 곳으로 도망칠 수는 없었다.

내가 끈에 묶인 수를 데리고 호수에서 헛간까지 달리면 그것을 보고 있는 누구라도 우리가 헛간에 도착하는 데 10분도 안 걸린다고 인식할 것이다. 사실이다. 수는 앞서서 뛰거나 다른 개가 남긴 선물에 코를 들이대며 뒤처질 수도 있었겠지만 궁극적으로 끈에 묶여 있기 때문에 나보다 더 느리거나 더 빠르게 그 거리를 달릴 수는 없다.

가죽 끈에 묶인 개를 보며 돈내기를 하는 감정적인 도박꾼을 상상해보라. 개가 주인보다 앞서서 뛰면 도박꾼은 개가 멀리 질주할 것이라고 확신하며 질주하는 개에게 돈을 걸 것이다. 그러나 그 개는 가죽 끈에 묶여 있어서 주인보다 훨씬 앞서 나갈 수는 없다. 가죽 끈에 묶인 개가 앞서서 가면 주인은 속도를 늦추거나 정지할 수밖에 없다. 결국 주인은 개를 따라잡을 것이다.

그러나 도박꾼은 그것에 대해 생각하지 않는다. 그들은 가죽 끈의 존재를 알아차리지 못한 채 개가 뛰고 있는 것만으로 그렇게 계속 광란의 뜀박질을 유지할 것이라는 주제넘은 확신을 한다. 그들의 탐욕은 뇌를 짓누른다. 만약 그러한 두개골 압박이 없다면 그들은 개가 끈에 묶인 채로는 주인보다 더 빨리 달릴 수 없음을 알 것이다.

매우 명백한 것 같지 않은가? 이제 주식시장이 가죽 끈에 묶인 개와 정확히 같다는 것을 이해하면 된다. 주식시장이 몇 년 동안 기업 이익의 속도보다 두 배 빠르게 달리면 기업 이익이 따라오기를 기다려야 한다. 그렇지 않으면 그것은 올가미처럼 목을 죄게 될 것이다. 그러나 급속히 상승하는 주식시장은 그 사실을 잊게 만든다. 나는 이 점을 증명하기 위해 개별 주식을 활용해 설명할 것이다.

끝을 모르고 질주하던 코카콜라의 주가

1988년에서 1998년까지 코카콜라의 기업 이익은 294퍼센트 증가했다. 그러나 이 짧은 기간 동안(10년은 주식시장에서 잠깐에 불과하다) 코카콜라의 주가는 966퍼센트 상승했다. 코카콜라의 주가가 급속히 상승하고 있었기 때문에 투자자와 펀드운용자들은 코카콜라 주식을 매수하기 위해 몰려들었고 주가는 훨씬 더 높이 올라갔다. 탐욕은 인간의 가장 큰 환각제일지도 모른다.

개(코카콜라의 주가)는 주인(코카콜라의 기업 이익)보다 앞서서 달리고 있었다. 그러나 합리적인 주가 상승은 기업 이익의 상승과 일치해야 한다. 코카콜라의 기업 이익이 1988년에서 1998년까지 294퍼센트 증가했다면 우리는 주가가 어느 정도 높거나 낮을 거라고 생각할 것이다. 그러나 966퍼센트에 이르는 코카콜라의 주가 상승은 294퍼센트의 기업 이익에 비하면 비합리적인 수준이다.

이제 활활 타오르는 코카콜라의 주가에 어떤 일이 일어날지 아는가?

1988년에서 1998년까지 10년 동안 크게 앞서서 질주한 코카콜라의 주가는 마침내 뒤처져서 따라왔다. 그것은 그래야만 했다. 〈그림 4.2〉를 보면 1998년보다 2011년의 주가가 더 낮아진 것을 알 수 있다.

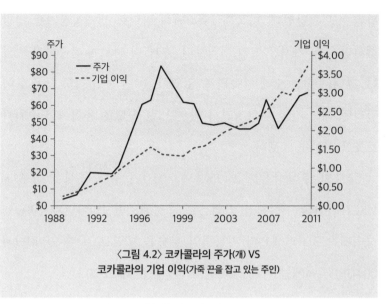

<그림 4.2> 코카콜라의 주가(개) VS
코카콜라의 기업 이익(가죽 끈을 잡고 있는 주인)

출처: 밸류 라인 인베스트먼트 서베이|Value Line Investment Survey

코카콜라의 이익 성장과 주가는 마치 가죽 끈에 묶인 개와 그 끈을 잡고 있는 주인처럼 재조정되었다.

여러분은 본인이 선택하는 주식의 이익 성장을 확인할 수 있다. 장기간에 걸쳐 주가는 이리저리 뛰지만 결코 기업 이익과 관계를 단절하지 않는다.

코카콜라가 이러한 주가 상승을 보인 유일한 기업은 아니다. 전 세계의 주식시장 투자자들은 상승하는 주가에 자극을 받아 1990년대 후반에 행복에 넘쳐 주식시장으로 몰려들었다. 주가가 아주 높은 고점에 도달함에 따라 주식 매수는 1990년대 후반 더욱 광란으로 치달았다. 미국은 1990년대 강력한 경제성장기를 경험했지만 주식 가격은 기업 이익보다 두 배 더 빠르게 상승하고 있었다. 그러나 이는 오래 지속될 수 없었다. 10년 동안 가죽 끈에 묶여 달리던 개는 결국 뒤처지면서 훨씬 느린 속도로 움직이던 주인과 보조를 같이하게 됐다.

글로벌 주식시장도 2000년과 2010년 사이 휴식을 취했다. MSCI 선진국 주식시장 인덱스로 측정해보면 1989년과 1999년 사이에는 250퍼센트의 기록적인 상승을 보였고 그 후 2000년과 2010년 사이에는 겨우 21퍼센트 상승하는 데 그쳤다.

어느 세대나 한 번쯤 미친 주식시장에 속는다

장기적으로 볼 때 코카콜라 주식이든 인덱스펀드든 한 가지 사실은 믿을 수 있다. 주가 상승은 기업의 성장과 직접적인 상관관계가 있을 것이라는 점이다. 단기적으로 주가를 끌어올리는 것은 수요와 공급이다. 매도자보다 매수자가 더 많으면 주가(또는 전반적인 주식시장 인덱스)는 상승할 것이다. 반면 매수자보다 매도자가 더 많으면 주가는 하락할 것이다. 그리고 주가가 상승할 때 사람들은 투자에 대해 더 자신감을 느낀다. 그들은 더 많이 매수하면서 가격을 훨씬 더 높이 끌어올린다. 사람들은 주식 가격이 기업 이익을 급격히 초과할 때 거품이 형성된다는 것을 인식하지 못한 채 스스로의 탐욕에 취하고 만다. 마크 트웨인^{Mark Twain}이 말했다. "역사는 그대로 반복되지 않는다. 다만 그 흐름은 반복된다."

과거 기록을 보면 매 세대 적어도 한 번씩은 미친 주식시장을 만났다. 〈표 4.4〉는 다우 존스^{Dow Jones} 산업평균지수를 기준으로 지난 90년 동안의 미국 시장을 세 차례의 기간에 걸쳐 보여준다. 표를 통해 이익 수준을 극도로 초과한 주가를 볼 수 있다. 또한 '개'가 '주인'에게 잡히면서 발생한 끔찍한 결과도 함께 확인할 수 있다.

〈표 4.4〉 주식 가격은 오랜 기간 기업 이익을 능가할 수 없다

주가가 기업 이익을 넘어선 해	기업 이익의 성장 (개 주인의 속도)	주가 상승 (개의 속도)	이후 10년 동안의 주가의 상승과 하락 (개 달리기의 최종 결과)
1920~1929	118%	271.2%	-40.9%
1955~1965	150%	198.5%	29.3%
1990~2000	152%	290%	20.17%

*수치는 배당을 포함하지 않음
출처: 밸류 라인 인베스트먼트 서베이

1920년부터 1929년까지 10년 동안 다우 주식의 평균적인 이익 성장은 118퍼센트에 이르렀다는 것을 주목하라. 그러나 다우 주식의 가격은 그 10년 동안 271.2퍼센트 증가했다. 그래서 누군

가가 1920년에 다우 주식 30종목에 모두 투자해서 1929년까지 보유했다면 그것은 배당을 제외하고 271퍼센트가 넘는 수익을 냈을 것이고 배당을 포함하면 300퍼센트 가까운 수익을 실현했을 것이다. 주가가 오랫동안 이익 성장을 초과할 수는 없기 때문에 그 이후의 10년(1930~1940년) 동안 주식시장은 총 40.9퍼센트 하락했다. 가죽 끈에 묶인 개는 결코 주인에게서 달아날 수 없다.

지난 90년 동안 투자자들이 기업 이익과 주가 상승의 연관성을 보지 못한 또 다른 기간은 1955년부터 1965년까지 그리고 1990년부터 2000년까지였다.

1990년에서 2000년까지 미국 주식시장 인덱스에 투자한 사람은 누구나 배당을 포함하여 300퍼센트가 넘는 수익을 거두었을 것이다. 과연 기업 이익은 300퍼센트 증가했는가? 거기에 접근조차 못했다. 시장이 2000년에서 2010년까지 멈춘 중요한 이유이다.

매 세대에 그것은 다시 발생한다. 주가가 발광할 때마다 많은 사람들은 보수적인 투자 전략을 포기한다. 시장이 급속히 상승할수록 대부분의 투자자들은 더 무모해져서 많은 돈을 주식에 쏟아붓는다. 그리고 시장이 하락하거나 정체하면 그들은 자신의 불운을 저주한다. 그러나 그것은 운과 관계가 없다.

─ 거품 낀 주식의 처참한 결말 ───────────

1990년대에 기술주 광풍이 부는 동안 사람들의 망상이 팽배했다. 하지만 알다시피 가장 위험한 주식은 기업 이익과 주가 사이에 큰 단절이 있는 기업의 주식이다.

인터넷 기반의 많은 기업들은 이익조차 내지 못하고 있었지만 주가는 치솟고 있었다. 실리콘밸리 갑부의 재미있는 이야기도 주가를 견인했다. 거기에 투자한 대부분의 사람들은 주가와 기업 이익의 직접적인 관계에 대해 아마 몰랐을 것이다. 그들은 경기 상황에 관계없이 기업이 매년 150퍼센트의 이익을 증가시키기 힘들다는 걸 아마 몰랐을 것이다. 기업이 연간 이익을 150퍼센트 증가시킬 수 없다면 주가도 연간 150퍼센트 상승할 수 없다.

당시 주가가 더 판을 치도록 세간의 이목을 끈 투자분석가로는 모건 스탠리Morgan Stanley의 메리 미커, 메릴 린치의 헨리 블로젯, 솔로몬 스미스 바니Solomon Smith Barney의 잭 그럽먼이 있다. 그러나 그들의 얼굴은 오늘날 어디에서도 찾을 수 없다. 내가 아는 한 당시 최고로 평가받던 인터넷 주식분석가들은 화가 난 투자자들을 피해 지금은 안전한 정글을 찾아 헤매고 있다. 나는 그들의 머리를 원하는 몇몇 사람들을 상상할 수 있다. 미디어 속 그들의 목소리가 불꽃에 기름을 끼얹었기 때문에 기술 관련 기업의 주가가 이익에 상관없이 성층권에서 뛰놀았다. 미커, 블로젯, 그럽먼은 투자자에게 계속 매수하라고 부추겼다.

이 시대와 이전 세대의 거품의 차이는 속도였다. 인터넷의 빠른 통신 수단 덕분에 거품이 훨씬 빨리 자랐다. 그러나 모든 세대를 아우르는 한 가지 유사점은 이번에는 다를 것이라는 투자자의 태도이다. 하지만 장기적으로 볼 때 주가는 기업 이익을 반영한다. 주가가 기업 이익을 반영하지 못하면 반드시 문제를 야기한다.

세계 최대의 기술 기업 주식들이 이익 수준을 무시하며 엄청난 가격에 팔렸다. 그리고 마침내 〈표 4.5〉에 나타나듯이 냉혹하고 험악한 기업 실적이 가격 끈을 땅으로 잡아당기자 사람들은 결국 빈털터리가 되었다. 2000년 한 해 동안 가장 인기 있는 주식 중 몇 종목을 골라 1만 달러를 투자한 사람은 엄청난 손실을 입었을 것이다.

〈표 4.5〉 투자자는 어떻게 벌을 받는가

과거의 인기 주식	2000년 고점에서 투자한 1만 달러	2001~2002년 저점에서 1만 달러의 가치
아마존닷컴	$10,000	$700
시스코 시스템스	$10,000	$990
코닝사	$10,000	$100
JDS 유니페이스	$10,000	$50
루슨트 테크놀로지스	$10,000	$70

노텔 네트웍스	$10,000	$30
프라이스라인닷컴	$10,000	$60
야후	$10,000	$360

출처: 버턴 말킬, 《랜덤워크 투자수업 A Random Walk Down Wall Street》

개별 투자자뿐만 아니라 펀드 운용회사도 부에 관한 이야기에 마음이 바빠졌다. 뮤추얼펀드 회사들은 기술주 기반의 펀드를 만들어 판매를 서둘렀다. 물론 펀드 회사의 업무는 고객에게 돈을 벌어주는 것이 아니다. 그들의 주된 업무는 회사와 주주에게 돈을 벌어주는 것이다. 새로 도입된 기술주 뮤추얼펀드는 연료 탱크가 거의 떨어진 비행기의 1등석 표였다. 탑승객들은 비행기가 구름 속으로 떠오르자 기뻐서 낄낄거렸다. 물론 연료가 다 떨어지기 전까지만 그럴 수 있었다.

슬프게도 많은 중산층이 곧 추락할 비행기에 올라탔다. 비행기가 땅으로 돌진할 때 기술주 펀드와 인터넷 주식에 투자한 투자자들은 거의 모든 것을 잃었다.

인터넷 주식 파동에서 상처를 입지 않은 투자자는 거의 없었다. 정점에서 또는 정점 근처에서 빠져나오는 것을 상상하겠지만 그건 불가능하다. 수개월 만에 돈을 쉽게 네 배로 불릴 수 있는 시대가 아마추어와 전문 투자자들 모두를 휩쓸었다. 아무도 그 '정점'이 어디가 될 것인지를 정말로 알지 못했기 때문에 수많은 사람들이 계속해서 기술주에 올라탔다.

나 역시 기술주 부문의 경보를 피하지 못했다. 1999년 나는 가장 인기 있는 기술주 중 하나였던 노텔 네트웍스Nortel Networks의 주식을 매수하고 말았다.

그 주식을 산 것은 어리석은 행동이었다. 그러나 내 친구들이 인터넷 주식으로 돈을 쉽게 쓸어 담는 것을 가만히 지켜보다가 그만 참지 못하고 일을 저질렀다. 광기에 휩쓸리고 있었기 때문에 그 기업이 무슨 일을 하는지 내가 전혀 몰랐다는 건 문제가 되지 않았다.

마침내 간신히 틈을 내 노텔의 연차 보고서를 읽다가 나는 그 회사가 1996년 이래 더욱더 많은 돈을 잃고 있다는 사실을 알았다. 그러나 개의치 않았다. 불안하기는 했지만 주가는 오르고 있었고 나는 뒤처지고 싶지 않았다.

1996년 이래 매년 회사가 더욱더 많은 손실을 보고 있었지만 주가는 반대 방향인 상승 쪽으로 가고 있었다. 그렇다. 더 나쁜 징후였다. 그러나 나는 주당 83달러를 지불했다. 주가가 118달러로 상승했을 때 42퍼센트의 수익을 냈다. 노텔 열차에 늦게 탑승했는데도 불구하고 짧은 시간에 벌어들인 돈을 믿을 수가 없었다. 나는 단기 수익에 만족하며 매도하는 것이 현명하다고 생각했다. 그래서 정확히 주당 118달러에 그 주식을 매도했다. 이야기가 여기서 끝나면 좋았으련만 내가 매도하자마자 주가는 주당 124달러로 치솟았다.

그 후 나는 그해가 다 가기 전에 주가가 150달러까지 상승할 것이라는 분석가의 보고서를 읽었다. 그런데 이 상황에서 118달러에 매도하다니, 내가 무슨 짓을 했단 말인가?

주가가 120달러로 하락한 직후 나는 얼간이처럼 이전에 매도했던 주식을 다시 매수했다. 하지만 당연히 주가는 주당 100달러, 그다음에 주당 80달러, 그다음에 주당 50달러로 떨어졌다. 사람들은 이상한 낌새를 알아차렸다.

나는 투자한 돈의 절반을 잃고 48달러에 이를 매도했다. 애초에 사지 말았어야 할 주식 때문에 큰 손실을 입었다. 주가가 급상승했음에도 불구하고 기업은 수년 동안 한 푼도 벌지 못했다.

이것은 우리가 탐욕과 무지를 함께 갖고 있을 때 무슨 일이 일어날지를 상기시켜주는 나의 수치스런 경험이다.

— 떨어진 주가가 기회가 될 때 ——————————

전체 주식시장 인덱스펀드를 사는 일이 꼭 지루하지만은 않다. 다른 사람이 공포심을 느낄 때 여러분은 탐욕을 부리고, 다른 사람이 탐욕을 부릴 때 여러분은 공포심을 느끼면 된다. 그러면 여러분의 투자 포트폴리오에 활기를 불어넣을 수 있다. 투자 뉴스나 시장에 따라 움직일 필요가 없다.

테러리스트가 두 대의 비행기를 납치해서 뉴욕의 세계무역센터를 붕괴한 2001년 9월 11일의 끔찍한 사건은 미국인에게 엄청난 공포를 불러일으켰다. 쌍둥이 건물이 무너진 후 주식시장은 일시적으로 폐쇄되었다. 슬프게도 이 테러리스트의 공격으로 거의 3000명이 죽었다.

장기적으로 볼 때 이것은 미국의 기업 이익에 어떤 영향을 미쳤을까? 이 사건이 정말로 끔찍하기는 했지만 세계적으로 판매되는 코카콜라나 맥도날드 햄버거 판매에 영구적으로 영향을 미치지는 않았다. 미국인들은 오뚝이처럼 다시 일어났고 미국 기업도 마찬가지였다.

그러나 테러 후 주식시장이 다시 개장했을 때 미국 기업의 주가는 하락했다.

9·11 테러 당시 주식시장

많은 투자자들은 주식시장을 기업 이익과 같이 뭔가 실제적인 것으로 생각하지 않는다. 시장을 차트 위의 구불구불한 선이나 신문의 시세가 아닌 기업 집단으로 생각해야만 우리의 지갑이 풍성

해질 수 있다. 9·11 테러 후 주식시장에 벌어진 일은 1990년대 후반의 호황기와 반대되는 현상이었다. 주가는 축구공만 한 우박처럼 하락했지만 기업 이익은 거의 영향을 받지 않았다.

9·11 공격 후 뉴욕증권거래소가 재개장했을 때 '주식 세일 중!'이라는 커다란 네온사인을 높이 거는 편이 좋았을 것이다. 미국 주식시장은 이전 달보다 20퍼센트 더 낮게 개장 가격을 형성했다. 나는 있는 돈을 모두 긁어모아 주식시장에 쓸어 넣었다. 투기꾼들은 시장이 더 하락할 것을 염려하기 때문에 보통 그렇게 하고 싶어 하지 않는다. 하지만 진짜 투자자들은 결코 그렇게 생각하지 않는다. 그들은 다음 주가 아닌 향후 20년 동안 시장이 어떻게 될지에 더 관심을 갖는다.

가까운 미래를 걱정하면 본능적 충동을 따라가게 되어 있다.

주식시장에 대한 워런 버핏의 퀴즈

워런 버핏은 1997년 버크셔 해서웨이 주주에게 보내는 서한에서 간단한 퀴즈를 냈다. 여러분이 이 퀴즈를 정직하게 통과하면 주식시장의 성공 길로 가고 있는 것이다. 그러나 대부분의 투자자와 투자상담사는 이 사소한 시험을 통과하지 못한다. 이것이 대부분의 사람들이 서투른 투자자가 될 수밖에 없는 이유 중 하나이다.

그는 독자들에게 햄버거나 자동차와 같은 품목에 높은 가격을 지불하고 싶은지, 아니면 낮은 가격을 지불하고 싶은지를 물었다. 물론 더 낮은 가격을 바라는 것이 사리에 맞는다. 그다음에 그는 다른 질문을 한다. 향후 5년 안에 주식시장 상품을 매수할 계획이 있다면 주가가 높기를 바라는지, 아니면 낮기를 바라는지 물었다. 버핏은 많은 사람들이 이 문제에서 오답을 말한다고 한다. 그들은 더 높은 가격을 지불하고 싶어 한다. 하지만 그는 햄버거나 자동차 가격을 생각하는 것처럼 주가를 생각해야 한다고 말한다.

> 장래에 주식을 팔려는 사람만 주가가 오르는 것에 기뻐해야 한다. 장래에 주식을 사려는 사람은 떨어지는 가격을 훨씬 더 좋아해야 한다.
>
> - 로런스 커닝엄 Lawrence Cunningham , 《워런 버핏에 대한 에세이 The Essays of Warren Buffett》 중에서

젊을수록 무기력한 주가에 군침을 흘려야 한다

신경과 전문의에서 투자상담사가 된 윌리엄 번스타인 William Bernstein 은 20대나 30대 초반의 투자자들에게 말한다. "길고 지독한 약세 시장이 오기를 빌어라!"

주식의 쓸모

대부분의 젊은이들은 자신이 투자한 자산이 즉시 불어나기를 원한다. 그들은 자신이 옳았다는 것을 즉시 확인하기를 원한다. 그러나 그들은 주식 가격이 축 처지거나 흐느적거리기를 더 바라야 한다.

주식을 통조림에 대입해보자. 누군가가 통조림을 사서 지하저장고에 보관하다가 은퇴한 뒤 이 식품을 먹는다고 하면 은퇴한 후의 통조림 가격의 상승은 은퇴자들에게 기쁨이 될 수 있다. 어쨌든 그들은 이미 통조림을 샀기 때문이다.

하지만 이것은 젊은 투자자들에게 똑같이 적용되지 않는다. 그들은 물건을 사서 모으는 매집 단계에 있다. 가격이 재빨리 오르면 같은 금액으로 그들이 살 수 있는 양은 더 적을 수밖에 없다.

우리는 주식시장 가격 수준을 통제할 수 없다. 그러나 시장 가격에 대한 우리의 생각은 통제할 수 있다. 젊은 투자자들은 주가가 상승하지 않을 때 미소를 지어야 한다. 그리고 계속 투자해야 한다.

리자라는 이름의 젊은 투자자를 상상해보라. 그녀는 스물두 살에 일을 시작했으며 매년 투자한다. 향후 30년에 걸쳐 리자는 다음의 투자 시나리오 중 어떤 것을 더 원할까?

· 시나리오 1: 주식이 처음 15년 동안 연평균 15퍼센트 상승한 뒤 다음 15년 동안 연평균 2퍼센트 상승

· 시나리오 2: 주식이 처음 15년 동안 연평균 2퍼센트 상승한 뒤 다음 15년 동안 연평균 11퍼센트 상승

대부분의 사람들은 직관적으로 전자를 선택할 것이다. 그들은 투자한 돈이 즉시 불어나는 것을 보고 싶어 한다. 시나리오 1에 따르면 30년 후 리자는 92만 2817.99달러를 받게 된다.

그러나 워런 버핏과 윌리엄 번스타인의 말처럼, 젊은 투자자들은 약세장이 진행될 때 더 이득을 본다. 그래서 시나리오 2가 더 좋다. 이에 따르면 리자의 돈은 123만 5866.87달러로 불어날 것이다.

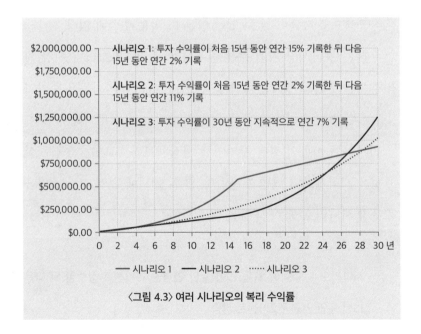

〈그림 4.3〉 여러 시나리오의 복리 수익률

30년 동안 지속적으로 연평균 7퍼센트의 복리 수익률을 기록하는 경우는 어떠한가? 직관적으로는 첫 15년 동안 취약한 주식 수익률에 직면하는 것보다는 훨씬 더 좋아 보이지만 시장은 직관을 비웃는다. 〈그림 4.3〉에서 보이듯이 이 세 번째 시나리오를 통해서는 102만 730.41달러를 받게 된다.

처음 15년 동안 형편없는 수익률을 내고 다음 15년 동안 연간 11퍼센트의 수익률을 내면 21만 5136.46달러를 더 벌 것이다.

아무도 주가를 통제할 수 없다. 그러나 자신의 행동과 관점은 통제할 수 있다. 특히 젊은 사람들은 시장의 불길이 사그라들 때 투자하는 것을 두려워하지 말아야 한다. 그 대신에 그들은 매월 꾸준히 투자하면서 시장이 뒤처질 때 웃어야 한다.

─ 주식시장의 혼돈 후 찾아오는 기회 ─────────

9·11 테러 후 시장을 다시 개장했을 때 주식은 아주 저렴한 가격에 거래되고 있었다. 이에 따라 나는 주식투자에 돈을 더 추가했다. 그렇다면 이 돈은 어디서 구했을까?

나는 보유한 채권의 일부를 매도했다. 내 입장에서 볼 때 그것은 어떤 특별한 판단이 필요하지 않았다. 단지 기계적인 전략을 고수했을 뿐이다. 그것에 대해서는 제5장에서 자세히 설명하겠다.

불행하게도 내가 2001년 9월 미국 주식시장 인덱스에 투자한 돈은 단 몇 달 만에 15퍼센트의 수익률을 냈다. 심지어 2008~2009년 금융위기 이후인 2011년 1월까지 배당을 포함하여 55퍼센트 넘게 상승했다. 그러나 나는 당황스러웠다. 여러분은 이 문장을 제대로 읽었다. 나는 주식시장이 오르는 것을 보고 당황했다.

9·11 테러 후에 나는 시장이 계속 하락하기를 원했다. 수년 동안 할인된 가격으로 주식을 계속 매수하고 싶었기 때문이다. 그것은 가죽 끈에 묶여 자고 있던 개가 벌떡 일어나 주인을 향해 전속력으로 질주할 것이라는 데 돈을 거는 것과 마찬가지다. 가죽 끈이 더 길수록 그리고 그 개가 더 오래 잠자고 있을수록 나는 더 많은 돈을 개에 걸 수 있다. 개가 많은 돈이 든 수레를 끌고 주인을 따라 오르막길을 질주하는 모습이 상상되지 않는가? 나에게는 슬픈 일이지만 주식시장은 할인 상태로 오래 잠들어 있지 않았다.

물론 모든 사람이 하락하거나 정체해 있는 주식시장을 보며 기뻐하지는 않을 것이다. 퇴직자에게는 사과를 하고 싶다. 퇴직한 사람은 하락하는 주가를 보고 싶을 이유가 없다. 월급을 받고 있지 않기 때문에 싼 주식을 더 이상 매수할 수 없을 것이다. 그리고 생활비를 보전하기 위해 매년 투자 금액 중 소액을 정기적으로 매도해야 할 것이다.

적어도 5년 이상 포트폴리오를 운영할 젊은 사람들은 시장이 하락할 때 기뻐할 필요가 있다. 임금 소득자에게 하락하는 주식시장은 특별한 한턱이다. 그런 대접은 매일 받을 수 없다. 그러나 또 한 번의 기회가 2002년과 2003년 사이에 다시 찾아왔다. 〈그림 4.4〉에 나타난 바와 같이 미국이 이라크와 전쟁을 선언한 후 주식시장이 2001년 고점에서 40퍼센트 할인된 가격으로 거래된 것이다.

〈그림 4.4〉 미국 주식의 훌륭한 세일

출처: 야후 파이낸스

전쟁 선언으로 미국 기업들이 평균적으로 40퍼센트 돈을 덜 벌게 될 것인가? 펩시코^{Pepsico}, 월마트, 엑손모빌, 마이크로소프트와 같은 기업들의 이익이 40퍼센트 감소할 것인가? 심지어 당시에도 그렇게 생각하는 사람을 찾기란 매우 어려웠을 것이다. 그러나 미국 기업들은 40퍼센트 할인된 가격으로 주식시장에서 거래되고 있었다. 나는 군침을 흘리며 가능하면 수년 동안 시장이 계속해서 하락하기를 바라고 있었다.

나는 시장이 얼마나 더 하락할지 몰랐기 때문에 시장 하락의 맨 밑바닥에서 인덱스를 매수할 정도로 행운이 따르지는 않았다. 그러나 그것은 나에게 중요하지 않았다. 일단 20퍼센트 할인이라는 깃발이 눈앞에서 펄럭이자 나는 윌리 웡카의 공장에 몰래 들어온 초콜릿 중독자가 되었다. 주식시장이 계속해서 하락했기 때문에 나는 계속해서 매수했다. 싼 주가를 더 사기 위해 추가 일자리를 얻을 수 있었다면 아마 그렇게 했을 것이다. 하지만 웬일인지 대부분의 투자자들은 그들이 통상 하던 대로 하고 있었다. 가격이 하락하자 그들은 과잉 반응을 하며 매도함으로써 주식 가격을 군침 도는 수준까지 끌어내렸다. 그들은 주식시장 상품에 더 높은 가격을 지불하기를 희망하며 할인 판매 주식을 두려워한다(확실히 이것은 진짜 미친 짓이다).

나는 뷔페에서 실컷 먹을 수 있도록 주식시장이 계속해서 하락하거나 수년 동안 낮은 수준에 머물러 있기를 원했지만 그렇게 되지는 않았다. 미국 주식시장 인덱스가 2002~2003년에 장기 회복을 시작하여 2007년 말까지 4년 동안 100퍼센트 넘게 상승하자 나는 실망하지 않을 수 없었다. 퇴직자들은 떠들썩하게 기뻐했겠지만 나는 오트밀을 먹으며 울고 있었다. 슈퍼마켓의 대규모 세일은 끝났다.

주식시장이 치솟고 있던 2007년 나는 주식 인덱스에 한 푼도 집어넣지 않았다. 그 대신 채권 인덱스를 매수했다. 나는 채권의 자금 배분을 내 나이와 동일하게 하고 싶었다. 당시 내 나이는 서른일곱 살이었기 때문에 포트폴리오의 35~40퍼센트를 채권으로 구성하기를 원했다. 그러나 2007년 급등한 주식시장 때문에 주식 인덱스는 내가 설정했던 것보다 훨씬 더 높은 수준으로 바뀌어 있었다. 그 결과 채권은 전체 계좌의 35퍼센트보다 훨씬 더 낮은 비율을 차지했다. 그래서 나는 2007년을 채권만 사며 보냈다. 그렇게 하기 위해 주식 인덱스의 일부분을 팔기까지 했다.

주식시장이 2007년의 정점보다 20퍼센트 할인된 가격으로 거래되던 2008년에 나는 다시 공격적으로 주식 매수를 계획했다. 〈그림 4.5〉는 주식시장이 2008년 어떤 충격을 받았는지 보여준다. 나는 시장이 2007년에서 2009년 4월의 저점까지 50퍼센트 하락함에 따라 기뻐하며 주식 매수를 늘렸다. 그것은 마치 대량 할인하고 있는 최신 아이폰을 본 기분이었다. 주식시장이 50퍼센트 할인하고 있는데 그것을 사기 위해 아무도 줄을 서고 있지 않았다. 한 시점에 주식 인덱스가 너무 많이 하락하자 나는 채권 인덱스를 대량으로 매도했다. 이는 주식과 채권의 균형을 염두에 두고 주식 인덱스를 더 많이 매수하기 위한 것이었다. 주식시장이 하락했을 때 채권 배분 비중은 결국 내 포트폴리오의 35퍼센트보다 상당히 더 높은 수준이 되고 말았다. 주식 인덱스를 더 많이 매수하기 위해 채권 인덱스의 일부를 처분한 것은 내 포트폴리오가 바람직한 수준으로 되돌아오게 하는 데 도움이 되었다.

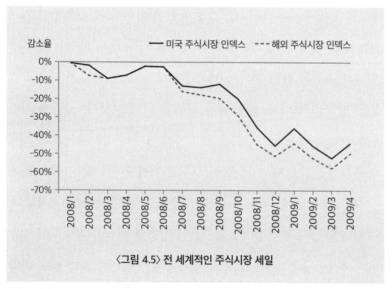

〈그림 4.5〉 전 세계적인 주식시장 세일

자료: 뱅가드

주가가 매우 심하게 하락함에 따라 나는 버핏이 1974년에 〈포브스〉와 인터뷰하며 한 말을 이해했다. 당시 주식시장 하락에 직면한 그는 이 상황은 성욕에 가득 찬 남자가 하렘에 있는 것과 같다며, 투자를 시작해야 할 때라고 말했다.

2008~2009년의 경기 하강이 미국 기업의 이익을 잠식했는가? 그중 일부는 돈을 잃었겠지만 모두가 그런 것은 아니다. 주가의 하락은 기업 이익이 하락할(또는 하락할 것으로 기대될) 때만 정당화될 수 있다. 항상 그렇듯 투자자의 공포와 탐욕이 주식시장의 비합리적인 가격 수준을 가져온다.

나는 주식이 계속 싼 수준에 머물러 있기를 기도했다. 그러나 고상하지 않은 일을 위해 기도하는 것은 분명히 나쁜 일이다. 2009년 3월과 2011년 1월 사이에 미국 주식시장 인덱스는 85퍼센트 상승했고 내가 매수하고 있던 해외 주식시장 인덱스는 거의 90퍼센트 상승했다. 평소에 잘 위축되지 않는 성격이지만 내가 사둔 인덱스가 매달 더 비싸지자 속이 타들어갔다. 나는 시장이 계속 낮은 수준에 머물러 있기를 바랐다.

보통의 사람들은 할인을 이용할 수 있는 이 멋진 단기 기회를 잡지 못한다. 금융시장 대혼란에 맞추어 등장한 선정적인 금융 TV 프로그램, 감정적으로 혼란을 주는 인터넷이 우리를 노리고 있음에도 불구하고 주식시장 변동에 대한 처방은 항상 우리 옆에 있었다.

거울 속의 적은 대부분의 사람들을 몸부림치게 만든다. 그들은 주가가 상승하고 있을 때 매수하기를 좋아하고, 세일 중인 것을 보면 두려워서 움츠린다. 주식시장이 하락하거나 상승하고 있을 때 대부분의 투자자들이 하는 행동을 관찰하면 알 수 있다. 존 보글은 그의 고전적인 저서 《뮤추얼펀드 상식》에서 놀라운 자료를 공개하며 "투자자들은 결코 배우지 못할 것인가?"라는 수사적인 질문을 던졌다.

1990년대 후반 주식시장이 미친 듯이 오를 때 투자자들은 이전에 했던 것보다 더 많은 돈을 주식시장에 쏟아부었다. 이 기간 중 그들은 6500억 달러를 뮤추얼펀드에 투입했다. 1929~1933년 이래로 최대 하락한 2008~2009년에 미국 뮤추얼펀드 투자자들이 어떻게 행동했다고 생각하는가? 열심히 매수해야 할 때 그들은 2280억 달러가 넘는 주식시장 뮤추얼펀드를 손해를 보면서도 헐값에 팔아버렸다.

미래에 대해 우리가 알 수 있는 단 하나의 사실은 예측 불가능한 충격적인 사건을 주식시장에서 또다시 경험할 것이라는 점이다. 겉으로 보기에 시장은 절벽에서 뛰어내리듯이 급락하거나 로켓을 잡고 성층권으로 치솟고 있을 것이다. 그러나 주식시장이 기업 이익을 어떻게 반영하는지를 알면 그러한 어리석은 위험에 유혹 당하지 않을 것이다. 또한 시장이 하락할 때 그렇게 두려워하지도 않을 것이다. 주식과 채권 인덱스로 된 책임 있는 포트폴리오를 구축하면 주식시장의 변동을 역이용할 수 있는 기회를 포착하면서 계좌에 더 많은 안정성을 가져올 수 있다.

다음 장에서는 이를 달성할 수 있는 방법을 알려주겠다.

균형 있는 포트폴리오를 만들어라

주식시장이 하락하면 대부분의 사람들은 공황 상태에 빠지지만 침착한 투자자들은 큰 이익을 얻기 위한 기초를 닦을 수 있다. 핵심은 개인 포트폴리오를 사전에 계획한 주식·채권 배분 비율에 맞추어 재조정하는 것이다.

"방울양배추를 먹어라. 그러면 크고 강한 아이가 될 것이다." 어릴 때 들은 말이다. 그래서 나는 아침에 방울양배추 한 그릇, 점심에 또 한 접시, 그리고 저녁에도 한 냄비를 먹었다. 일주일 내내 방울양배추를 먹었다.

그것이 사실이라면 아마 나는 현재 잎이 무성한 발 달린 녹색 공과 닮아 있을 것이다. 방울양배추는 건강에 좋을지 모르지만 건강하고 싶다면 작은 양배추 외에도 다른 것을 더 먹어야 한다.

같은 맥락으로 전체적인 인덱스펀드는 좋은 투자 수단이지만 이것만으로는 균형 있는 포트폴리오라고 하기에 조금 부족하다.

이것만 매수한다면 주식시장의 변동과 함께 포트폴리오는 심하게 흔들릴 것이다. 시장이 20퍼센트 하락하면 전체적인 포트폴리오도 그렇게 하락할 것이다. 시장이 50퍼센트 하락하면 전체적인 투자 금액도 그렇게 하락할 것이다.

이것은 투자자에게 좋지 않다. 특히 퇴직을 앞두고 있거나 더 많은 안정성을 필요로 하는 사람들에게 그러하다. 예순 살이 된 여자가 자신의 포트폴리오를 종잣돈으로 사용할 계획이라면 급격한 시장 하락기에 바닥없는 분화구로 돈이 빠져 들어가는 것을 보며 마음이 편치 않을 것이다.

주식시장 가치가 절반으로 줄어들면 오직 무책임한 포트폴리오만 50퍼센트 하락할 것이다. 그래서 우리에게는 채권이 필요하다.

— 채권이란 무엇인가? ————————————

본드는 살인 면허가 있는 영국의 첩보원이다. 그는 수많은 여성과 잠자리를 하고 결코 죽지 않으며 15년이 경과할 때마다 완전히 다른 사람처럼 보이기 위해 신체 이식을 받는다.

채권bond도 이와 똑같이 관심을 집중시킨다.

채권은 덜 흔들린다

장기적으로 보면 채권은 주식처럼 많은 돈을 벌지는 못한다. 그러나 채권은 변동성이 적어 시장의 신이 한바탕 웃고 있을 때 여러분의 계좌가 바닥으로 추락하지 않게 구제해준다.

채권은 여러분이 정부나 기업에게 행하는 대출이다. 여러분의 돈은 정부나 기업이 대출금과 이자를 갚을 수 있는 한 안전하다.

여러분이 매수할 수 있는 가장 안전한 채권은 고소득 산업 국가인 선진국의 정부 채권이다. 약간의 위험이 있는 채권은 코카콜라, 월마트, 존슨 앤드 존슨Johnson & Johnson 과 같은 굴지의 우량 기업에서 매수할 수 있다. 이보다 규모가 작고 덜 견실한 기업의 채권이 일반적으로 가장 많은 이자를 제공한다. 그러나 이 기업들은 채권을 상환하지 못할 가능성이 크다. 기업 채권이 지불하는 이자가 많을수록 위험은 더 커진다.

여러분의 돈을 투자할 안전한 장소를 찾고 있다면 단기 또는 중기 정부 채권이나 우량 기업 채권이 가장 좋다.

왜 투자를 단기나 중기로 해야 하는가? 향후 10년 동안 매년 4퍼센트를 지불하는 채권을 매수하면 인플레이션이 그것을 빼앗아갈 가능성이 있기 때문이다. 그런 일이 일어나면 기본적으로 돈을 잃고 있는 것이다. 채권이 여러분에게 매년 4퍼센트를 지불하는 것은 확실하지만 여러분이 매년 6퍼센트씩 가격이 오르는 아침 식사 시리얼을 사고 있다면 4퍼센트의 채권 이자는 한 상자의 콘플레이크를 당해내지 못할 수 있다.

이런 이유로 만기가 더 짧은 채권(1~5년 만기 채권)을 매수하는 것이 만기가 더 긴 채권(20~30년 만기 채권)을 매수하는 것보다 더 현명하다. 인플레이션이 고개를 들어도 특정 이자율로 수취해야 하는 부담을 떠안지 않을 수 있다. 단기나 중기 채권이 만기가 되어 돈을 되찾으면 더 높은 이자율로 또 다른 단기나 중기 채권을 매수할 수도 있다.

복잡해 보여도 걱정하지 마라. 여러분은 단기 정부 채권 인덱스를 매수할 수 있고 만기일을 걱정하지 않아도 된다. 그것은 시간이 지남에 따라 인플레이션과 보조를 맞출 것이며 여러분이 원하면 언제라도 매도할 수 있다. 아주 쉬운 일이다.

채권은 어떻게 작동하는가?

채권 작동 구조의 복잡성까지 알 필요는 없다. 정부 채권 인덱스를 매수하기만 하면 된다(다음 장에서 그 방법을 알려주겠다). 그러면 그 채권 인덱스는 여러분의 투자 계좌에서 적절한 위치를 차지할 수 있다. 그러나 채권이 어떻게 작동하는지 알고 싶다면 다음의 반쪽 요약을 확인하면 좋다.

여러분이 5년 만기 정부 채권을 매수하면 그 이자율을 정부가 보장한다는 것을 즉시 알 수 있다. 이를테면 정부에게 1만 달러를 대출해주면 그들은 여러분에게 그 1만 달러를 되돌려줄 것을 약속한다. 그 대출의 이자율이 매년 5퍼센트라고 가정하면 여러분은 이자로 매년 500달러를 확실히 받을 수 있다.

여러분이 5년이 되기 전에 그 채권을 팔기로 작정하면 그렇게 할 수 있지만 채권 가격은 매년 변동한다는 것을 알아야 한다. 그것을 만기일 이전에 팔면 여러분은 1만 달러가 아닌, 1만 500달러나 9500달러를 받을 수 있다.

인플레이션과 이자율이 상승하면 채권 가격은 하락한다. 이자로 5퍼센트를 주는 채권을 샀을 때 연간 3퍼센트였던 인플레이션이 갑자기 5퍼센트로 상승했다면, 어떤 새로운 투자자도 여러분 것과 같은 채권(인플레이션이 5퍼센트인데 5퍼센트의 이자를 지급)을 사고 싶어 하지 않을 것이다. 생활비 상승(즉, 인플레이션 상승)을 공제하고 나면 그 채권에서 어떠한 돈도 벌지 못할 것이기 때문이다. 그러나 그 채권의 가격이 하락하면 새로운 채권 투자자는 여러분이 1만 달러를 지불한 것과 똑같은 채권을 9500달러에 산다는 생각에 유혹을 느낄 것이다. 그 채권이 만기되면 이 새로운 투자자는 1만 달러를 되돌려 받을 수 있기 때문이다.

이자율이 하락하면 여러분 친구 중 한 사람은 연간 5퍼센트의 이자를 지급하는 1만 달러짜리 채권을 사려고 안달이 날 수도 있다. 그러나 친구 혼자만 그러지는 않을 것이다. 기관의 채권 트레이더들이 그 채권을 사려고 재빨리 몰려들기 때문에 아마도 1만 달러에서 1만 300달러로 가격이 상승할 것이다. 채권 가격 조정은 주가

조정과 비슷하다. 수요가 있으면 가격은 오를 것이다.

그러나 여러분의 친구는 (그가 그 채권에 지불한 1만 300달러에 대해서가 아니라) 1만 달러에 대해 연간 5퍼센트를 벌어들일 것이다. 따라서 채권의 만기가 도래했을 때 그는 1만 달러를 받을 것이다. 여러분은 자랑할 것이고 그는 속상해할 것이다.

사람들은 이런 가격 움직임을 이용하여 이익을 보려 하기 때문에 채권시장이 존재한다. 채권을 사고 또 파는 데 집중하는 뮤추얼펀드가 있는 것은 당연하다.

채권 인덱스펀드가 승자다

적극적으로 운용하는 뮤추얼펀드를 사고 싶은 유혹이 드는 경우 채권 인덱스펀드가 뮤츄얼펀드를 쉽게 능가한다는 점을 기억하라. 채권펀드 세계에서는 비용이 훨씬 더 큰 문제가 된다.

2003년에서 2008년까지의 자료에서 판매수수료(상담사에게 지불한 교묘한 수수료)가 있는 적극적 운용 채권펀드는 연평균 3.7퍼센트를 벌었으며, 판매수수료가 없는 적극적 운용 채권펀드의 수익률은 연평균 4.9퍼센트였다. 주식시장처럼 판매수수료가 없는 것이 평균적으로 더 좋은 실적을 보였다.

같은 기간 미국 정부 채권 인덱스는 연간 7.1퍼센트의 수익률을 냈다.

'스파바'는 적극적으로 운용하는 채권펀드 중 몇 퍼센트가 채권 인덱스펀드보다 더 좋은 성과를 내는지를 측정했다. 2015년 12월 31일까지 10년 동안의 장기, 중기, 단기 국채를 측정했을 때 적극적 운용 펀드의 17.67퍼센트만이 인덱스펀드보다 더 좋은 성과를 냈다.

주식 인덱스를 사든 채권 인덱스를 사든 적극적 운용은 숨겨진 수수료 때문에 일반적으로 수익 잠재력을 깎아내린다.

계좌에 채권 인덱스, 국내 주식 인덱스, 해외 주식 인덱스를 보유하면 투자 성공 확률이 훨씬 더 커진다.

포트폴리오의 몇 퍼센트를 채권에 배분해야 하는가?

주식을 몇 퍼센트 보유해야 하고 채권을 몇 퍼센트 보유해야 하는지에 대한 논쟁은 이탈리아의 가족 상봉보다 더 시끌벅적하다.

경험에 의하면 여러분은 대략 자신의 나이와 동일하게 채권 배분을 해야 한다. 일부 상담사는 자신의 나이에서 10을 빼거나, 더 위험이 높은 포트폴리오를 원하면 자신의 나이에서 20을 빼서 채권 배분을 해야 한다고 말한다. 예를 들면 쉰 살이 된 사람은 투자 포트폴리오의 30~50퍼센트를 채권으로 보유하는 것이다.

여기에서부터 상식을 활용해야 한다. 퇴직 시 연금 지급이 보장되는 쉰 살의 공무원은 포트폴리오의 50퍼센트 미만을 채권에 투자할 수 있다. 더 높은 수익을 기대하며 더 큰 위험을 부담하는 것이다. 주식 수익률이 채권 수익을 항상 능가하는 것은 아니지만 장기적으로 주식은 채권보다 훨씬 더 좋은 수익을 낸다. 그렇다 하더라도 채권은 주식이 내리막길을 걸을 때 비밀 병기가 되어줄 수 있다.

균형 있는 포트폴리오로 전문가를 혼쭐내라

포트폴리오에 매월 200달러를 추가하고 있다면 채권 인덱스에 매월 60달러(200달러의 30퍼센트)를, 그리고 주식 인덱스에 매월 140달러(200달러의 70퍼센트)를 넣을 수 있다.

여러분도 알다시피 어느 해 주식시장이 30퍼센트 이상 상승하거나 하락하면서 광란의 움직임을 보일 수 있다. 침착하며 현명한 투자자들은 자신이 설정한 주식·채권 배분 비율이 기존과 크게 달라지면 단순히 포트폴리오를 재조정하며 안정을 찾을 수 있다. 예를 들면 서른 살 된 사람이 30퍼센트를 채권으로, 70퍼센트를 주식으로 갖고 있다면 그는 그 배분 비율을 유지하고 싶어 포트폴리오를 재조정할 것이다.

주식시장이 어느 달 심하게 하락하여 투자자는 그의 포트폴리오가 주식 배분 목표치인 70퍼센트보다 더 낮아진 것을 알게 됐다. 그렇다면 그 투자자는 계좌에 돈을 추가할 때 어떻게 해야 하는가?

아주 쉽다. 주식 인덱스에 돈을 추가하면 된다.

다른 달에 주식시장이 많이 상승하면 그 투자자는 전체 포트폴리오에서 주식이 70퍼센트 넘게 차지하고 있다는 것을 알아챌 것이다. 그렇다면 채권펀드에 돈을 추가하면 된다.

주식시장이 폭락할 때 포트폴리오의 배분

주식시장이 하락하면 대부분의 사람들은 공황 상태에 빠져 주가를 더 낮은 수준으로 몰아간다. 그러나 침착한 투자자들은 상당한 미래 이익을 얻기 위한 기초를 닦을 수 있다. 내 개인 포트폴리오는 금융위기 전과 비교하여 위기 후에 훨씬 더 좋아졌다. 핵심은 내 개인 포트폴리오를 사전에 계획한 주식·채권 배분 비율에 맞게 유지하는 것이었다. 이전 장에서 언급했듯이 나는 〈그림 5.1〉과 같이 채권 배분 비율을 전체 포트폴리오의 약 35퍼센트로 한 채 2008년(주식시장 폭락 전)을 시작했다.

2008년 이후 주식시장은 하락하기 시작했고 그로 인해 포트폴리오 내 채권 비율이 부적절해졌다. 나는 시장이 하락했을 때 내가 소망하는 비율에 맞추기 위해 주식 인덱스만을 샀다. 그렇게 많은 돈을 주식 인덱스에 추가하고 있었음에도 불구하고 시장은

2009년 3월까지 계속해서 하락했다.

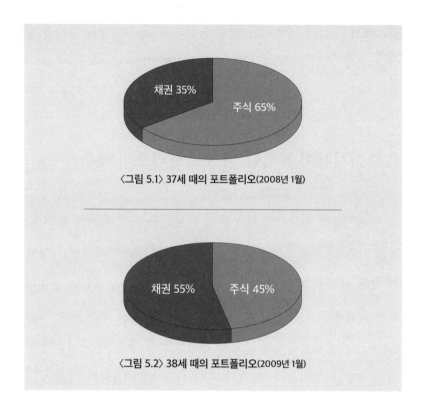

〈그림 5.1〉 37세 때의 포트폴리오(2008년 1월)

〈그림 5.2〉 38세 때의 포트폴리오(2009년 1월)

매월 이루어지는 주식 매수에도 불구하고 2009년 처음 몇 달간 내 포트폴리오의 모습은 〈그림 5.2〉와 같았다.

나는 주식 배분 비율을 전체의 65퍼센트로 회복시킬 수 없었다. 그 결과 나는 내가 소망하는 배분 수준으로 포트폴리오를 조정하기 위해 2009년 초 채권의 일부를 팔아야 했다.

당연히 나는 시장이 낮은 수준에 머물러 있기를 바랐다. 그러나 시장은 그렇지 않았다. 주식시장이 늦게 회복하기 시작했을 때 나는 전술을 다시 바꿨고 1년 이상 오로지 채권만 샀다. 주식을 사기 위해 채권을 팔았고 주식 비중이 오르며 채권의 비중은 낮아졌다.

이렇게 재조정하는 것은 대학 기부금펀드와 연금펀드에서 흔히 있는 일이다.

투자자들은 주식·채권 배분 문제를 1년에 한 번 이상 들여다볼 필요가 없다. 그러나 주식시장이 20퍼센트 이상 폭락하면서 완전히 미쳐 돌아갈 때는 가능하면 다시 조정을 하는 것이 좋다.

─ 포트폴리오에 해외 인덱스펀드를 추가하라 ───

미국인들은 미국 인덱스에 상당히 많은 돈이 들어가 있어야 한다. 캐나디언은 캐나다 인덱스에 충분한 돈이 투자되어 있어야 한다. 이는 호주인이나 영국인 또는 주식시장이 잘 정비된 다른 나라 사람에게도 해당한다. 포트폴리오의 일정 부분은 항상 자국 인덱스에 투자되어 있어야 한다. 자신이 청구서를 지불하는 화폐로 돈을 갖고 있는 것은 합리적인 일이다.

포트폴리오에 정부 채권 인덱스를 추가한 후 바로 거기에서 멈출 수 있다. 그러나 나를 포함하여 많은 투자자들은 포트폴리오를 글로벌하게 구성하고 싶어 한다. 미국 주식시장은 전 세계 주식시장의 약 50퍼센트를 차지한다. 캐나다, 호주, 영국, 프랑스, 일본, 중국에도 주식시장은 있다. 따라서 투자자들은 글로벌 시장에 투자하는 포트폴리오를 설정함으로써 다양한 변화를 줄 수 있다. 전체 해외 주식시장 인덱스가 이에 적합할 것이다.

해외 주식시장에 어느 정도 투자해야 하는지에 관해서는 의견이 분분하다. 간단히 정리하면 여러분은 주식시장 자금을 자국의 인덱스와 해외 인덱스에 분산 투자할 수 있다.

이 경우 (연금 지급이 없는) 서른 살 미국 투자자는 〈그림 5.3〉과 같은 포트폴리오를 갖게 될 수 있다.

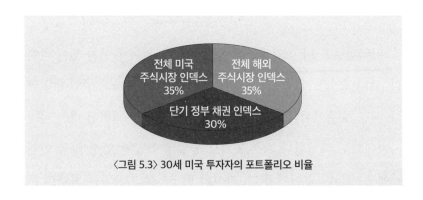

〈그림 5.3〉 30세 미국 투자자의 포트폴리오 비율

여러분이 매월 투자 매수를 하고 있다면 자국 주식 인덱스와 해외 주식 인덱스를 보고 나서 이전 달에 어떤 것이 더 좋은 실적을 냈는지를 확인해야 한다. 이를 확인한 후 새롭게 투자되는 돈을 좋은 실적을 내지 못한 인덱스에 추가해야 한다. 이는 여러분이 소망하는 배분 비율과 가깝게 계좌를 조정하기 위한 것이다.

대부분의 사람들이 이때 어떻게 할지 여러분은 이미 짐작했을 것이다. 비유적으로 말하면 그들은 매일 아침 변기에 돈을 털어 넣는다는 계약에 서명을 하고 있다. 즉, 좋은 실적을 내는 인덱스를 더 매수하고 평균 이하의 실적을 내는 인덱스를 덜 매수하는 것이다. 이와 같은 행동은 투자 생애에 걸쳐 수십만 달러를 낭비하는 행위이다.

내 생애 전체 미국시장 인덱스와 전체 해외시장 인덱스는 비슷한 실적을 냈다. 1970년 이래 이 둘의 차이는 복리 수익률 측면에서 1퍼센트가 채 안 된다. 그러나 하나가 다른 것보다 더 뒤처지는 시대가 존재한다. 그것을 이용하라.

개별 주식이나 개별 해외 시장을 세세하게 추적하라는 것이 아니다. 예컨대 X라는 기업의 주가가 하락했다고 하자. 이것의 가격이 하락했기 때문에 매수하기 아주 좋은 주식이라 생각해서 손해 본 주식에 더 많은 돈을 투입해야 한다는 뜻이 아니다. X에 무슨 일이 생길지 누가 알겠는가? 그것은 샌프란시스코 안개처럼 증발해 버릴 수도 있다.

마찬가지로 여러분이 칠레나 브라질 또는 중국과 같이 단 하나의 해외 국가 인덱스를 매수하면 커다란 위험을 부담하게 된다. 향후 30년 동안 그 시장에 무슨 일이 일어날지 누가 알겠는가? 그것이 정말로 좋은 실적을 낼 수도 있지만 위험을 분산하기 위해 전체 해외 주식시장 인덱스와 함께 가는 것이 더 낫다. 그 안에는 중국, 인도, 브라질, 태국과 같이 고속 성장하는 신흥국뿐만 아니라 영국, 프랑스, 독일과 같이 더 오래된 경제 국가도 있다. 포트폴리오를 재조정하는 것을 꼭 기억하라. 해외 주식시장이 흥청망청 떠들썩하면 거기에 새로운 돈을 집어넣지 마라. 국내 주식 인덱스와 해외 주식 인덱스가 모두 천정부지로 치솟으면 새로운 돈을 채권 인덱스에 추가해야 한다.

이것이 너무 복잡하다고 생각하면 스콧 번스Scott Burns가 훨씬 더 단순한 전략을 대중화했으니 이를 참고하기 바란다.

─ 소파에 앉아서도 할 수 있는 포트폴리오 ────

과거 〈댈러스 모닝 뉴스Dallas Morning News〉의 칼럼니스트였던 번스는 현재 인덱스로 돈을 관리하는 미국 투자 회사 애셋빌더에서 일하고 있다. 그는 높은 수수료, 높은 세금, 그리고 빈약한 실적 때문에 뮤추얼펀드를 매수하는 것이 합리적이지 않다는 것을 깨닫고 '소파에 앉아서도 할 수 있는 포트폴리오 Couch Potato Portfolio'라 불리는 단순한 투자 전략을 대중화했다.

이것은 미국의 전체 주식시장 인덱스와 전체 채권시장 인덱스에 똑같은 금액을 투자함으로써 이루어진다. 여러분이 매월 200달러를 투자하고 있다면 주식시장 인덱스에 매월 100달러를 투입하고 채권시장 인덱스에 매월 100달러를 투입하는 것이다. 여러분은 심지어 1년에 한 번 이상 투자 명세서를 보지 않아도 된다.

1년이 지난 후 투자 계좌를 살펴보며 주식에 더 많은 돈이 있는지 채권에 더 많은 돈이 있는지 확인하면 끝이다. 채권 인덱스에 더 많은 돈이 있으면 이것의 일부를 매도하고 그 돈으로 주식 인덱스를 매수하여 포트폴리오가 같은 비중이 되도록 하면 된다. 마찬가지로 주식 인덱스에 더 많은 돈이 있으면 주식시장 인덱스의 일부를 매도하여 그 돈으로 채권 인덱스를 매수하면 된다.

시장의 광적인 등락에 희생되지 않고 여러분은 1년에 한 번 낮은 가격에 매수하고 높은 가격에 매도할 수 있을 것이다.

채권이 50퍼센트를 차지하면 그것은 꽤 보수적인 계좌가 될 것이다. 어느 해 주식시장이 50퍼센트 하락하면 여러분의 계좌는 이보다 훨씬 덜 하락할 것이고, 채권 인덱스에서 생긴 대금으로 저가의 주식 인덱스를 매수함으로써 12개월 후 계좌를 두 부문에 동등하게 배분할 가능성이 생긴다.

그런 전략은 매우 보수적인 특성에도 불구하고 1986년에서 2001년까지 연간 10.96퍼센트의 수익률을 실현했다. 이 전략으로 15년 동안 1000달러는 4758.79달러가 되었을 것이다.

술 취한 원숭이라 할지라도 그 15년간은 상당한 돈을 벌었을 것이다. 왜냐하면 세계 주식시장 대부분이 그 기간 동안 상당한 상승을 보였기 때문이다.

그렇다면 많은 주식시장 투자자들이 잃어버린 10년이라고 명명한 10년 동안 소파에 앉아서도 할 수 있는 인덱스 전략은 어떤 실적을 거두었는가? 먼저 소파에 앉아서도 할 수 있는 인덱스 전략에 따른 높은 채권 구성비 덕분에 시장 하락기에도 투자자는 깊은 잠을 잘 수 있었다.

2002년 미국 주식시장은 큰 타격을 입었고, 미국 주식시장 뮤추얼펀드의 가치는 22.8퍼센트 하락했다. 그러나 그 참혹한 해에도 소파에 앉아서도 할 수 있는 포트폴리오는 6.9퍼센트 하락했을 뿐이다. 1만 달러를 투자했으면 9310달러로 하락했을 것이다.

2003년 초와 2008년 초 사이에 미국과 해외 주식시장 인덱스는 각각 91퍼센트와 186퍼센트 오르면서 급등했다. 이 5년 동안 시장에 돈을 투자했다면 누가 운용하든 포트폴리오 규모는 기하급수적으로 증가했을 것이다. 그러나 현대 금융사에서 가장 험악한

해 중 하나인 2008년을 보자.

글로벌 경제위기가 닥치면서 세계 주식시장은 폭락했다. 물론 장기 투자자들은 낮은 가격을 이용하며 기쁨으로 두 손을 비볐을 것이다. 그러나 이 하락기에 평균적인 미국 뮤추얼펀드와 소파에 앉아서도 할 수 있는 포트폴리오 투자가 얼마나 하락했는지 보자.

뮤추얼펀드 전문가가 이 위기를 극복할 수 있다고 기대했다면 여러분은 실망할 것이다.

〈표 5.1〉 소파에 앉아서도 할 수 있는 포트폴리오 VS 평균 미국 뮤추얼펀드(2008년)

미국의 평균 뮤추얼펀드	소파에 앉아서도 할 수 있는 인덱스 포트폴리오
-29.1% 하락	-20.4% 하락
1만 달러가 7,090달러로 하락	1만 달러가 7,960달러로 하락

〈표 5.1〉은 적극적으로 운용하는 혼합형펀드(펀드운용자가 운용을 하고 약 40~50퍼센트가 채권에 투자되어 있다)가 2008년 무려 29퍼센트의 손실을 냈다는 사실을 보여준다.

평균적인 혼합형펀드는 펀드 자산의 40~50퍼센트가 채권에 투자되어 있는데도 왜 그렇게 많은 돈을 잃었는가? 시장이 하락할 때 두려워하며 주식을 매도했다는 것이 유일한 설명이 되겠다. 이

전 장에서 언급했듯이 아무도 주식시장의 단기 움직임을 예측할 수 없다. 미국에 있는 적극적으로 운용하는 대부분의 혼합형펀드 운용자들은 시장의 단기 움직임을 예측하려고 한다. 이로써 그들은 가격이 낮을 때 주식을 팔기 때문에 주주에게 값비싼 결과를 치르게 한다. 소파에 앉아서도 할 수 있는 전략을 따르는 것은 펀드운용자가 여러분의 돈을 부주의하게 다루도록 하는 것보다 훨씬 더 많은 이익이 가져다줄 것이다.

소파에 앉아서도 할 수 있는 포트폴리오 전략을 따르는 것이 좋은 또 다른 이유는 (2008~2009년의 시장 폭락에도 불구하고) 여전히 2006~2011년에 돈을 벌었을 것이라는 점이다. 이 5년 동안 (적극적으로 운용하는 많은 혼합형 뮤추얼펀드가 돈을 잃었을 때) 소파에 앉아서도 할 수 있는 포트폴리오에 1만 달러를 투자했다면 거기에 돈을 추가하지 않고도 1만 2521.56달러가 넘는 돈으로 불어났을 것이다. 이것은 25.2퍼센트의 수익률이다.

나는 2008~2009년의 주식시장 하락을 반겼다. 그러나 이는 상담사의 기를 죽이는 일이었다. 많은 사람들은 나에게 포트폴리오를 가져와 40퍼센트 이상 하락한 투자 금액을 보여주었다.

그들이 보유한 투자를 살펴보면서 나는 매우 충격적인 것을 발견했다. 그들의 투자상담사들은 채권을 거의 고려하지 않았다. 자신의 투자 명세서를 보여줬던 사람들은 나보다 나이가 많았으므로 내 것과 같거나 내 것보다 더 많은 비율로 채권을 보유했어야만 했다. 그러나 아무도 그렇게 하지 않았다. 채권을 아예 가지고 있지 않은 사람도 있었다. 주식시장이 하락하는데도 팔 수 있는 채권이 없어서 주식시장을 세일가로 이용할 수 없었기 때문에 그들의 계좌는 내 것보다 훨씬 더 심하게 하락했다.

특히 50대와 60대 투자자들에게는 채권이 꼭 필요하다. 이 기본적인 원칙이 들어 있지 않은 투자 책을 발견하기는 어렵다. 그러나 내가 본 많은 계좌는 채권이 전혀 없어서 시장 등락에 완전히 노출되어 있었다.

내가 '카우보이 투자자'라고 부르는 동료를 예로 들어 설명하겠다. 그는 50대 중반의 나이이며 해외 사립학교 교사이기 때문에 연금을 받지 못한다. 그는 채권이 겁쟁이를 위한 것이라며 조금도 보유하지 않는다. 가치가 상승하는 것은 무엇이든 매수하고 가치가 하락하는 것은 무엇이든 매도하면서, 그는 목장을 떠날 만큼의 돈을 결코 모으지 못하는 카우보이의 특성을 보여준다.

— 높은 수익을 보장해주는 주식과 채권의 결합 —

채권이 포함된 포트폴리오는 주식시장이 상승하고 있을 때조차 파티의 흥을 깨지 않는다. 투자 전문 저자인 대니얼 솔린^{Daniel Solin}은 1973년에서 2004년까지 미국 주식시장 인덱스에 60퍼센트를, 전체 채권시장 인덱스에 40퍼센트를 배분한 투자자는 연평균 10.49퍼센트의 수익률을 거뒀을 거라고 말한다.

훨씬 더 큰 위험을 부담하며 포트폴리오의 100퍼센트를 주식 인덱스에 갖고 있는 투자자는 이 기간 중 연평균 11.19퍼센트의 수익률을 실현했을 것이다.

더 큰 위험을 부담한 카우보이 투자자는 무엇 때문에 그랬을까? 연간 수익률 0.7퍼센트 때문이었을까? 그는 배짱이 두둑해야 한다. 그의 계좌는 이 31년 중 최악의 해에는 20.15퍼센트 급락했을 것이다. 이와 대조적으로 40퍼센트의 채권과 60퍼센트의 주식을 가진 계좌는 이 최악의 1년 동안 9.15퍼센트 이상 하락하지 않았다.

포트폴리오비주얼라이저닷컴을 이용하면 1986년에서 2016년까지 소파에 앉아서도 할 수 있는 여러 포트폴리오가 어떤 성과를 냈을지 알 수 있다. 50퍼센트의 주식과 50퍼센트의 채권으로 이루어진 포트폴리오는 연평균 8.04퍼센트의 수익을 냈을 것이다. 즉 1만 달러의 돈은 10만 5374달러로 증가했을 것이다.

조금 더 위험을 감수하려는 투자자는 60퍼센트의 주식과 40퍼센트의 채권을 선택했을 수 있다. 이 포트폴리오는 변동성이 조금 더 큰 대신 더 높은 평균 수익률을 가져와 같은 기간에 연평균

8.82퍼센트의 수익을 냈을 것이다. 그러면 1만 달러의 투자 금액은 11만 6171달러가 된다.

70퍼센트의 주식과 30퍼센트의 채권으로 구성된 포트폴리오를 선택한 사람들은 훨씬 더 좋은 장기적인 성과를 냈을 것이다. 그들은 연평균 9.16퍼센트의 수익률을 얻었을 것이다. 그러면 1만 달러의 투자 금액은 12만 6941달러가 된다.

〈표 5.2〉에서 볼 수 있듯이 포트폴리오에 주식 비중을 높이면 장기 수익률은 증가한다. 그러나 이 포트폴리오는 시장이 하락할 때 더 많이 하락한다. 채권이 주식보다 더 좋은 성과를 내는 기간(때로는 한 기간이 몇 년씩 지속된다)은 항상 있기 마련이다.

〈표 5.2〉 소파에 앉아서도 할 수 있는 포트폴리오(1986~2016년)

포트폴리오	연간 복리 수익률	가장 좋은 해	가장 나쁜 해	1만 달러로 시작한 최종 금액
주식 50%, 채권 50%	8.04%	+27.82%	-15.98%	$105,374
주식 60%, 채권 40%	8.82%	+29.75%	-20.19%	$116,171
주식 70%, 채권 30%	9.16%	+31.67%	-24.39%	$126,941

출처: 포트폴리오비주얼라이저닷컴

채권이 카우보이 투자자를 채찍질할 때

앞에서 말한 주식과 채권 인덱스의 재조정이 미국에서만 효과가 있는 것은 아니다. 여러분이 어디에 투자를 하고 있든 기본적인 원칙은 효과가 있다. 〈머니센스〉의 창립 편집자인 이안 맥구건은 소파에 앉아서도 할 수 있는 전략을 캐나다인에게 적용한 기사로 캐나다 잡지상을 받았다. 그의 방법은 간단하다. 미국 주식시장 인덱스, 캐나다 주식시장 인덱스, 채권시장 인덱스에 돈을 균등하게 분산하는 것이다.

그해 연말에 투자자는 원래의 배분 비율이 되도록 포트폴리오를 단순히 재조정하면 된다. 미국 주식시장 인덱스가 캐나다 인덱스보다 더 좋은 실적을 보이면 투자자는 미국 인덱스의 일부분을 매도하여 캐나다 인덱스와 균등하게 만들면 될 것이다.

채권 인덱스가 두 가지 주식 인덱스를 능가하면 채권 인덱스의 일부분을 매도하여 캐나다와 미국의 주식시장 인덱스 일부를 매수하면 될 것이다. 물론 여러분이 계좌에 매월 투자하고 있다면 배분 비율을 유지하기 위해 뒤처진 것을 매수해가면서 한 달에 한 번 세 부분을 균등하게 유지할 수 있다.

〈표 5.3〉에서는 1975년에 투자한 100달러가 캐나다 주식 인덱스, 미국 주식 인덱스, 캐나다 채권 인덱스에 균등하게 배분되도록 매년 재조정하면 그것이 어떻게 불어나는지를 보여준다. 1975년부터 2015년 말까지 채권 인덱스와 주식시장 인덱스 결합의 결과를 보면 채권이 카우보이 투자자의 생각처럼 겁쟁이를 위한 것이

아님을 알 수 있다. 주식시장 인덱스와 채권의 결합을 재조정한 것은 실제로 (미국 주식시장의 강한 상승 덕분에) 캐나다 주식시장 인덱스의 수익을 능가했다.

〈표 5.3〉 어떤 캐나다인의 소파에 앉아서도 할 수 있는 포트폴리오 투자 VS
캐나다 주식 인덱스(1975~2015년)

연도	캐나다의 소파에 앉아서도 할 수 있는 포트폴리오	캐나다 주식 인덱스
1975	$100	$100
1976	$118	$100
1981	$195	$257
1986	$475	$469
1991	$730	$615
1996	$1,430	$1,134
2001	$2,268	$1,525
2006	$3,163	$2,725
2010	$3,493	$3,157
2015	$5,371	$4,125
연평균 복리 수익률	+10.34%	+9.74%

출처: 〈머니센스〉, 포트폴리오비주얼라이저닷컴

포트폴리오를 비율에 맞게 재조정하려면 추측하지 않고 자신의 감정을 무시해야 한다. 내가 이전에 언급한 것처럼 투자 앞에서 우리는 합리적인 태도를 갖기가 쉽지 않다. 대부분의 사람들은 가격이 오른 주식을 매수하기를 원하고 가격이 내린 주식을 매도하기를 좋아한다.

하지만 현명한 투자자는 그렇게 불합리하게 행동하지 않는다.

규칙

.

6

세계 어디에서나 직접
인덱스펀드 하라

수의 가족은 싱가포르에 있고 고든의 가족은 캐나다에 있다. 그들은 하와이에 사둔 땅이 있다. 그런 이유로 고든은 싱가포르와 캐나다, 세계 주식시장과 채권시장에 자산을 분산하는 것이 신중한 처사라고 생각했다.

이 장에서 나는 여러분이 미국에 살든 캐나다, 영국, 호주, 싱가포르에 살든 인덱스 계좌를 설정하는 방법을 사례로 열거할 것이다. 편한 자세로 여러분과 가까운 나라의 사례를 살펴보거나 전 세계에 있는 우리의 형제들이 어떻게 인덱스 계좌를 만들 수 있는지 흥미롭게 읽어보라. 비록 여기에서 언급하지 않은 나라에 살더라도 증권 계좌를 개설할 수 있다면 여러분은 인덱스 포트폴리오를 설정할 수 있다.

이 장은 스스로 투자하는 방법을 알려준다. 혼자서 하는 것이 가장 싸고 수익성도 높은 방법이다. 그러나 여러분이 절대로 혼자 투자하고 싶지 않다면 제7장을 선호할 것이다. 제7장에서 나는 투자자문사를 통해 도움을 받는 방법을 설명할 것이다.

세계 각국에서 인덱스펀드를 하는 사람들의 실제 사례를 살펴보기 전에 몇 가지 중요한 질문에 대답해보자.

인덱스펀드와 ETF의 차이는 무엇인가?

인덱스펀드와 ETF^{Exchange Traded Funds} (상장지수펀드)는 왕족 집안의 쌍둥이와 같다. 그들은 한쪽에서는 "우리는 같아."라고 하고 다른 쪽에서는 "그러나 달라."라고 말할 것이다. 이들은 각자 특정 시장을 추적하는 주식을 포함하고 있다.

뱅가드 500 인덱스펀드(VFINX)는 500개의 미국 대형주를 보유하고 있는 인덱스펀드다. 뱅가드를 통해 계좌를 개설한 미국인은 이를 이용할 수 있다. 이것을 매매하는 데 드는 판매수수료는 없다.

매 거래일마다 주식 가격은 등락을 보인다. 인덱스펀드를 매수하려는 사람은 누구나 이와 같은 펀드를 사는 주문을 낼 수 있다. 거래일 마지막의 종가로 지불하면 된다.

ETF는 개별 주식과 비슷하게 거래소에서 거래된다. 이론적으로 (비록 이것이 어리석을지라도) 트레이더는 하루 종일 매매를 할 수 있다. 뱅가드의 S&P500 ETF(VOO)는 뱅가드 500 인덱스펀드와 거의 같은 수익률을 낸다. 동일한 주식을 동일한 비율로 보유하고 있기 때문이다. 수익률이 다른 것이 더 이상하다.

그러나 비용률 측면에서 이 둘의 수익은 나뉜다. 뱅가드 500 인덱스펀드는 연간 0.16퍼센트의 비용이 붙는다. 펀드에 투자된 금액이 1만 달러를 넘으면 이 비용은 연간 0.05퍼센트로 하락한다. 뱅가드 S&P500 ETF는 '투자 금액에 상관없이' 0.05퍼센트의 비용이 붙는다. 이론적으로 1만 달러 미만을 투자하는 투자자들에게는 ETF 형태의 S&P500이 비용 측면에서 좀 더 유리하다.

그러나 ETF는 약점이 있다

대부분의 경우에 투자자들은 ETF를 매매하며 수수료를 지불해야 한다. 매월 소액의 투자 금액으로 ETF를 매수할 시 수수료 문제로 인덱스펀드보다 더 많은 비용을 내야 한다.

또 대부분의 주식은 현금 배당을 한다. 전통적인 인덱스펀드의 경우 배당금으로 추가 비용 없이 재투자가 가능하지만 ETF의 경우, 증권사마다 다르기는 하지만 일정 비용을 지불한 후에야 배당금 재투자가 가능하다.

— ETF 사는 방법 ────────

인덱스펀드에 관한 한 여전히 미국이 전 세계를 선도한다. 상대적으로 소액을 투자하는 투자자의 경우 뱅가드를 통해 인덱스펀드를 살 수 있다. 그 비용은 가장 싼 ETF 비용과 맞먹는다. 미국인이 아닌 사람들도 대부분 인덱스펀드를 살 수 있지만, 미국의 인덱스펀드보다 비용이 더 많이 들거나 더 많은 초기 투자 금액을 내야 한다. 그러나 저비용의 ETF는 전 세계 증권거래소 어디에서나 구입할 수 있다. ETF 사는 방법을 알아보자.

전체 글로벌 시장을 추적하는 ETF를 사는 것은 탁월한 선택이다. 이 책에서 열거할 대부분의 포트폴리오에 그런 상품이 들어 있다. 이것은 전 세계 각 지역의 주식을 모두 포함할 것이며 글로벌 시장 시가총액으로 그 비중이 나뉜다. 예를 들면 미국 주식시장은 모든 글로벌 주식의 전체 가치에서 거의 절반을 차지하고 있다. 그래서 글로벌 주식시장 ETF의 거의 절반은 미국 주식을 보유하고 있다. 다른 나라의 주식도 그 나라의 글로벌 시장 시가총액에 따라 그 비중만큼 보유할 것이다.

투자자들은 모든 증권거래소에서 글로벌 ETF를 매수할 수 있다. 투자자들이 ETF를 미국 주식시장에서 사든 영국, 호주, 캐나다, 또 다른 어떤 시장에서 사든 그 절차는 비슷하다.

1단계: 증권 계좌를 개설하라
증권 계좌를 개설하여 그 계좌로 현금을 보낸다.

2단계: ETF 심벌을 확인하라

ETF를 사고 싶다면 티커 심벌(종목 코드)^ticker symbol 을 확인해야
한다.

예를 들면 미국인은 미국 증권거래소에서 거래되는 ETF를 살
것이다. 이것의 심벌은 VT이다. 캐나다인은 캐나다 증권거래소에
서 거래되는 ETF를 살 것이다. 이것의 심벌은 VXC이다.

3단계: 주가를 확인하라

ETF의 주가를 확인해야 한다. 온라인 증권거래 플랫폼에서 가
격을 볼 수 있다. 미국인은 모닝스타 USA, 캐나다인은 모닝스타 캐
나다, 호주인은 모닝스타 오스트레일리아를 이용할 수 있다.

여러 ETF의 단위당 가격은 서로 다를 것이다. 그러나 그것이 어
떤 ETF가 다른 것보다 훨씬 더 싸다는 것을 뜻하지는 않는다. 두
개의 ETF가 같은 시장을 추적하면 (뱅가드가 ETF의 유일한 제공자는
아니다) 비록 한 펀드가 단위당 10달러에 거래되고 다른 펀드가 단
위당 15달러에 거래된다고 해도 이 ETF들의 내재 가치는 같다.

20인치 피자 두 개를 생각해보라. 이들 각각은 20달러이다. 여
러분은 큰 피자를 저렴한 가격에 사서 기쁠 것이다. 피자 한 개는
열 조각으로 잘려 있고 다른 피자는 열다섯 조각으로 잘려 있다. 이
상황에서 "더 많은 피자를 가질 수 있으니 저는 15조각으로 잘린
피자를 사겠습니다!"라고 말하는 사람은 바보다.

같은 시장을 추적하는 ETF도 마찬가지이다. 진정한 비용 차이는 ETF 각각의 비용률을 살펴볼 때만 알 수 있다.

4단계: 얼마나 많은 주식을 살 수 있는가

얼마를 투자할지를 결정하라. 이때 수수료를 잊어서는 안 된다. ETF를 100달러어치 산다고 가정했을 때 한 번 거래할 때마다 수수료가 9.99달러 든다면, 수수료 값으로 거의 10퍼센트가 빠져나가는 셈이다. 이런 식의 투자는 미친 사람이 하는 짓이다.

수수료를 1퍼센트 미만으로 낮추도록 하라. 한 번 거래할 때 수수료가 9.99달러 든다면 한 번에 1000달러 미만은 투자해서는 안 된다.

어떤 캐나다 투자자가 뱅가드 글로벌 주식 ETF에 투자하기 위해 4000달러를 가지고 있다고 가정해보자. 가격이 28.24달러라면 이 투자자는 141주를 살 수 있다. 그러나 이 투자자는 거래 수수료를 충당하기 위해 어쭙잖게 떨어지는 잔돈을 잘라버리고 싶을 수 있다. 또 거래가 이루어지기 전에 ETF 주가가 상승하는 경우를 대비해 안전 마진을 어느 정도 둘지도 결정해야 한다. 이에 따라 안전한 거래를 위해 130주를 매수해야겠다고 결정할 수 있다.

시장가와 지정가, 어떤 것이 더 좋은가?

투자자가 ETF를 살 때는 주문 유형을 결정해야 한다. 지정가 주문이거나 시장가 주문이다. 지정가 주문을 내면 투자자는 그날 지불하고자 하는 가격을 기재할 수 있다. 예를 들면 아침 개장할 때의 시가가 주당 45달러이고 투자자가 주당 44달러를 지불하겠다는 지정가 주문을 내면 거래 시간 중 44달러로 하락할 때 자동적으로 주문이 체결된다.

시장이 개장하기 전에 주문하는 건 추천하지 않는다. 그러나 분명 이 방식이 좋을 때도 있다. ETF가 45달러 종가로 끝난 날, 다음 날 개장 전에 주당 최대 44달러 지정가 주문을 냈다고 가정해보자. 그런데 만약 다음 날 시장이 43달러로 시작하면 이 주문은 43달러로 체결될 것이다. 많은 투자자들이 지정가 주문을 선호하는 이유다.

그러나 하려면 제대로 해야 한다. 낮은 지정가로 주문해서는 안 된다. 그것은 도박을 하는 것과 같다. 주문이 체결되지 않으면 투자자는 나날이 오르는 가격을 쫓아가야만 한다. 2010년 8월호 <저널 오브 파이낸스 The Journal of Finance>의 주하니 T. 리나인마 Juhani T. Linnain-maa 연구원은 시장가 주문을 이용하는 투자자가 지정가 주문을 내는 투자자보다 더 좋은 성과를 낸다는 것을 발견했다.

PWL 캐피털 PWL Capital의 댄 보르톨로티 Dan Bortolotti는 이것을 더 현명하게 할 수 있는 방법이 있다고 말한다. 그는 고객을 대신해서 매일 수많은 지정가 주문을 한다. 그는 주식시장 개장 전에는 어떤 종류의 주문도 해서는 안 된다고 확실하게 말한다. 보르톨로티는 최신 호가를 얻어서 매수할 때는 매도 가격보다 1~2센트 더 높게, 매도할 때는 매수 가격보다 1~2센트 더 낮게 지정가 주문을 해야 한다고 투자자들에게 말한다. 이런 주문은 가장 좋은 가격으로 체결될 수밖에 없을 것이다.

ETF 가격이 통제할 수 없게 움직이면 시장가 주문을 낸 투자자는 거래 시간 중에 기습을 당할 수 있다. 그러면 비정상적으로 부풀려진 가격을 지불할 가능성이 커진다.

하지만 나는 시장가 주문을 선호한다. 주문을 내면 즉시 체결되고, 불확실성 때문에 다음 날까지 떨지 않아도 되는 것이 좋다. 그러나 그것과 별개로 댄 보르톨로티의 주장은 훌륭하다. 이것은 내가 배울 수 있는 발상이다. 이것은 거액을 투자하거나 ETF의 거래량이 적을 때 특히 중요하다.

― 미국 세쌍둥이 아빠의 인덱스펀드 투자 ―――――

의사인 크리스 올슨과 그의 아내 에리카는 2006년 세쌍둥이를 가졌다. 에리카는 혼자서 축구팀의 4분이 1에 해당하는 아이를 낳아야 했다. 갑자기 먹여 살릴 입이 세 개가 더 생겼고 미니 밴을 사야 했으며 세 아이의 대학 교육을 위해 저축해야 했다.

인덱스 계좌를 개설한 크리스 부부의 이야기는 여러분이 평소보다 더 경제적인 책임을 느끼게 될 때 방향성을 제시해줄 것이다.

이 마흔여섯 살의 의사는 '투자'라는 행위가 빈곤에 찌든 데다 쓰나미의 영향까지 받은 인도네시아의 수마트라 지역에서 자신이 담당하고 있는 국제 의료 업무와 유사하다는 것을 알았다. 그는 간호 조산사를 훈련시키기 위해 비행기를 타고 가끔 수마트라로 간다. 이런 열정으로 캄보디아, 케냐, 에티오피아뿐만 아니라 태국과 미얀마의 국경 지역에서도 자원봉사 활동을 하고 있다.

개발도상국에 기부할 때는 개인적으로 해야 잘 이루어진다는 것을 안 아내 에리카(간호사)는 의료 장비를 그들이 방문하는 나라로 수시로 가져갔다. 단순히 장비만 보내는 것은 제3세계의 중개인들이 그 물건을 약탈하도록 초대장을 보내는 것과 다름없다.

2004년 크리스는 이와 유사한 일이 자신의 투자에서도 발생하고 있다는 것을 발견했다. 그것은 크리스가 수년간 적극적으로 운용하던 뮤추얼펀드에서 발생했다.

"제 투자상담사는 정말로 좋은 사람이에요. 하지만 저는 그가 제3세계 국경에 선 강도처럼 제게서 돈을 빼앗아가고 있다는 것을 알았습니다. 아주 적은 액수지만 점점 쌓여 거액이 된 금액을 저는 그간 변기 밑으로 흘려보내고 있었습니다."라고 그는 말했다.

크리스는 인도네시아로 향하는 출장 중에 조산사에게 전달해야 하는 훈련 재료를 사기 위해 잠시 싱가포르에 들렀다. 싱가포르에 있던 나는 일식당에서 그와 점심을 함께 했다. 그는 나에게 자신의 투자 계좌에 어떤 인덱스를 포함시켜야 하는지 물었다.

미국 최대 인덱스 공급자는 뱅가드이다. 뱅가드 웹사이트에 접속하면 보이는 여러 가지 인덱스들 때문에 처음에는 혼란스러울 수 있다. 그러나 나는 당시 서른다섯 살이던 크리스에게 단순하게 일을 처리하라고 권했다. 즉, 미국 시장에서는 가능한 한 가장 광범위한 주식 인덱스를 사고, 세계 시장에서는 가능한 한 가장 광범위한 해외 인덱스를 사며, 그의 나이와 비슷한 비율로 전체 채권시장 인덱스펀드를 사는 것이다. 나는 그것을 소파에 앉아서도 할 수 있는 글로벌 포트폴리오라 부른다. 다음은 내가 추천한 배분 비율이다.

· 35퍼센트의 뱅가드 전체 미국 주식시장 인덱스(VTSMX)

· 30퍼센트의 뱅가드 전체 해외 주식시장 인덱스(VGTSX)

· 35퍼센트의 뱅가드 미국 채권 인덱스(VBMFX)

나는 다음과 같은 전제로 조언을 했다. 첫째, 뱅가드는 매매에서 수수료를 청구하지 않는다. 둘째, 전체 미국 주식시장과 해외 주식시장에서 다각화를 이룬다. 셋째, 채권을 포트폴리오에 포함시키고 1년에 한 번 비율을 재조정한다.

"크리스, 월가의 말을 듣지 마세요. 경제신문을 읽지 마세요. 그리고 주식시장 뉴스를 보지 마세요. 1년에 한 번만 포트폴리오를 재조정하면 당신은 장기적으로 투자 전문가 90퍼센트보다 더 나은 실적을 거둘 것입니다."라고 나는 말했다.

크리스는 미국으로 돌아간 후 오래된 뮤추얼펀드 투자 명세서를 주방 식탁에 놓고 뱅가드 홈페이지에 접속해 전화번호를 찾아 전화를 했다. 뱅가드 직원은 전화로 친절하게 설명을 해주며 크리스가 계좌 개설을 성공적으로 마치도록 안내했다. 그녀는 단순히 크리스가 보유하고 있는 뮤추얼펀드 계좌번호를 물었을 뿐이다. 그 뱅가드 직원은 전화를 통해 크리스의 자산을 이전의 펀드 회사에서 뱅가드로 이체했는데 뱅가드에서 그의 돈은 세 개의 인덱스펀드로 다각화되었다. 그다음에 그녀는 크리스의 은행 계좌 정보를 받아 그가 원하는 배분 비율에 따라 인덱스펀드로 자동 이체를 설정했다.

매년 연말에 크리스는 자신이 투자한 것을 살펴봤다. "많은 노력이 필요하지 않았습니다. 저는 포트폴리오를 (〈그림 6.1〉에서 보이는 바와 같이) 연말마다 원래의 배분 비율로 재조정했을 뿐입니다. '승리한 것'의 약간을 팔아 '패배한 것'을 보강했습니다. 저는 투자 명세서를 1년에 단 한 번 봤습니다. 재조정을 생각해야 할 때, 단지 그때만 말입니다."라고 그는 말했다. 나는 포트폴리오비주얼라이 저닷컴의 펀드 추적 기능을 이용하여 크리스의 투자 수익을 확인할 수 있었다.

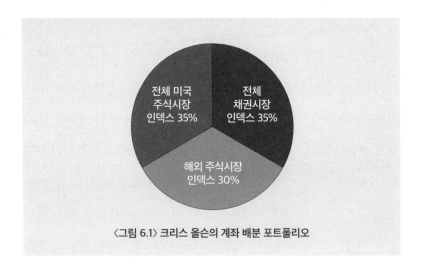

<그림 6.1> 크리스 올슨의 계좌 배분 포트폴리오

2007년 1월

크리스는 자신이 1년 전에 설정한 포트폴리오가 그해에 15.4퍼센트의 수익률을 거두었다는 것을 알았다. 대부분의 수익률은 해외와 미국 주식시장 인덱스에서 나왔다. 뱅가드로 전화를 걸고 온라인 계좌에 접속했더니 뱅가드 직원이 일부 주식 인덱스를 팔아서 채권 인덱스를 사는 과정을 안내해줬다. 이렇게 해서 그의 포트폴리오는 원래의 배분 비율로 되돌아갔다.

2008년 1월

주식시장은 전 세계적으로 2007년부터 2008년까지 계속 상승했다. 이 시점에서 크리스의 수익은 대단히 증가해서 2006년 최초 가치에 비해 25.86퍼센트 상승했고, 2007년에는 9퍼센트 상승했다. 포트폴리오를 끌어올려주는 주식 인덱스를 더 사고 싶은 충동과 싸우면서 크리스는 해외와 미국 주식 인덱스 일부분을 처분, 그 돈으로 더 많은 채권 인덱스를 샀다. 그것은 그의 입장에서 어떤 판단도 필요 없었다. 왜냐하면 그는 단지 원래의 배분 비율로 계좌를 다시 조정했기 때문이다.

2009년 1월

2009년 초 투자 명세서를 봤을 때 크리스는 1929~1933년 이래 최대의 주식시장 하락에 타격을 입어 자신의 전체 포트폴리오의 가치가 하락했다는 것을 알아차렸다. 24.5퍼센트나 하락했지만 크리스는 포트폴리오를 다시 한 번 재조정했을 뿐이다. 그는 채권 인덱스 일부분을 매도한 후 미국과 해외 주식 인덱스를 매수하여 포트폴리오를 원래의 배분 비율로 되돌려놓았다.

2010년 1월

크리스는 전년도 주식시장이 크게 하락한 것을 알게 됐다. 왜냐하면 모든 사람이 이에 대해 말하고 있었기 때문이다. 그러나 전년도에 주식을 매수하기 위해 약간의 채권을 매도했기 때문에 그는 낮은 주식시장 수준에서 이득을 보았다. 2010년 1월까지 반등하는 주식시장 덕분에 그의 계좌는 그해 23.14퍼센트 증가했다. 다시 한번 크리스는 단 10분을 투자해 계좌를 재조정했는데 일부 주식 인덱스를 매도하여 채권 인덱스를 더 많이 매수했다. 크리스가 일을 끝냈을 때 그의 계좌는 원래의 배분 비율로 돌아갔다.

2011년 1월

2011년 1월까지 크리스의 계좌는 지난 12개월 대비 또 11.6퍼센트 상승했다. 2006년 1월 1일부터 2011년 1월 1일 사이에 최악의 주식시장 하락기인 2008~2009년이 있었음에도 불구하고 그의 계좌의 이익은 30.7퍼센트나 증가했다. 그는 동요하지 않고 한 번의 재조정을 통해 주식 인덱스의 일부를 매도하고 채권 인덱스를 조금 더 매수했다.

2016년 1월

크리스는 다음 5년 동안 이 과정을 반복했고, 그의 포트폴리오는 10년 동안 73.09퍼센트 증가했다. 이 10년 안에 최악의 주가시장 하락이 있었다는 것을 고려하면 이 성과는 굉장한 것이다.

소파에 앉아서도 할 수 있는 포트폴리오의 다각화

스콧 번스가 이야기한 '소파에 앉아서도 할 수 있는 포트폴리오'는 2015년 12월 31일까지의 10년 동안 '크리스의 글로벌 포트폴리오'보다 더 좋은 성과를 냈다.

〈표 6.1〉 크리스 올슨의 소파에 앉아서도 할 수 있는 글로벌 포트폴리오 VS
스콧 번스의 소파에 앉아서도 할 수 있는 포트폴리오(2006~2016년)

	연평균 수익률	1만 달러를 투자했을 때 최종가치
크리스 올슨의 소파에 앉아서도 할 수 있는 글로벌 포트폴리오 (미국 주식 35%, 채권 35%, 해외 주식 30%)	5.64%	$17,309
스콧 번스의 소파에 앉아서도 할 수 있는 포트폴리오 (미국 주식 50%, 채권 50%)	6.09%	$18,148
스콧 번스의 소파에 앉아서도 할 수 있는 포트폴리오 (미국 주식 60%, 채권 40%)	6.43%	$18,741
스콧 번스의 소파에 앉아서도 할 수 있는 포트폴리오 (미국 주식 70%, 채권 30%)	6.72%	$19,274

출처: 포트폴리오비주얼라이저닷컴

〈표 6.1〉은 포트폴리오가 어떻게 비교되는지를 보여준다.

스콧 번스의 소파에 앉아서도 할 수 있는 포트폴리오가 더 좋은 성과를 냈다. 그 이유는 스콧 번스의 포트폴리오에는 해외 주식이 포함되어 있지 않기 때문이다. 2015년 12월 31일까지 10년 동안 미국 주식은 해외 주식보다 훨씬 더 좋은 성과를 냈다.

그러나 항상 그렇지는 않다. 주식시장은 좀 건방지다고 할 수 있다. 주식시장은 투자자를 더 좋은 성과를 내는 자산이나 지역으로 유혹한다. 시장은 기다리고 또 기다린다. 그다음에 미끼 상품으로 유인한 뒤 비싼 상품을 판다. 10년 동안 더 좋은 성과를 보인 부문이 다음 10년에는 더 나쁜 성과를 낼 수 있다.

〈그림 6.2〉에서 2015년 말까지 5년 기간을 확인해보라.

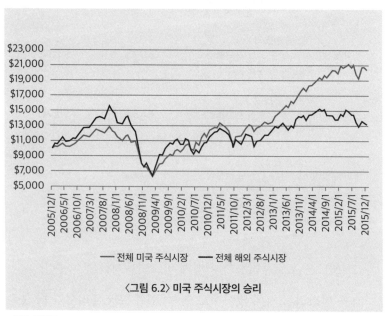

〈그림 6.2〉 미국 주식시장의 승리

출처: 뱅가드

미국 주식은 해외 주식을 납작하게 눌러버렸다. 그 기간에 뱅가드의 전체 미국 주식시장 인덱스는 배당금을 재투자하여 104퍼센트 상승했다. 뱅가드의 해외 주식시장 인덱스는 33퍼센트 상승하는 데 그쳤다. 이 성과를 본 후에 해외 주식을 포기하는 것은 쉽다. 그러나 그러지 말아야 한다. 어떤 부문이라도 좋은 때가 있는 법이다.

〈그림 6.3〉 해외 주식시장의 승리

출처: 뱅가드

〈그림 6.3〉에 나타나듯이 2000년 12월부터 2006년 초까지는

미국 주식이 패자였다. 미국 주식시장 인덱스가 10.2퍼센트 상승할 때 해외 주식시장 인덱스는 무려 32.9퍼센트 상승했다.

어느 지역이 다른 지역에 비해 더 좋은 성과를 낼 것인지를 추측하려고 하는 것은 헛고생이다. 아무도 미래를 알 수 없다. 투자자가 추측하려고 하면 처참한 결과를 초래할 뿐이다. 투자자들이 스콧 번스의 포트폴리오를 선택하든 해외주식이 포함된 소파에 앉아서도 할 수 있는 글로벌 포트폴리오를 선택하든 자신의 전략을 고수해야 한다. 투자 생애에 걸쳐 1년에 한 번 재조정을 하며 언론의 유혹을 무시하면 결과는 비슷할 것이다.

또 해외 주식시장 인덱스의 다각화로 변동성은 줄어들 수 있다.

〈표 6.2〉 미국의 소파에 앉아서도 할 수 있는 글로벌 포트폴리오

펀드 이름	펀드 코드	보수적	신중함	균형적	적극적	공격적
뱅가드 미국 전체 주식시장 인덱스	VTSMX	15%	25%	30%	40%	50%
뱅가드 해외 주식시장 인덱스	VGTSX	15%	20%	30%	35%	50%
뱅가드 단기 채권시장 인덱스	VBISX	70%	55%	40%	25%	0%

〈표 6.2〉는 포트폴리오 모델을 투자 위험 감수도와 함께 보여준다. 나이가 들어감에 따라 투자자들은 균형적이고 신중한 포트폴

리오를 선호하기 때문에 포트폴리오의 안정성을 높이기 위해 채권 비중을 증가시킨다. 위 포트폴리오에서는 뱅가드의 전체 채권시장 인덱스가 아닌 뱅가드의 단기 채권펀드를 포트폴리오에 포함시켰다는 것을 주목하라. 제5장에서 말했듯이 그런 펀드는 금리나 채권 가격이 어떻게 되든 틀림없이 인플레이션을 이긴다.

확정급여형 퇴직연금이나 신탁펀드를 가진 투자자는 위험이 더 큰 포트폴리오를 보유하고 있다고 할 수 있다. 장기적이며 위험도가 큰 자산 배분은 더 높은 수익을 낼 수 있다.

그러나 많은 투자자들은 투자에 대해 조금이라도 시간을 쓰고 싶어 하지 않는다. 그들은 다른 누군가가 자신을 위해 돈을 관리해 주기를 선호할 것이다. 다행스럽게도 미국인은 전 세계 어느 누구보다도 훨씬 더 싸게 이 방법을 활용할 수 있다. 그 방법은 제7장에서 읽어보라.

캐나다 항공우주 기술자가 알아낸 은행의 비밀

2014년에 나는 〈글로브 앤드 메일The Globe and Mail〉에 'TD 뱅크Toronto Dominion Bank의 뮤추얼펀드는 인덱스펀드와 비교해서 어떠한가?'라는 제목의 글을 썼다. 다른 캐나다 은행들처럼 TD 역시 적극적 운용 펀드를 판촉하기 위한 활동을 즐겨 한다.

나는 10년간의 실적을 보유한 TD의 모든 뮤추얼펀드를 비슷한 상품의 TD 인덱스펀드와 비교했다. 캐나다, 미국, 그리고 해외 주식시장에 대해서도 각각 비교했다. 결과는 인덱스펀드가 승리했다.

사실 인덱스펀드는 일곱 개 유형 모두에서 적극적 운용 펀드를 압도했다. 거기에는 캐나다, 미국, 유럽, 일본, 해외 주식시장이 포함되어 있었다. 또 나는 캐나다 채권펀드와 혼합펀드도 비교했다. 아쉽게도 이것에 상응하는 e-시리즈 인덱스펀드 상품이 없어서 이 은행의 인베스터스 시리즈 펀드를 비교 대상으로 삼았다.

인베스터스 시리즈 인덱스펀드는 이것에 상응하는 적극적 운용 상품보다 연평균 0.77퍼센트를 능가하는 실적을 냈다. 투자 생애 동안 이 차이로 복리를 쌓으면 고급 승용차는 물론이고 많은 맥주와 프레첼까지 살 수 있다.

스물다섯 살의 펠릭스 루소는 캐나다 공군 상병이다. 그는 브리티시컬럼비아주에서 항공우주정보시스템 기술자로 근무하고 있다.

그는 TD 뱅크의 비밀을 알아냈다. TD 워터하우스$^{\text{TD Waterhouse}}$ (TD 뱅크의 중개업 브랜드)에 계좌를 개설하는 투자자들은 이 은행의 e-시리즈 인덱스펀드를 살 수 있는데, 이 펀드는 매수하거나 매도할 때 수수료를 지불하지 않아도 된다는 것이다. 그들은 비용 없이 배당금으로 재투자할 수 있다.

ETF를 사면 더 낮은 비용을 내지만 배당금을 항상 무료로 재투자할 수는 없다. 그들은 수수료를 지불하지 않고 매수하거나 매도할 수 없다. 또 매월 직접 자동 매수가 되도록 설정할 수도 없다. 펠릭스는 이 모든 일을 TD의 e-시리즈 인덱스펀드로 하고 있다.

"현재 제 포트폴리오는 2만 달러 정도로 소액입니다. 5만 달러 정도는 돼야 경제적 측면에서 타당성이 있을 것입니다."라고 그는 말한다.

TD는 열한 개의 e-시리즈 인덱스펀드를 제공한다. 투자자들은 보통 이 중 네 개를 이용하여 저비용의 글로벌 포트폴리오를 다각화하여 설정하기를 원한다. 그것은 캐나다 채권 인덱스(TDB 909), 캐나다 주식 인덱스(TDB 900), 미국 주식 인덱스(TDB 902), 해외 주식 인덱스(TDB 911)이다.

투자자들은 과거에 어떤 펀드가 좋은 성과를 냈는지 살펴보고 싶은 유혹을 느낄 수 있다. 그러나 그렇게 하지 마라. 지난 10년간의 승자가 다음 10년간의 패자가 될 수 있다.

펠릭스는 '캐나다의 소파에 앉아서도 할 수 있는 포트폴리오' 모델을 언급하면서 "저는 댄 보르톨로티의 공격적 포트폴리오 모델을 추종합니다."라고 말한다.

이 말은 그가 포트폴리오의 10퍼센트는 캐나다 채권으로, 30퍼센트는 캐나다 주식으로, 30퍼센트는 미국 주식 그리고 나머지 30퍼센트는 해외 주식으로 보유하고 있다는 뜻이다.

나는 댄 보르톨로티의 포트폴리오 배분 모형을 〈표 6.3〉에 열거했다. '공격적', '적극적' 포트폴리오는 젊은 투자자, 모험을 좋아하는 투자자, 은퇴 시 확정급여형 퇴직연금이 보장된 투자자에게 가장 적합하다. '균형적', '신중함' 포트폴리오는 30대 중반이나 그 이상의 사람들에게 잘 맞는다. '신중함', '보수적' 포트폴리오는 은퇴자들에게 잘 맞는다. 그러나 이것은 주먹구구식 셈법에 불과하다. 여러분이 스스로의 투자 위험 감수도를 고려하여 결정하는 것이 좋다.

〈표 6.3〉 캐나다의 소파에 앉아서도 할 수 있는 포트폴리오 모델

펀드 이름	펀드 코드	보수적	신중함	균형적	적극적	공격적
TD 캐나다 채권펀드-e	TDB 909	70%	55%	40%	25%	10%
TD 캐나다 인덱스펀드-e	TDB 900	10%	15%	20%	25%	30%
TD 미국 인덱스펀드-e	TDB 902	10%	15%	20%	25%	30%
TD 해외 인덱스펀드-e	TDB 911	10%	15%	20%	25%	30%

출처: '캐나다의 소파에 앉아서도 할 수 있는 포트폴리오' 블로그

또 포트폴리오가 거액의 퇴직 소득의 일부인지, 보장된 연금 외에 추가적인 여유 자금인지를 고려하라. 연금이 있는 투자자는 포트폴리오의 변동성을 심리적으로 잘 이겨낼 수 있기에 더 많은 위험을 감수할 여유가 있다.

포트폴리오를 1년에 한 번 재조정하는 것도 잊어서는 안 된다. 이는 좋은 성과를 낸 인덱스를 팔아서 그렇지 못한 인덱스에 추가하라는 뜻이다. 투자자는 원래의 배분 비율을 유지하면서 나이가 들어감에 따라 채권 비중을 늘려야 한다.

캐나다의 소파에 앉아서도 할 수 있는 포트폴리오

댄 보르톨로티는 르네상스 시대의 사람이라고 할 수 있다. 그는 국경없는의사회, 대왕고래, 호랑이, 오로라, 야구에 대한 책을 썼다. 그러나 두 아이의 아버지이자 마흔일곱 살인 그는 '캐나다의 소파에 앉아서도 할 수 있는 포트폴리오' 블로그의 창시자로 더 잘 알려져 있는 것 같다.

그는 2010년에 이 블로그를 시작했다. 이것은 캐나다 인덱스펀드 투자자에게 최고의 온라인 자료이다.

보르톨로티는 20대에 투자를 시작했다. 그러나 대부분의 캐나다인들처럼 그의 돈은 뮤추얼펀드에서 시들어갔다. "당시에 저는 돈이 별로 없었습니다. 그래서 다행히도 많은 돈을 잃지는 않았습니다."

2008년에 그는 〈머니센스〉에 글을 쓰고 있었는데 편집자가 그에게 '7일간의 금융 훈련 캠프' 프로젝트를 취재하라고 요구했다. 이 잡지는 독자들에게 편지를 보내서 '왜 자신이 일주일간의 금융 훈련 캠프에 들어와야 하는지'를 설명하도록 했다. 200명 이상이 캠프에 지원했다. 잡지사는 프로젝트에 적합한 사람을 찾기 위해 그들이 껴안은 금융 문제들을 꼼꼼히 살펴보며 지원자들을 걸러냈다. 그들은 마침내 세 커플과 독신 한 사람을 찾아냈다. "우리의 목표는 사람들 각자 자신의 금융 성향을 바꾸는 것이 가능한지를 알아내는 것입니다."라고 그는 설명했다. "충동적 구매자가 염가 제품 구매자가 될 수 있습니까? 돈 문제 때문에 자주 말다툼을 하는 커플이 영원히 행복하게 살 수 있습니까?"

보르톨로티의 일은 한 커플을 따라가서 그들의 경험을 글로 쓰는 것이었다. 그는 어느 투자 워크숍에 참여했다가 큰 깨달음을 얻은 후 말했다. "발표자는 고비용 펀드와 저비용 ETF에 투자하는 것의 차이에 대해 이야기했습니다. 저는 수년간 〈머니센스〉에서 소파에 앉아서도 할 수 있는 포트폴리오 전략의 장점에 대해 읽었지만 너무 좋아 보여서 오히려 사실이 아닐 것이라고 생각했습니다. 이것이 제 깨달음의 시작이었습니다. 제 안의 무언가가 분명해졌습니다."

보르톨로티는 이 문제와 관련해서 읽을 수 있는 모든 것을 읽었다. 글로벌 금융위기가 시작되기 불과 수주 전인 2008년 8월에 그는 첫 번째 ETF 포트폴리오를 시작했다. 그리고 6개월 내에 주식시장은 50퍼센트 가까이 하락했다. "그때가 역사상 최악의 시기였던 것 같습니다."라고 그는 회상한다. "그러나 저는 그때 되도록 많은 글을 읽었고 운이 좋게도 그것들 모두 제가 가진 투자 자산을 계속 보유하라고 알려줬습니다. 저는 그 전략이 틀리지 않았다는 것을 알았습니다."

보르톨로티는 블로그를 시작해서 다른 캐나다인들이 스스로 인덱스펀드 투자자가 되도록 도왔다. 그다음에 그는 한 걸음 더 나아갔다. 토론토에 있는 자산 관리 회사 PWL 캐피털과 함께 그의 투자 기법을 사람들에게 공유했고, 2014년에는 자격증을 소지한 투자상담사가 되었다. 현재 PWL 캐피털의 포트폴리오 부운용자이자 공인 재무기획사인 그는 고객들에게 ETF 포트폴리오를 설정해준다. 그는 '캐나다의 소파에 앉아서도 할 수 있는 포트폴리오' 블로그를 계속 운영하며 정기적으로 〈머니센스〉에 글을 쓴다.

ETF는 5만 달러 이상의 포트폴리오를 보유한 투자자에게 적합한 상품이다. 그러나 이것은 5만 달러 이상을 보유한 모든 사람에게 적합하지 않을 수도 있다. TD의 e-시리즈 인덱스펀드와 달리 대부분의 증권 회사는 ETF를 사는 투자자에게 수수료를 청구한다. 또 투자자는 배당금으로 항상 무료 재투자를 할 수 없다.

ETF를 사려면 투자자는 증권 회사에 위탁 계좌를 개설해야 한다. 2016년 6월에 〈머니센스〉는 최상위 선호 회사를 게재했는데 스코샤 아이트레이드Scotia iTrade, 큐트레이더 인베스터Qtrade Investor, BMO 인베스터라인BMO InvestorLine, 퀘스트레이드Questrade가 이름을 올렸다. 많은 투자자들은 그들의 주거래 은행과 연계된 증권사에서 편리하게 거래하는 것을 좋아한다. 그런 증권 회사로는 CIBC 인베스터즈 에지CIBC Investor's Edge, HSBC 인베스트디렉트HSBC InvestDirect, 내셔널 뱅크 디렉트 브로커리지National Bank Direct Brokerage, RBC 디렉트 인베스팅RBC Direct Investing, TD 디렉트 인베스팅TD Direct Investing이 있다.

판매수수료는 서로 다르다. 그러나 시장은 경쟁하기 때문에 수수료는 계속 하락하고 있다. 현재 캐나다의 주요 온라인 증권 회사 수수료는 거래당 10달러 미만의 금액으로 시작한다. 많은 증권 회사가 고정 수수료를 청구하는데 RBC 디렉트 인베스팅은 거래당 9.95달러의 고정 비용을 청구한다. 이것은 1000달러를 투자하든 1000만 달러를 투자하든 동일하다.

ETF의 운용 보수 역시 하락했다. 내가 2011년 이 책의 초판을 썼을 때 캐나다의 ETF 운용 보수는 일반적으로 연간 0.25퍼센트와 0.50퍼센트 사이였다. 그러나 2011년 말, 뱅가드 캐나다가 이런 상황을 흔들어놓았다. 그들은 저비용의 다각화한 ETF를 도입했고 그 이후로 아이셰어즈 iShares 와 BMO도 운용 보수를 낮췄다.

〈표 6.4〉 캐나다의 소파에 앉아서도 할 수 있는 모델 포트폴리오

펀드 이름	티커 심벌	보수적	신중함	균형적	적극적	공격적
뱅가드 캐나다 단기 채권 ETF	VSB	70%	50%	40%	25%	10%
뱅가드 FTSE 캐나다 전체 주식시장 ETF	VCN	10%	15%	20%	25%	30%
뱅가드 FTSE 캐나다 제외 해외 주식시장 ETF	VXC	20%	30%	40%	50%	60%

출처: '캐나다의 소파에 앉아서도 할 수 있는 포트폴리오' 블로그

〈표 6.4〉는 뱅가드 ETF로 구성된 보르톨로티의 샘플 포트폴리오를 보여준다. 수십 개의 다른 ETF 조합으로도 이렇게 해볼 수 있다. 별거 아닌 일로 속 태울 필요 없다. 단순함 속에 비범함이 있다. 포트폴리오에 단지 세 개의 ETF만 있어도 투자자는 더 적은 변동성을 경험할 수 있다. 이것으로 재조정을 더 쉽게 할 수 있다. 보르톨로티의 포트폴리오에서 내가 한 가지만 바꿨다는 것을 알아두

라. 나는 단기 채권시장 인덱스를 선택했다. 어떻게 이 ETF가 더 안전할 수 있는지는 이미 충분히 이야기했다.

뱅가드의 캐나다 단기 채권 ETF(VSB)에는 약 335개의 국채와 기업 채권이 포함되어 있다. 뱅가드의 FTSE 캐나다 전체주식 ETF(VCN)는 216개의 다양한 자본 규모(소형주, 중형주, 대형주)의 캐나다 주식을 포함한다. 뱅가드의 FTSE 캐나다를 제외한 전 세계 ETF는 약 8100개의 주식으로 이루어져 있다. 이것의 절반은 미국 주식이다. 해외 선진국과 신흥시장 주식이 나머지를 차지한다.

여러분이 e-시리즈 인덱스펀드를 사든 ETF 포트폴리오를 설정하든 감정을 통제할 수 있다면 대부분의 전문 투자자보다 더 좋은 성과를 낼 것이다.

─ 영국에서 인덱스펀드 투자하기 ──────

잉글랜드의 국가대표 축구팀이 웸블리 스타디움에서 독일과 이제 막 경기를 하려고 한다. 그러나 사기꾼 한 팀이 선수들 대신에 경기장에 나타난다. 그들은 모두 유니폼을 입고 있다. 경기장 오른편에는 우편배달부가 서 있고 여러분의 학창 시절 과학 선생님이 골키퍼를 맡고 있다. 미드필더는 우유배달부다. 대부분의 사람들은 이 광경을 보고 한바탕 웃을 것이다. 국가대표 축구팀이 얼른 나오라고 항의하기 전까지는 말이다.

영국의 금융 기관은 이와 비슷하게 사람들을 속이고 있다. 많은 곳이 인덱스펀드를 제공하지만 무늬만 인덱스펀드이지 사실은 사기와 다름없다. 리처드 브랜슨Richard Branson의 버진 머니Virgin Money가 첫 번째로 그렇게 한 회사였다.

리처드는 그의 자서전《나는 늘 새로운 것에 도전한다Losing My Virginity》에서 "버진이 금융서비스 산업에 진입한 후에 저는 기존 업계와 결코 똑같아서는 안 된다고 생각했습니다. … 우리는 펀드운용자를 고용하지 않았습니다. … 우리는 그들의 비밀을 발견했습니다. 그것은 그들이 주가지수보다 더 좋은 실적을 낼 수 없다는 사실입니다."라고 말했다.

버진은 그들만의 인덱스 추적 펀드를 만들었다. 그러나 그것은 연간 1퍼센트의 비용이 들며 그다지 싸지 않았다. 적극적 운용 펀드에 비하면 저렴하지만 인덱스펀드치고는 엄청나게 비싼 비용이다. 이와 대조적으로 뱅가드 UK의 FTSE 주식 인덱스는 처음 도입되었을 때 0.15퍼센트에 불과했다. 오늘날에는 훨씬 더 싸다.

뱅가드는 낮은 비용을 청구한다. 왜냐하면 버진과 달리 뱅가드 투자자들은 실제로 이 회사를 소유하기 때문이다. 뱅가드는 비영리 회사와 매우 흡사하게 운영된다. 이 회사는 인덱스펀드로 많은 경험을 쌓았기 때문에 추적 오차 또한 작다. FTSE 올 셰어 인덱스의 주식이 10퍼센트 상승하면 뱅가드의 추적 인덱스는 0.15퍼센트의 운용 비용을 제외하고 약 9.85퍼센트 상승할 것이다.

그러나 이와 유사한 버진 머니의 상품은 적어도 연간 비용으로 1퍼센트만큼 시장에 뒤질 것이다.

버진의 FTSE 올 셰어 UK 인덱스는 2013년 19.7퍼센트의 수익률을 올렸다. 뱅가드의 FTSE UK 에쿼티 인덱스는 20.7퍼센트의 수익률을 실현했다. 이들 각자는 동일한 시장을 추적한다. 그러나 뱅가드의 인덱스는 0.85퍼센트 더 적은 비용이 들었다. 그렇다면 뱅가드의 인덱스는 버진의 인덱스보다 0.85퍼센트 더 높은 수익률을 실현했어야 맞다. 그러나 실제로는 뱅가드가 버진보다 1퍼센트 포인트 더 높은 수익률을 냈다.

버진은 뱅가드에 비해 경험이 부족했다. 인덱스를 정확히 추적하려면 뱅가드처럼 여러 해 동안 연마한 기술이 필요하다. 버진은 연습할 기간이 몇 년 더 있었음에도 불구하고 여전히 투자자들을 실망시키고 있다.

〈표 6.5〉에서 보는 바와 같이 버진의 영국 주식 인덱스는 뱅가드보다 연평균 0.97퍼센트 더 낮은 실적을 보였다.

〈표 6.5〉 버진 VS 뱅가드

연도	버진 FTSE 올 셰어 UK 인덱스	뱅가드 FTSE UK 에쿼티 인덱스
2010	+13%	+14.4%
2011	-4.7%	-3.5%
2012	+11%	+12.2%
2013	+19.7%	+20.7%
2014	+0.2%	+1.1%
2015	+1%	+0.9%

출처: 모닝스타 UK

이 차이는 작아 보인다. 그러나 투자 생애에 걸쳐 동일한 상품에 조금씩 더 많은 비용을 지불하면 결과적으로 값비싼 대가를 치르게 되어 있다. 뱅가드의 보고서에 의하면 2016년 이 회사의 FTSE UK 에쿼티 인덱스는 훨씬 더 낮은 비용이 들었다. 비용은 0.15퍼센트에서 0.08퍼센트로 하락했다.

높은 비용과 나쁜 실적을 보이는 인덱스펀드 제공 회사가 버진만은 아니다. 〈텔레그래프The Telegraph 〉의 기자인 카일 콜드웰Kyle Caldwell 은 영국 주식시장은 2013년까지 10년 동안 132퍼센트 성장했다고 보도했다. 그러나 전형적인 영국 주식시장 인덱스는 좀비와 같은 사후경직 현상을 경험했다. 핼리팩스Halifax 의 UK FTSE 올

셰어 인덱스를 추적하는 펀드는 92.6퍼센트 수익률을 내는 데 그쳤다. 이것은 10년 동안 시장보다 거의 40퍼센트나 뒤처졌다. 스코티시 위도우즈 UK를 추적하는 펀드의 수익률은 94.8퍼센트에 불과했다. 이것은 10년 동안 시장보다 거의 38퍼센트 더 낮은 수익률을 보였다.

영국인 폴 호워드는 안 좋은 실적을 보이는 인덱스펀드에 돈을 맡기고 싶지 않았다. 또 그는 적극적 운용 펀드에 돈을 투자하고 싶지도 않았다. 처음 투자를 시작했을 때 그는 HSBC가 제공하는 프렌즈 프로비던트 펜션 계획에 가입했다. "저는 HSBC 월드 실렉션 펀드에 가입하라는 조언을 들었습니다. 그러나 여러 단계의 비용을 내야 한다는 사실을 알지 못했습니다. 매년 3.5퍼센트가 넘는 비용을 내고 있다는 것을 알았을 때 저는 그곳에서 뛰쳐나왔습니다."

폴은 증권사에 계좌를 개설했다. 자산의 30퍼센트는 아이셰어즈의 글로벌 채권 ETF(SAAA)에 투자하고 나머지 70퍼센트는 뱅가드의 글로벌 주식 ETF에 투자했다. 뱅가드와 아이셰어즈는 모두 탁월한 인덱스펀드를 제공한다.

1년에 한 번 폴은 포트폴리오를 재조정한다. 글로벌 주식이 상승하면 그는 글로벌 주식 인덱스의 일부를 매각한다. 그는 원래의 자산 비중을 맞추기 위해 매각 대금을 채권시장 인덱스에 추가한다.

폴은 맨체스터 출신이지만 지금은 두바이에 살고 있다. 그는 어디에서 노후를 보낼지 아직 결정하지 못했다. 그래서 그의 포트폴리오는 모국과 상관없이 전 세계에 퍼져 있다.

그러나 영국 투자자의 대부분은 노후에 그들의 청구서를 파운드로 지불할 것이다. 따라서 모국을 편향하는 것은 이득이 된다. 〈표 6.6〉에서 나는 영국 투자자를 위한 포트폴리오 모델을 투자 위험 감수도에 따라 열거했다.

〈표 6.6〉 영국의 소파에 앉아서도 할 수 있는 모델 포트폴리오

펀드 이름	투자 대상	펀드 코드	보수적	신중함	균형적	적극적	공격적
FTSE 100 UCITS ETF	영국 대기업 100개	VUKE	10%	20%	25%	25%	30%
FTSE 250 UCITS ETF	영국 중기업 243개	VMID	5%	5%	10%	15%	30%
FTSE All World UCITS ETF	47개국의 2,900개 기업	VWRL	15%	20%	25%	35%	40%
FTSE Gilt UCITS ETF	39개 영국 정부 채권	VGOV	70%	55%	40%	25%	0%

출처: 뱅가드 UK

많은 투자자들이 나이가 들면서 채권에 더 많은 투자를 하는 신중한 자산 배분 모델을 선호한다. 그런 포트폴리오는 장기간에 걸

처 큰 실적을 내지 못하지만 변동성은 작다.

부차적인 은퇴 소득원을 기대하는 사람들(백만장자의 유일한 자산 상속인을 생각해보라)은 나이에 상관없이 높은 위험을 떠안는 포트폴리오에 투자할지도 모른다.

금융 웹사이트인 몬베이터Monevator 는 '영국에서 가장 싼 증권 회사를 비교해보라'라는 블로그 포스트를 게재했다. 그들은 증권 회사 수수료를 계속해서 비교하며 가장 최근 정보를 알려주는 아주 좋은 일을 하고 있다. 증권 회사를 찾고 있는 영국 투자자들에게 아주 탁월한 정보원이다.

─ 호주에서 인덱스펀드 투자하기 ──────

앤디 왕은 서른일곱 살의 소프트웨어 개발자이다. 2016년에 그는 멜버른에 집을 샀다. 그리고 그해 7월에 애델레이드에서 맬버른에 있는 그의 새로운 집으로 이사했다.

많은 신규 투자자들은 적극적 운용 펀드로 투자를 시작한다. 그러나 앤디 왕의 이야기는 다르다. "저는 2007년에 주식시장에 투자하기 시작했습니다."라고 그는 말한다. "처음에 저는 친구와 친척들이 추천하는 주식을 샀을 뿐입니다. 그러나 곧 그것이 미친 짓이라는 걸 깨달았습니다."

왕은 투자 관련 책을 읽기 시작했다. 그는 벤저민 그레이엄
Benjamin Graham 의 고전적 저서인《현명한 투자자 The Intelligent Investor 》
를 좋아했다. 그레이엄은 컬럼비아 대학교에서 학생들을 가르쳤는
데 그의 수제자 중 하나가 역사상 가장 위대한 투자자인 워런 버핏
이다. 그레이엄 역시 생애 말년에 워런 버핏처럼 인덱스펀드 개념
을 옹호했다.

"저는 존 보글의 책을 읽을 때까지 정말로 인덱스펀드 투자를
이해하지 못했습니다."라고 왕은 말한다. 뱅가드의 창업자인 보글
은 두 권의 고전을 저술했다.《뮤추얼펀드 상식》과《모든 주식을 소
유하라》가 그것이다.

이 책들을 읽으며 왕은 분명한 깨달음을 얻었다. "개별 주식을
분석할 시간과 능력이 저에게는 없다는 것을 깨달았습니다. 그리
고 적극적으로 운용하는 뮤추얼펀드 전문 분석가를 제가 능가할
수 있다고 생각하지 않았습니다."

그래서 왕은 인덱스펀드로 투자하는 게 더 좋을 것이라고 결정
했다. 오늘날 그는 전 세계적으로 다각화된 ETF 포트폴리오를 갖
고 있다. 그는 냅트레이드 Nabtrade 라는 증권 회사를 통해 투자한다.
"제 포트폴리오는 호주 주식 인덱스, 해외 주식 인덱스, 호주 채권
인덱스로 분산 투자되어 있습니다. 또 저는 매월 1000달러를 연금

에 투자하고 있습니다. 제 모든 연금은 인덱스펀드에 투자됩니다."
라고 그는 말했다.

― 싱가포르에서 인덱스펀드 투자하기 ―――――――――

비용이 낮은 인덱스 투자를 원하는 싱가포르인은 구글을 통해
자신의 선택권을 찾아볼 수 있다. 그러나 사자의 도시 속 정글에 숨
은 독사처럼 여러분의 투자 잠재력을 악독하게 갉아먹는 금융서비
스 산업의 뱀이 있으니 조심해야 한다. 구글에서 '싱가포르 인덱스
펀드'를 검색하면 연간 1퍼센트의 비용을 청구하는 회사를 만나게
될 것이다. 이는 중요하지 않은 것처럼 보이고 마케팅 담당자 역시
여러분이 그렇게 믿기를 원한다. 그러나 인덱스펀드에 1퍼센트를
지불하면 여러분은 결국 수십만 달러를 낭비할 수 있다.

싱가포르의 인덱스펀드 소매상인 펀드슈퍼마트Fundsupermart 는
인피니티 인베스트먼트 시리즈를 판매한다. 이것은 S&P500 인덱
스펀드를 제공하면서 비용으로 연간 0.90퍼센트를 청구한다. 이
비용은 펀드슈퍼마트의 플랫폼 비용을 포함한다.

싱가포르인 자매 두 명이 미국 인덱스에 투자한다고 가정해보
자. 둘 중 한 사람은 펀드슈퍼마트를 통해 S&P500 인덱스펀드를

산다. 다른 한 명은 연간 0.08퍼센트만 청구하는 저비용의 뱅가드 S&P500 ETF를 매수한다. ETF는 싱가포르 내 많은 증권 회사를 통해서 살 수 있다.

〈표 6.7〉 자매는 2만 싱가포르달러를 투자한다

	자매 1	자매 2
2만 달러를 각 자매에게 준다.	연간 비용이 0.90%인 S&P500 인덱스펀드에 투자한다.	DBS 비커스를 통해 연간 비용이 0.08%인 뱅가드 S&P500 ETF에 투자한다.
S&P500 인덱스에서 8%의 수익률을 가정하라.	비용 공제 후 연간 7.1%를 번다.	비용 공제 후 연간 7.92%를 번다.
35년 후 각 자매는 얼마를 갖게 될 것인가?	$220,628를 갖게 될 것이다.	$288,136를 갖게 될 것이다.
동일한 수익률을 가정하면 40년 후에는?	$310,891를 갖게 될 것이다.	$421,800를 갖게 될 것이다.
동일한 수익률을 가정하면 45년 후에는?	$438,082를 갖게 될 것이다.	$617,471를 갖게 될 것이다.

수수료 공제 이전에 자매들의 펀드는 동일한 수익률을 실현할 것이다. 왜냐하면 이것은 동일한 시장을 추적하기 때문이다. 비용을 0.9퍼센트와 같이 아주 적은 숫자로 표시하면 최소한의 금액처럼 보이지만 그렇지 않다. 〈표 6.7〉은 겉보기에 적은 수수료가 생애에 걸쳐 투자 이익을 어떻게 잠식하는지를 보여준다. 향후 5년 동안 미국의 S&P500 인덱스가 연간 5퍼센트의 수익률을 실현하면

'단지' 0.9퍼센트만 지불하고 있는 투자자는 매년 이익의 18퍼센트를 버리는 셈이다.

S&P500이 연평균 8퍼센트의 복리 수익률을 내면 어떻게 될까? 연간 비용으로 0.9퍼센트를 지불하고 있는 자매 1은 연평균 7.1퍼센트의 수익률을 실현할 것이다. 그녀의 쌍둥이 동생은 비용으로 0.08퍼센트만 지불하면 연간 7.92퍼센트의 수익률을 낼 것이다. 시간이 지나면 이 차이는 엄청나게 벌어진다.

소액의 비용 차이가 강펀치를 날릴 수 있다. 위의 사례에서 연간 비용으로 0.082퍼센트를 더 지불하는 사람은 45년 후에는 17만 9389달러 더 적게 갖게 될 것이다. 비용은 중요하다. 투자 업계가 여러분을 속이지 못하게 하라.

승수린과 고든 시어는 2001년 싱가포르 스페셜올림픽에서 자원봉사를 하며 만났다. 고든은 싱가포르 아메리칸 스쿨의 교사이고, 수라는 애칭으로 통하는 승수린은 싱가포르 폴리테크닉과 싱가포르 국립대학교에서 전문 글쓰기를 가르치고 있다. 또한 수는 인간이 어떻게 언어를 체득하고 사용하는지에 대한 분야인 심리언어학의 박사 과정을 밟고 있다.

두 사람은 2008년에 결혼했고 캐나다 출신의 고든은 불만스럽게 투자 내역을 훑어봤다. 그는 다음과 같이 자신의 걱정을 설명했다.

"저는 과거에 케냐에서 교사로 일했는데 그 학교에서는 우리의 돈을 두 회사 중 한 곳에 투자하도록 했습니다. 둘 중 하나는 맨섬에 본사가 있는 취리히 인터내셔널 라이프 리미티드Zurich International Life Limited 라는 외국 투자 회사였습니다. 그들은 적극적으로 운용하는 펀드에 투자했지만 저는 왠지 속는다는 느낌이 들기 시작했습니다. 계좌를 개설하기 전에 저는 직원에게 제가 투자하고 있는 금액이 많든 적든 그것을 제가 파악할 수 있는지 분명히 물었습니다. 그는 파악할 수 있다고 말했습니다. 그러나 투자 명세서는 정말로 혼란스러웠고, 그래서 저는 투자를 멈췄습니다. 그동안에 얼마나 많은 금액을 불입했는지 알 수 없었고 심지어 제 계좌의 가치가 얼마나 되는지도 알기 어려웠습니다."

언짢은 기분 때문에 고든은 매월 그 회사에 투자하는 것을 중단하고 싶다는 생각이 들었다. 그게 마음이 편할 것 같았다. 그러나 취리히 직원(그는 더 이상 그 회사에서 일하지 않는다)은 고든이 매월 일정 금액을 예탁하는 계약에 서명했기 때문에 그것을 지켜야 한다고 말했다. 실망한 고든은 취리히에서 돈을 뺐는데 그렇게 함으로써 많은 페널티를 물어야 했다.

고든은 자신의 돈을 직접 관리하고 싶은 열망이 컸다. 저비용의 ETF 포트폴리오를 설정하기 위해 싱가포르에 있는 DBS 비커스DBS Vickers에 계좌를 개설했다.

수의 가족은 싱가포르에 있고 고든의 가족은 캐나다에 있다. 그들은 하와이에 사둔 땅이 있다. 그런 이유로 고든은 싱가포르와 캐나다, 세계 주식시장과 채권시장에 자산을 분산하는 것이 신중한 처사라고 생각했다. 다음은 ETF로 이루어진 그들의 포트폴리오이다.

- 20퍼센트의 싱가포르 채권 인덱스
- 20퍼센트의 싱가포르 주식시장 인덱스
- 20퍼센트의 캐나다 단기채권 인덱스
- 20퍼센트의 캐나다 주식시장 인덱스
- 20퍼센트의 세계 주식시장 인덱스

위에 있는 처음 두 인덱스는 싱가포르 주식시장에서 거래되고 다음 세 개는 캐나다 증권거래소에서 거래된다. 그러나 DBS 비커스와 같은 싱가포르의 온라인 증권 회사에서 이것들 모두를 살 수 있다.

하나 주의해야 할 점이 있다. 싱가포르인은 미국시장에서 ETF를 사면 안 된다. 그렇게 하면 그들이 죽을 때 상속자에게 거액의 상속세 청구서를 남길 가능성이 있다. 하지만 증권회사 직원은 그런 사실에 대해 말하지 않으려고 한다. 그들에게 미국 상속세 의무에 대해 물어보면 "우리는 세무 조언은 하지 않습니다."라고 말할 것이다. 그러나 미화 6만 달러 이상의 자산을 남기고 죽으면 미국 정부는 자신의 몫을 원할 것이다.

고든과 수는 매월 매수하면서 계좌를 재조정한다. 예를 들면 싱가포르 채권 인덱스가 나머지 인덱스만큼 좋은 실적을 내지 못하면 한 달 후 총 투자액의 20퍼센트에 이르지 못할 것이다(그들이 다섯 가지 인덱스를 각각 20퍼센트씩 배분했다는 것을 기억하라). 그래서 계좌에 새로운 돈을 추가할 때 그들은 싱가포르 채권 인덱스를 매수할 것이다.

세계 주식 인덱스, 캐나다 주식 인덱스, 싱가포르 주식 인덱스의 가치가 하락하면 그들은 그달에 실적이 가장 안 좋은 인덱스에 신규 자금을 추가할 것이다. 이것은 두 가지 사항을 보장한다.

· 그들은 안전성을 높이기 위해 포트폴리오를 재조정할 것이다.
· 그들은 실적이 뒤처진 것을 매수할 것이다. 이렇게 하면 장기 수익률을 높일 수 있기 때문이다.

인덱스펀드 계좌만 만들면 그다음은 쉽다

인덱스펀드 계좌를 설정하는 방법만 알면 투자를 결정하는 시간은 그리 오래 걸리지 않는다. 1년에 한 시간도 안 될 것이다.

다음 5년이나 10년, 또는 20년이나 30년 동안 주식과 채권시장이 어떤 실적을 낼지는 아무도 알지 못한다. 그러나 한 가지는 분명하다. 인덱스펀드 포트폴리오를 다각화하면 전문 투자자 90퍼센트를 능가할 것이라는 점이다.

여러분을 방해하는 두 가지 위험 요소가 있다. 대부분의 투자상담사는 가장 큰 위험이다. 그들은 여러분을 설득해서 적극적 운용 펀드를 사게 할 것이다. 그들은 제8장에서 내가 설명하는 것과 같은 술책을 사용한다. 그들에게 인덱스펀드는 전염병이다. 대부분의 상담사들은 여러분이 그것을 사지 못하도록 온갖 수단을 다 동원할 것이다.

두 번째 위험은 매일 아침 거울 속에서 여러분과 마주한다. 시장이 걷잡을 수 없이 움직일 때 감정을 억제하는 것은 굉장히 어렵다. 그래서 많은 투자자들에게 도움이 필요하다. 그들에게 다음 장은 좋은 지침서가 될 것이다.

규칙

·

7

현명하고 저렴한
투자 회사를
활용하라

미국, 캐나다, 유럽, 호주, 아시아 등 대부분의 나라에서 양심적인 회사를

찾을 수 있다. 그들은 인덱스펀드 포트폴리오를 운용하면서 낮은 수수료를

청구한다. 어떤 회사는 종합적인 금융 플랜까지도 제공한다.

우리는 인터넷 세상에 살고 있다. 그 덕분에 뮤추얼펀드가 월가의 지갑을 불려주고 있다는 사실을 수백만 명의 사람들이 알게 됐다.

대중은 '월가를 점령하라!'는 시위를 할 필요가 없다. 그 대신에 돈으로 의사 표시를 하면 된다. 많은 사람들이 뱅가드로 몰려가고 있다. 이 회사는 인덱스펀드의 세계 최대 공급자이다. 또 전 세계의 어떤 뮤추얼펀드 회사보다 규모가 더 크다.

뱅가드에는 히피 같은 뒷이야기가 있다. 1974년에 존 보글이 창립한 이 회사는 비영리 회사처럼 설립이 됐다. 이 회사의 인덱스펀드를 매입하면 이 회사의 소유주가 되는 방식이다. 어떤 개인 투자자도 이 회사의 지분을 소유할 수 없다. 대부분의 은행이나 뮤추얼펀드 회사와 달리 뱅가드의 회사 지분은 주식시장에서 거래되지 않는다.

뱅가드는 대중들을 위하여 설립되었다. 이것은 공동체에서 탄

생한 자본주의라 할 수 있다. 그러나 최근까지는 인덱스펀드 포트폴리오를 원하면 혼자서 해야 했다. 그들은 어떤 안내도 받지 않고 뱅가드가 제공하는 인덱스펀드를 스스로 매수했다. 혹은 전통적인 인덱스펀드를 활용해 최근에 나온 금융 상품인 ETF로 자신의 포트폴리오를 설정했다.

이 두 가지 선택권이 여전히 가장 저렴하게 주식시장을 이용할 수 있는 방법이다. 이것은 1년에 한 시간도 걸리지 않는다. 여러분은 주식시장 뉴스나 수익 예상 자료를 추적할 필요가 없다. 그러나 여러분의 투자 결과는 대부분의 전문투자자를 능가할 것이다.

일부 투자자들은 이와 같은 투자 방식을 '옷을 다 벗고 달리기'로 여길 수 있다. 많은 사람들은 옷을 입은 상태에서 안정감을 느끼기에 투자 자문회사의 안내를 필요로 한다. 그러므로 여러분의 조부모들은 내가 안내하는 방식대로 투자를 할 수 없었을 것이다. 여러분의 부모 역시 그랬을 것이다. 그러나 이제는 시대가 바뀌었다.

로보어드바이저의 자문을 받아보기 시작하라. 아, 로보어드바이저는 마치 소설처럼 로봇에 의해 운영되는 회사는 아니다. 나는 이런 회사들을 현명한 투자 회사라고 부르고 싶다. 로보어드바이저 회사들은 대부분 인터넷 기반으로 운영된다. 이 회사들은 "사람들이 똑똑해지고 있습니다. 그에 맞게 우리도 더 좋은 것을 제공합시다!"라고 말한다.

미국, 캐나다, 유럽, 호주, 아시아 등 대부분의 나라에서 우리는 이런 회사들을 찾을 수 있다. 그들은 인덱스펀드 포트폴리오를 운용하면서 낮은 수수료를 청구한다. 어떤 회사는 종합적인 금융 플랜(투자, 부동산 플랜, 세무 조언 등)을 제공한다. 다른 회사는 이러한 플랜 없이 단지 여러분의 돈을 투자할 뿐이다.

전통적인 투자 회사들은 대개 적극적으로 운용하는 펀드에 푹 빠져 있다. 이 회사들은 말이 끄는 마차와 같다. 현명한 투자 회사(굳이 말하자면 로보어드바이저)는 하이브리드 차나 테슬라 전기차라 할 수 있다. 훨씬 더 적은 비용으로 훨씬 더 좋은 성과를 낸다.

이렇듯 여러분 스스로 투자할 수 있는데 왜 다른 사람에게 돈을 지불하는가?

─ 폭풍우 속에서도 평온하게 앉아 있을 수 있는가? ─────

여러분은 다섯 시간 동안 계속되는 폭풍우 속에서 마치 불교도처럼 미소를 머금고 돌 위에서 책상다리를 하고 앉아 있을 수 있는가? 그럴 수 없다면 여러분은 정상이다. 축하한다. 하지만 인덱스펀드 포트폴리오를 유지하는 투자자들에게는 뭔가 더 특별한 것이 필요할지도 모른다. 오해하지 마라. 그 절차는 간단하다. 그것을 하는 데 1년에 한 시간도 걸리지 않는다.

그러나 말이 쉽지 실행하기는 조금 어렵다. 시장의 폭풍우는 아무도 예상하지 못할 때 생긴다. 시장 관련 뉴스가 험악하게 흘러나오면 여러분은 절벽 끝에 매달린 심정이 될 것이다.

나는 수년 동안 혼자서 포트폴리오를 구성하는 개인 투자자들과 세미나를 진행했다. 내 가르침은 단순하다. 미국인에게 미국 주식 인덱스, 해외 주식 인덱스, 미국 채권 인덱스를 추천한 후 투자 전망은 무시한 채 매월 돈을 추가하라고 한다. 또한 일정한 배분율을 유지하기 위해 1년에 한 번씩만 재조정하라고 조언한다.

바꾸어 말하면 연초 세 개의 인덱스펀드에 3분의 1씩 투자되도록 포트폴리오를 구성했다면, 이 비율을 유지하기 위해 연말에 반드시 재조정해야 한다는 것이다.

이는 해먹 위에 누워 있는 것처럼 간단하다. 그러나 대부분의 사람들은 안달이 난다. 그들은 '좋은 성과를 내고 있는' 인덱스에 새로운 돈을 추가하며 '가치'가 하락하고 있을 수 있는 인덱스에 주의를 기울이지 않는다. 이렇게 하면 장기적 성과에 해가 될 수밖에 없다.

투자자들이 화끈한 금융 뉴스에 따라 행동하면 결과는 훨씬 더 나빠진다. 이른바 금융시장이라는 전망을 따랐을 때 우리는 대부분 항상 실패한다.

뱅가드 S&P500 인덱스는 2016년 3월 31일까지 10년 동안 연평균 6.89퍼센트의 복리 수익률을 실현했다. 여기에는 미국 주식이 거의 40퍼센트 하락했던 2008~2009년의 주식시장 폭락기가 포함된다. 그러나 S&P500에 투자한 일반 투자자는 인덱스펀드보다 좋지 않은 성과를 냈다. 이들은 같은 기간 동안 연평균 4.52퍼센트의 복리 수익률을 냈다.

─ 투자자가 인덱스펀드보다 더 낮은 수익률을 내는 이유 ─────

〈그림 7.1〉에서 여러분은 13년간의 S&P500 성과를 나타내는 차트를 볼 수 있다. 어떻게 인덱스가 2003년과 2007년 사이에 큰 장애물 없이 상승했는가에 주목하라. 인덱스가 매년 더 높이 상승함에 따라 더 많은 투자자들이 몰려들었다. 그들은 행복했다. 그들은 확신이 있었다.

그러나 2008년 무렵 주식시장은 하락하기 시작했다. 주식시장이 더 많이 하락할 것이라는 뉴스 보도가 나왔다. 우리의 불교도들은 개의치 않았지만 다수의 자칭 명상가들은 명상을 멈추고 주식을 팔아치웠다. 2~3년간 인덱스가 좋은 시절을 보낸 후 2011년에 방관하고 있던 많은 투자자들이 다시 매수에 나섰다.

이는 가격이 비쌀 때 더 많은 쌀을 사고, 할인 판매할 때 더 적게 사거나 전혀 사지 않는 것과 같다. 그렇게 하면 사람들은 시간이 흐르면서 평균보다 더 높은 가격을 지불하게 된다.

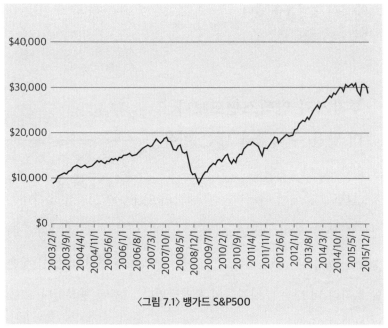

〈그림 7.1〉 뱅가드 S&P500

출처: 포트폴리오비주얼라이저닷컴

뱅가드 S&P500은 2015년까지 격동의 10년 동안 연평균 약 6.89퍼센트 상승했다. 그러나 모닝스타에 따르면 그 펀드에 투자한 일반 투자자들은 연평균 4.52퍼센트의 복리 수익률을 냈을 뿐이다. 그들은 높은 가격에 더 많이 매수했고 낮은 가격에 덜 매수하거나 매도했다.

무료 온라인 웹 사이트인 포트폴리오비주얼라이저닷컴은 불교도의 규율 있는 우리 투자자들이 얼마나 많은 돈을 벌 수 있었는지를 보여준다. 같은 기간에 S&P500 인덱스에 매월 일정액을 추가한 사람은 누구나 연간 8.96퍼센트의 복리 수익률을 냈을 것이다.

매월 일정액을 매수하면 투자자는 펀드 가격이 하락했을 때 더 많은 단위를 매수하고 펀드 가격이 올랐을 때 더 적은 단위를 매수했을 것이다. 이 펀드가 공시한 수익률은 이 기간 동안 매년 6.89퍼센트였다. 그러나 매월 일정액을 추가한 투자자는 시간이 흐르면서 그 펀드의 단위 수량에 대해 평균보다 더 낮은 가격을 지불했을 것이다. 이를 통해 투자자는 연평균 8.96퍼센트의 복리 수익률을 낼 수 있었을 것이다. 이것이 바로 복리의 마법이다.

스스로 인덱스펀드 포트폴리오를 설정하는 것은 간단하다. 그러나 여러분이 바위나 해먹에 앉아 세상의 여러 잡음들을 무시할 수 없다면 현명한 투자 회사와 함께하는 것을 고려해보라. 그런 회사는 여러분이 바위에 앉아 있을 수 있도록 도와줄 것이다. 또 그들은 1년에 한 번씩 여러분의 포트폴리오를 재조정해줄 것이다.

미국의 현명한 투자 회사

미국인들이 이용할 수 있는 현명한 투자 회사들이 계속 늘어나고 있다. 그런 회사들은 저비용의 인덱스펀드나 ETF를 이용한다.

뱅가드의 인덱스펀드 포트폴리오

내 아내는 금융 문제에 관한 한 변덕이 심하다. 우리는 마사지를 받는 데 1년에 5000달러 이상을 사용한다. 그녀는 그것을 아무렇지 않게 여긴다. 그러나 그녀는 내가 유기농 블루베리를 한 바구니라도 더 사려고 하면 아마 내 손을 찰싹 때릴 것이다. 그녀는 투자 비용에 대해서도 한도를 정한다. 〈표 7.1〉은 그녀의 2016년 4월 뱅가드 타깃 리타이어먼트 2020(VTWNX)펀드 포트폴리오 구성이다. 총 비용은 연간 0.14퍼센트에 불과하다.

뱅가드에서 제공하는 이 상품은 미디어에서 말하는 로보어드바이저 수준에 해당하지는 않지만 그렇게 분류되어도 괜찮을 만큼 좋다. 이 펀드는 단일 상품으로, 완전한 인덱스펀드 포트폴리오를 소유할 수 있는 저비용의 간단한 방법이다.

<표 7.1> 뱅가드 타깃 리타이어먼트 2020펀드

퍼센트 순위	펀드	비율
1	뱅가드 전체 주식시장 인덱스펀드	34.5%
2	뱅가드 전체 채권시장 II 인덱스펀드	28.4%
3	뱅가드 전체 해외주식 인덱스펀드	23.5%
4	뱅가드 전체 해외 채권 인덱스펀드	12.2%
5	뱅가드 단기 인플레이션 방어 증권 인덱스펀드	1.4%
총계		100.0%

출처: 뱅가드

이 펀드는 미국 주식 인덱스 한 개, 미국 채권 인덱스 두 개, 해외주식 인덱스 한 개, 해외 채권 인덱스 한 개를 보유한 혼합형 펀드이다. 바꾸어 말하면 그녀는 전 세계를 투자 대상으로 하는 펀드를 보유하고 있는 것이다. 뱅가드는 1년에 한 번 각 펀드의 지분을 자동으로 재조정한다.

연구 자료에 따르면 그 누구도 특정 해에 어느 나라의 주식시장이 좋은 성과를 낼지 정확히 예측할 수 없다. 그래서 영리한 투자자들은 추측으로 투자하지 않는다. 그 대신에 그들은 뱅가드 타깃 리타이어먼트펀드 투자자처럼 모든 것을 조금씩 보유한다. 또 그들은 어떤 것도 예측하려고 하지 않고 일정 수준의 배분 비율을 유지

한다.

고속 데이터처리 회사인 CXO 어드바이서리 CXO Advisory 는 주식시장을 예측하는 일이 젓가락으로 금을 채취하는 것과 같다는 사실을 증명했다. 2005년에서 2012년 사이에 이 회사는 예순여덟 명의 전문가들이 쓴 6584개의 예측 자료를 수집했다. 주식시장 방향 예측 성공률은 단지 46.9퍼센트에 불과했다. 동전 던지기를 해도 그들보다는 나을 것이다.

뱅가드 타깃 리타이어먼트펀드는 하나에 모든 것을 담는 세계에서 가장 저렴한 포트폴리오를 제공한다. 여러분이 이렇듯 한 가지에 투자하는 것을 선택하면 다른 어떤 것도 필요하지 않다. 1년에 한 번 뱅가드는 포트폴리오의 지분을 재조정한다. 그들은 어떤 것이 다음 해에 상승할지에 대한 예측으로 포트폴리오를 건드리지 않는다. 추측으로 투자하는 것은 소용이 없기에 뱅가드는 그런 일에 애쓰지 않는다.

뱅가드 타깃 리타이어먼트펀드는 그 이름 끝에 각각 연도가 표기되어 있다. 예를 들어 2025년에 은퇴를 계획하는 투자자들은 뱅가드의 타깃 리타이어먼트 2025펀드를 선택하면 된다.

2년마다 각각의 펀드는 주식 보유를 줄이고 채권 보유를 늘린다. 장기적으로 보면 주식이 채권보다 더 나은 성과를 내지만 단기적으로 봤을 때 주식은 위험하다. 은퇴자들과 은퇴 시점에 가까워지는 사람들은 채권 보유가 더 높은 안정적인 포트폴리오를 선호한다.

〈그림 7.2〉 뱅가드 타깃 리타이어먼트 2045펀드 VS
뱅가드 타깃 리타이어먼트 2010펀드

출처: 뱅가드

〈그림 7.2〉는 뱅가드 타깃 리타이어먼트 2010펀드와 2045펀드의 2016년 중반기까지의 5년 성과를 추적하고 있다.

둘 중 뱅가드 타깃 리타이어먼트 2045펀드가 더 좋은 성과를 보였다. 이 펀드는 5년 동안 총 42.65퍼센트의 수익률을 보였다. 이와 비교해서 뱅가드 타깃 리타이어먼트 2010펀드의 수익률은 29.55퍼센트였다.

뱅가드 타깃 리타이어먼트 2045펀드는 더 높은 위험을 감수한다. 젊은 투자자들은 미래의 높은 수익의 가능성을 보고 비교적 큰 위험을 감수할 여유가 있다. 주식시장이 하락하면 이를 회복하는 데 오랜 시간이 걸리는데, 이 시간을 젊은 투자자들은 감당할 수 있는 것이다.

그러나 나이 든 투자자들은 일반적으로 안정성을 선호한다. 은퇴자들은 자신의 퇴직 계좌에서 나오는 수익으로 생활하기에 뱅가드 타깃 리타이어먼트 2010펀드를 보유하기를 원한다. 이것이 훨씬 더 안정적이기 때문이다.

〈표 7.2〉는 뱅가드 타깃 리타이어먼트펀드 목록이다. 주식·채권 배분 비율과 비용률을 살펴볼 수 있다.

나는 이 펀드들을 매우 좋아한다. 우리 부부는 아내의 계좌로 뱅가드 타깃 리타이어먼트 2020펀드를 보유하고 있다.

어떤 미친 뮤추얼펀드 판매인이 나를 바위 아래로 떨어트리려고 해도 내 아내는 돈에 대해 걱정할 필요가 없을 것이다. 그녀는 스스로 펀드를 운용하기보다는 차라리 무일푼으로 살 사람인데, 다행스럽게도 뱅가드가 그녀 대신에 이 일을 해주고 있기 때문이다. 뱅가드는 사기 치지 않으며 비용도 합리적이다.

펀 드	주식 배분	채권 배분	비용률
뱅가드 타깃 리타이어먼트 인컴	30%	70%	0.14%
뱅가드 타깃 리타이어먼트 2010	34%	66%	0.14%
뱅가드 타깃 리타이어먼트 2015	50%	50%	0.14%
뱅가드 타깃 리타이어먼트 2020	60%	40%	0.14%
뱅가드 타깃 리타이어먼트 2025	65%	35%	0.15%
뱅가드 타깃 리타이어먼트 2030	75%	25%	0.15%
뱅가드 타깃 리타이어먼트 2035	80%	20%	0.15%
뱅가드 타깃 리타이어먼트 2040	90%	10%	0.16%
뱅가드 타깃 리타이어먼트 2045	90%	10%	0.16%
뱅가드 타깃 리타이어먼트 2050	90%	10%	0.16%
뱅가드 타깃 리타이어먼트 2060	90%	10%	0.16%

출처: 뱅가드

보통 스스로 펀드를 운용하는 개인 투자자는 조금 더 낮은 비용으로 개별 인덱스펀드나 ETF 포트폴리오를 설정할 수 있다. 그러나 아내의 포트폴리오는 그것들 대부분보다 더 나은 성과를 보일 것이다. 이 말이 이상한 주장처럼 들리는가? 이에 대해서 설명하겠다.

내 아내와 같은 투자자들은 대부분 매월 동일한 금액을 투자하는 정액분할 매수를 한다. 그들은 보통 회사의 기업퇴직연금 플랜을 통해 이런 식의 투자를 하기에 그들이 직접 포트폴리오를 살펴보거나 시장에 따라 움직이지 않는다. 그렇게 하지 않음으로써 그들은 괜찮은 수익을 얻을 기회를 갖게 된다.

뱅가드의 풀 서비스 투자상담사

나의 아내는 뱅가드 타깃 리타이어먼트펀드를 보유하고 있음에도 뱅가드의 조언을 받지 않는다.

풀 서비스 투자상담사는 투자 문제 이상의 것을 다룬다. 얼마나 많은 금액을 저축해야 하는가? 자녀의 대학 학비를 마련하기 위해서는 어떤 투자 계좌를 개설하는 것이 좋은가? 부동산 플랜은 어떻게 해야 하는가? 납부 세금을 합법적으로 어떻게 줄일 수 있는가? 그들은 모든 분야에 걸쳐서 도움을 준다.

제대로 처리하려면 이것은 시간을 엄청나게 잡아먹는 과정이다. 이 때문에 대부분의 유능한 투자상담사는 10만 달러 미만의 계좌를 보유한 고객을 받지 않는다.

그러나 뱅가드는 이러한 문화를 바꿨다. 풀 서비스 금융 플랜을 제공하면서 연간 포트폴리오의 0.3퍼센트 비용만 청구하고 있다. 즉 10만 달러 포트폴리오의 수수료는 300달러에 불과한 셈이다. 이 서비스를 받으려면 투자 금액이 최소 5만 달러는 돼야 한다. 미국 거주자라면 누구나 이 서비스를 받을 수 있다.

여러분이 미국에 살고 있다면 지금 당장 뱅가드 사무실로 달려 가고 싶은 생각이 들 수도 있다. 그러나 여러분은 뱅가드 사무실을 찾을 수 없을 것이다. 그들은 비용을 낮추기 위해 소매 투자자를 위 한 오프라인 사무실을 운영하지 않는다. 저비용 회사들의 새로운 물결은 온라인이다. 건물을 유지할 필요가 없으니 많은 돈을 절약 할 수 있다. 그들은 거기에서 절약한 금액을 여러분에게 돌려준다.

나는 몇몇 현명한 투자 회사의 목록을 아래에 소개했다. 어느 회사가 가장 좋은가? 그것은 무엇을 찾는가에 달려 있다.

세계에서 가장 이상한 투자 자문회사

RW 인베스트먼트 스트래티지스^{RW Investment Strategies} 는 로버트 바실레프스키^{Robert Wasilewski} 가 운영한다. 세계에서 가장 이상한 투 자상담사를 고르는 선거가 진행된다면 나는 그를 선택할 것이다. 그 이유는 회사를 운영하는 그의 목표가 궁극적으로 그 자신을 해 고하는 것이기 때문이다.

그는 인덱스펀드와 ETF 포트폴리오를 설정하고 이를 유지하기 위해 여러분이 부처가 돼야 한다고 생각하지 않는다. 그는 초기 지 도만 제대로 받으면 거의 모든 사람이 그렇게 할 수 있다고 말한다. "저는 100만 달러 미만의 자산을 관리하는 데 0.4퍼센트의 비용을 청구하고 그것을 넘는 자산에 대해서는 0.3퍼센트를 요구합니다.

그리고 제가 운용하는 자산에 대해서는 분기별로 150달러를 추가로 청구합니다. 저는 다음의 세 가지 서비스를 제공합니다."라고 그는 말한다.

· 시간당 150달러의 자산 컨설팅
· 투자 자산 운용
· 3개월 혹은 6개월 후에 고객이 직접 자신의 자산을 운용할 수 있도록 하는 투자 교육

물론 일부 투자자는 그가 자신의 돈을 평생 운용해주기를 원한다. 그는 "몇몇 고객들은 너무 바쁘거나 숫자에 대한 공포심 때문에 스스로 투자를 운용할 수 없습니다."라고 말한다.

플랜비전PlanVision의 마크 조릴Mark Zoril도 이와 비슷한 서비스를 제공한다. 그는 투자자들이 뱅가드나 슈바프Schwab와 같은 회사에서 저비용 증권 계좌를 개설할 수 있도록 돕는다. 다음으로 그는 투자자가 포트폴리오와 관련해 의사 결정하는 것을 돕는다. 플랜비전은 연간 96달러를 청구할 뿐이다.

소형주와 가치주에 비중을 둔 투자 회사

어떤 투자자들은 애셋빌더와 같은 회사를 선호할 수 있다. 이

회사의 공동 설립자인 스콧 번스는 소파에 앉아서도 할 수 있는 포트폴리오라 불리는 혼자 할 수 있는 투자 전략을 1991년에 창안하고 대중화했다. 1991년 이전의 데이터로 테스트한 연구 자료에 의하면 주식과 채권 인덱스를 혼합하고 1년에 한 번 재조정하는 방식이 대다수의 투자 전문가를 훨씬 능가하는 것으로 나타났다.

많은 투자자들이 이를 시도하려 했으나 그들은 험난한 과정을 겪었다. 그들은 전문가의 조언이 없으면 투자하기를 두려워했다. 그래서 2006년에 스콧 번스는 애셋빌더를 설립했다. 그는 여러 종류의 인덱스를 사용하여 소파에 앉아서도 할 수 있는 것과 비슷한 포트폴리오를 설정했다. 디멘셔널 펀드 어드바이저스DFA, Dimensional Fund Advisors 라는 회사가 이 포트폴리오를 제공한다.

DFA는 대부분의 인덱스펀드 회사와 달리 시장 수익률과 대등한 성과를 내려고 하지 않는다. 이 회사는 소형주와 가치주에 비중을 두어 시장 수익률을 능가하는 것을 목표로 한다.

캐나다의 한 투자상담사는 이것을 다음과 같이 잘 설명했다.

"DFA는 전체 주식시장이 담긴 그릇을 한쪽으로 살짝 기울여 소형주와 가치주의 비중을 늘립니다."

역사적으로 이런 주식은 시장보다 더 나은 성과를 보였다.

그들이 계속 승리할까? 아무도 확실하게 답할 수 없다. 그러나 한 가지는 분명하다. DFA의 인덱스펀드는 적극적으로 운용하는 펀드보다 더 싸다는 것이다. 그래서 이것은 보통의 인덱스펀드처럼 결국에는 적극적 운용 펀드를 훨씬 능가하는 성과를 낼 것이다.

– 캐나다의 현명한 투자 회사

캐나다인은 좋은 사람들이다. 확실하다. 그들은 아이스하키 경기장의 담벼락에 부딪히면 욕을 하고 싸움을 벌인다. 그러나 대부분의 캐나다인들은 공손한 것으로 알려져 있다. 그들은 '부탁합니다.', '감사합니다.', '미안합니다.'라는 말을 자주 한다.

친절함은 강력한 힘이다. 그러나 캐나다의 금융 기관은 이를 이용한다. 그들은 적극적 운용 펀드에 대해 엄청난 비용을 청구한다. 그들은 인덱스펀드 역시 운용하고 있다.

나는 여러분이 (앞에서 소개한 TD의 e-시리즈 인덱스펀드를 제외하고는) 캐나다 은행의 인덱스펀드를 매수하지 않기를 바란다. 여러분이 캐나다 은행에 들어가서 "제발 이 은행의 인덱스펀드 포트폴리오를 설정해주세요."라고 말하면 안 되는 이유를 설명하고 싶다.

우선 대부분의 캐나다 은행 인덱스펀드는 저렴하지 않다. 물론 인덱스펀드의 수수료는 적극적으로 운용하는 상품의 수수료의 절반도 안 된다. 나는 〈글로브 앤드 메일〉에 은행이 적극적으로 운용하는 뮤추얼펀드와 그들이 운용하는 인덱스펀드를 비교하는 글을 연재했는데 전체적으로 보면 인덱스펀드가 승리했다.

캐나다 임피리얼 뱅크 오브 커머스Canadian Imperial Bank of Commerce, 로열 뱅크 오브 캐나다Royal Bank of Canada, 뱅크 오브 몬트리올Bank of Montreal에서 미소 짓고 있는 은행 직원들은 여러분의 친구가 아니다.

은행은 적극적 운용 펀드를 판매할 때 훨씬 더 많은 돈을 번다. 수백만 명의 투자자들은 속고 있다.

2016년에 나는 브리티시컬럼비아주의 빅토리아에 있는 콘도미니엄 소유자를 위한 페이스북 페이지에 가입해 다음 메시지를 게시했다.

캐나다 은행 4개사를 대상으로 하는 실험에 동참할 네 명을 모집합니다. 보수는 각 50달러입니다. 각 은행의 투자상담사와 약속을 잡아서 인덱스펀드 포트폴리오를 설정해줄 수 있는지 물어보기만 하면 됩니다.

X세대 젊은이 네 명이 이 제안을 받아들였다. 나는 일주일 동안 캐나다 임피리얼 뱅크 오브 커머스, 로열 뱅크 오브 캐나다, TD 뱅크, 뱅크 오브 몬트리올에 대한 그들의 자세한 방문 결과를 들었다.

어떤 사람은 기록하기 위한 연필과 종이를 가지고, 또 어떤 사람은 아이폰으로 대화를 녹음하며 상담을 진행했다. 그들에게 이야기를 들어보니 투자상담사 모두가 인덱스펀드로 저비용 포트폴리오를 설정해주기 꺼려했다. 그들은 그 대신에 적극적 운용 펀드를 매수하라고 제안했다. 그들이 제안한 펀드는 연평균 2.2퍼센트의 비용이 드는데, 이는 이 은행 인덱스펀드의 두 배가 넘는 비용이었다. 투자상담사가 부족한 지식과 정보를 숨기기 위해 하는 행동들을 보고 팀 고드프리는 충격에 빠졌다.

댈하우지 대학교에서 경제와 금융을 전공한 팀은 나에게 첫 번째로 결과를 보고한 열정적인 사람이었다. 그는 몇 년 전 호주의 재무부에서 근무한 사람이었다. "저는 투자 규제에 대해 정부에 자문하는 일을 했습니다. 투자 관련 비용이 고객에게 어떻게 공개되어야 하는지를 결정하는 일이었습니다."라고 그는 말했다.

나는 우연히 전설적인 투자 전문가에 비견할 수 있는 사람을 뽑은 셈이었다. "투자상담사들은 인덱스펀드가 적극적 운용 펀드보다 더 위험하다고 말했습니다. 이 말을 듣고 저는 놀랐습니다. 위험성은 어떤 펀드가 적극적 운용 펀드이고 소극적 운용 펀드(인덱스펀드)인지와는 관계가 없습니다. 포트폴리오 배분이 위험을 결정하는 요소입니다."

팀의 말이 옳다. 두 포트폴리오를 예로 들어보자. 하나는 적극적 운용 펀드로 구성되어 있다. 이것은 캐나다 정부 채권, 캐나다 주식, 미국 주식, 해외 주식까지 총 네 종류로 분산되어 있다. 바꾸어 말하면 포트폴리오의 25퍼센트는 캐나다 정부 채권에 투자되어 있고 나머지 75퍼센트는 해외 주식에 투자되어 있는 것이다.

이것을 인덱스펀드 포트폴리오와 비교해보라. 인덱스펀드의 40퍼센트가 캐나다 정부 채권에 투자되고 나머지 60퍼센트가 해외 주식에 투자되면, 25퍼센트가 채권에 투자된 적극적 운용 포트폴리오보다 인덱스펀드 포트폴리오가 더 낮은 위험에 노출될 것이다.

서른여섯 살의 이벤트 기획자인 데보라 브릭스는 나에게 두 번째로 보고한 사람이다. 그녀는 로열 뱅크 오브 캐나다를 선택했다. "저는 투자상담사에게 인덱스펀드 포트폴리오를 설정해줄 수 있는지를 물었습니다. 그러나 그 투자상담사는 재빨리 그 제안을 무시했습니다."라고 그녀는 말한다.

데보라는 이미 로열 뱅크 오브 캐나다의 실렉트 밸런스트펀드를 보유하고 있었다. 이것은 연간 1.94퍼센트를 청구하는 적극적 운용 펀드이다. 투자상담사는 그녀에게 계속 그것을 보유하라고 말했다.

"인덱스펀드는 하나의 시장만을 보유합니다. 그러므로 당신은 어떤 펀드를 사야 할지 엄청 고민이 될 것입니다. 로열 뱅크 오브 캐나다의 실렉트 밸런스트펀드는 다각화되어 있습니다. 또한 적극적으로 운용되고 있어서 더 좋습니다."

데보라는 펀드에 대해 전혀 알지 못하는 투자상담사와 이야기했다. 그 투자상담사는 은행의 인덱스펀드로 다변화된 포트폴리오를 설정할 수 있다는 것을 알지 못하는 듯했다.

마리나 맥커셔는 서른 살의 치위생사로 캐나다 임피리얼 뱅크 오브 커머스에 투자 자문을 받으러 갔다. 그녀는 열심히 저축해서 모은 2만 달러로 즉시 투자할 준비가 되어 있었다. 투자상담사는 그녀에게 캐나다 임피리얼 뱅크 오브 커머스의 밸런스트펀드와 매니지드 인컴펀드를 보여주었다. "그 투자상담사는 이 두 펀드에 대한 데이터를 이미 출력해서 가지고 있었습니다."라고 그녀는 말했다. 펀드 각각의 운용 보수율은 연간 2.25퍼센트와 1.8퍼센트였다.

이 은행의 인덱스펀드는 상담사가 추천한 펀드 보수율의 절반도 안 되는 비용을 청구하고 있었다. 마리나는 이 은행의 인덱스펀드에 대해서도 물어봤다. "밸런스트펀드가 더 비싼 비용을 요구하는 것은 그만큼의 가치가 있기 때문입니다."라고 투자상담사는 말하며 "이 펀드들은 돈을 운용하지만 인덱스펀드는 아무것도 하지 않습니다."라고 덧붙였다.

PWL 캐피털의 포트폴리오 부운용자인 댄 보르톨로티는 "많은 투자상담사가 인덱스펀드나 ETF로 포트폴리오를 적절하게 설정하는 법을 알지 못한다고 해도 저는 놀라지 않습니다. 투자상담사들이 교육받고 훈련받는 방식을 볼 때, 그들은 시장을 능가하는 펀드를 선정해서 더 좋은 수익률을 내는 데에만 초점을 맞춥니다. 다른 방식으로 가치를 높일 수 있다는 생각은 그들에게 매우 생소할 것입니다."라고 말했다.

지금까지 혁명은 없었다. 하키 스틱을 들고 은행이나 뮤추얼펀드 회사에 난입해서 변화를 요구하는 사람은 아무도 없었다.

코를 부러뜨릴 필요까지는 없다. 혁명보다는 점진적 개혁이 훨씬 더 캐나다적인 방식이다. 캐나다의 현명한 투자 회사들은 다윈의 진화론에 동의한다.

사회초년생에게 적합한 투자 회사

2008년 온라인 투자회사 탠저린^{Tangerine}은 캐나다인들에게 매력적인 것을 제안했다. 인덱스펀드를 여러 개 섞은 다각화된 포트폴리오를 단일 상품으로 포장한 것이었다. 이것의 비용은 연간 1.07퍼센트로 저렴하지는 않다. 그러나 여러 개의 인덱스로 구성된 다각화된 포트폴리오를 원하는 투자자에게는 아주 좋은 상품이 될 수 있다. 스스로 하는 투자자들과 달리 탠저린 투자자들은 포트폴리오를 재조정할 필요가 없다. 탠저린이 다 해주기 때문이다.

이것은 케이티 딕슨의 관심을 끌었다. 브리티시컬럼비아주 출신의 열아홉 살 여성은 시대를 훨씬 앞서가고 있다. "제가 다니던 고등학교에서는 조기에 졸업 학점을 이수할 수 있는 기회를 줬습니다. 저는 고등학교 2학년에 졸업 학점을 다 채우고 6개월간의 건강 관리 도우미 프로그램에 등록했습니다."

케이티는 친구들이 고등학교를 졸업하기 몇 개월 전에 이 프로그램을 마쳤다. "건강 관리 도우미에 대한 수요는 많습니다. 그래서 저는 프로그램 이수 후 바로 좋은 일자리를 얻었습니다."라고 그녀는 말한다. 케이티는 궁극적으로 공부를 더 해서 간호사가 될 생각이다.

케이티가 열여덟 살이었을 때 그녀는 아이폰 앱으로 자신이 쓰는 돈을 매일 기록하기 시작했다. "이 방법으로 저는 돈을 절약할 수 있었습니다."라고 그녀는 말한다. 그때 그녀는 투자를 시작하기로 결심했다.

"저는 이자가 높은 저축 계좌를 탠저린에 개설했습니다. 한 달에 150달러를 납입했고 이 돈은 자동적으로 제 저축 계좌에서 빠져나갔습니다. 제가 열아홉 살이 됐을 때는 비과세 계좌를 개설할 자격이 됐습니다. 저는 그동안 축적한 현금을 탠저린의 에쿼티 그로스 포트폴리오로 옮겨 넣었습니다. 저는 매월 그 포트폴리오에 돈을 넣고 있습니다."

내가 이미 말한 것처럼 그녀는 시대를 훨씬 앞서가고 있다.

이제 막 투자를 시작하며 정기적인 소액 투자를 원하는, 그리고 회사가 인덱스펀드를 설정해 매년 재조정해주기를 원하는 캐나다인들에게 탠저린은 더할 나위 없이 좋은 회사다.

케이티의 포트폴리오는 성장형으로 맞추어져 있다. 여기에는 캐나다, 미국, 해외 주식시장이 포함되어 있다. 1년에 한 번 탠저린은 펀드의 보유 자산을 재조정한다.

탠저린이 제공하는 펀드는 각각 다른 투자 기간과 다른 위험 감수 성향을 보이는 투자자에게 상당히 효과가 있을 것이다. 〈표 7.3〉이 이를 보여주고 있다.

〈표 7.3〉 탠저린의 인덱스펀드 포트폴리오

펀드 이름	추천 대상	캐나다 채권	캐나다 주식	미국 주식	해외 주식
탠저린 밸런스트 인컴	매우 보수적인 투자자	70%	10%	10%	10%
탠저린 밸런스트	보수적인 투자자	40%	20%	20%	20%
탠저린 밸런스트 그로스	안정성과 성장을 동시에 추구하는 투자자	25%	25%	25%	25%
탠저린 에쿼티 그로스	젊거나 공격적인 투자자	0%	50%	25%	25%

출처: 탠저린

맞춤형 포트폴리오를 설계해주는 웰스바

웰스바WealthBar는 캐나다 투자자들에게 다섯 가지의 포트폴리오 선택권을 제공하고 있다. 이 회사는 고객이 ETF 포트폴리오를 선택하기 전에 위험 감수 성향을 스스로 확인하며 결정할 수 있도록 도와준다. 회사는 고객 포트폴리오를 설정하고 재조정도 해주며 완전한 투자 계획까지 세워준다. 투자자는 계좌에 돈을 집어넣기만 하면 된다.

이 회사는 계좌 규모에 따라 연간 0.35퍼센트에서 0.60퍼센트 사이의 비용을 청구한다. 이것이 웰스바의 수입이다. 투자자는 별개의 ETF 제공자에게 추가로 약 0.20퍼센트의 비용을 지불한다. 15만 달러 미만의 계좌를 보유한 투자자는 연간 약 0.80퍼센트의 총 비용을 지불한다. 15만 달러에서 50만 달러 사이의 계좌를 보유한 투자자는 총 비용으로 0.60퍼센트를 지불한다. 50만 달러가 넘는 계좌를 보유한 사람은 단지 0.40퍼센트만 비용으로 지불한다.

웰스바 웹 사이트에 처음 가입하면 아래와 같은 메시지가 나타난다.

안녕하세요. 저는 웰스바의 투자상담사 데이빗입니다. 웰스바 투자에 대해 궁금한 점이 있으면 무엇이든 저에게 물어보세요.

채팅 상담은 보통 오전 9시에서 오후 5시까지 가능하며 전화 예약을 통해 무엇이든 상담할 수 있습니다.

투자상담사 데이빗은 음성 인식 서비스가 아니다. 그는 실제 사람이다. 네빌 요아네스$^{\text{Neville Joanes}}$는 웰스바의 포트폴리오 운용자이자 최고 준법감시인이다. "웰스바에 로그인하는 모든 사람에게 투자상담사가 배정됩니다."라고 그는 설명한다.

투자상담사는 각 고객의 목표, 저축률, 투자 기간, 보험 필요성, 여러 과세 유예 계좌의 기회 등을 살펴보며 장기적인 투자 플랜을 세운다.

투자자들은 어느 때라도 온라인이나 전화를 통해 계좌 점검 계획을 요구할 수 있다. 그렇게 하기 전에 투자자는 우선 온라인 설문지를 작성한다. 설문지는 저축률, 투자 자산, 보유 계좌 유형, 위험 감수 성향, 연봉 등의 정보란으로 이루어져 있다. 웰스바는 고객이 작성한 응답에 근거하여 적당한 포트폴리오 모델을 보여준다. 의문이 있는 사람은 투자상담사에게 물어볼 수 있다.

─ 호주의 현명한 투자 회사 ─────────

거리에서 호주 사람을 만나면 다음과 같이 물어보라. "호주 주식과 호주 부동산 중 어떤 것이 더 좋은 성과를 냈습니까?" 십중팔구는 부동산 가격이 더 월등한 성과를 냈다고 말할 것이다.

호주 부동산 가격은 확실히 급등했다. 그러나 호주 주식시장 역시 그렇게 초라한 실적을 낸 것은 아니다.

디킨 인문·사회과학대학원의 석사 학위 연구 학생인 필립 수에 따르면 호주의 부동산 가격은 1900년에서 2012년 사이에 인플레이션보다 400배 더 많이 상승했다.

112년의 같은 기간 동안 호주 주식은 인플레이션보다 2200배 더 많이 상승했다. 글로벌프라퍼티가이드닷컴 GlobalPropertyGuide.com 에 의하면 여덟 개의 대도시에서 측정한 평균 주택 가격은 2012년 부터 2016년까지 약 28퍼센트 상승했고 뱅가드의 호주 주식시장 인덱스는 37퍼센트 상승했다.

또 다각화된 인덱스 포트폴리오를 원하는 호주 사람도 뱅가드를 선택할 수 있다. 뱅가드 오스트레일리아는 다섯 개의 라이프 스트래터지펀드를 취급한다. 그들은 펀드를 1년에 한 번 재조정한다.

증가하는 현명한 투자 회사들

몇몇 현명한 투자 회사들이 뱅가드의 아성에 도전하고 있다. 나는 아래에 몇 개의 회사를 열거했다. 서비스에 따라 비용도 다양하다. 그러나 시간이 지날수록 경쟁이 심화되면서 뱅가드를 포함한 여러 회사의 비용은 점차 줄어들 것이다.

회사	연간 비용	자산 대비 연간 추가 비용	펀드 비용률을 포함한 연간 추정 총 비용
스톡스폿	$77	0.528%~0.924%	0.828%~1.224%
이그니션 웰스	$198~$396	0	0.3%
프로어드바이저	$75	0.79%	1.09%
콰이어트그로스	$0	0.40%~0.60%	0.70%~0.90%
뱅가드 라이프 스트래티지펀드	$0	0.35%~0.9%	0.35%~0.9%

〈표 7.4〉에 열거한 각 회사는 ETF 포트폴리오를 설정하고 재조정한다. 투자 금액에 따라 비용은 다르다. 예를 들면 스톡스폿 Stockspot은 1만 달러 미만의 계좌에 대해 처음 12개월 동안은 연간 비용을 청구하지 않는다. 그들은 1만 달러에서 5만 달러 미만의 계좌에 대해서는 연간 0.924퍼센트의 비용을 청구한다. 한편 5만 달러에서 50만 달러 미만의 계좌에 대해서는 연간 0.528퍼센트를 청구한다.

더 자세히 설명하면 스톡스폿은 모든 계좌 보유자에게 연간 77달러의 비용을 청구한다. 그다음에 그들은 매년 계좌 평가 금액의 일정 비율을 고객에게 청구하는데 계좌 규모에 따라 연간 0.528퍼센트에서 0.924퍼센트에 이른다. 펀드 회사들은 보통 ETF

에 대해서 소액을 청구하고, 스톡스폿은 이 돈을 받지 않는다. 이러한 펀드 추정 비용을 모두 합산하면 투자자들은 연간 77달러 외에 계좌 규모에 따라 계좌 평가 금액의 0.828퍼센트에서 1.224퍼센트를 더 지불할 것이다.

이그니션 웰스Ignition Wealth 는 투자 규모가 큰 투자자에게 아주 좋은 거래 조건을 제공한다. 이 회사는 198달러에서 396달러에 이르는 연간 비용을 청구한다. 이그니션 웰스는 계좌 규모에 따라 연간 비용을 청구하지 않는다. 그렇기 때문에 1만 달러 미만의 소액 계좌는 잠식당할 수 있지만 규모가 큰 투자자들에게는 유리할 수도 있다. 이것은 한 친구가 자신의 재규어 스포츠카에 대해 한 말을 상기시킨다. "누구라도 시속 60마일까지는 저를 따라잡을 수 있습니다. 그러나 그 이상 저를 따라잡으려고 하는 사람은 가엾은 사람입니다."

─ 싱가포르의 현명한 투자회사 ─────────

2016년 말 싱가포르에서 로보어드바이저 회사 두 곳이 사업을 시작할 준비를 하고 있었다. 그중 하나가 스마트리Smartly 이다. 그들은 저비용의 ETF 포트폴리오를 설정해줄 것을 약속한다.

이것은 긍정적이고 거대한 움직임이다. 싱가포르인들은 이러한 플랫폼을 이용할 만하다.

그러나 그런 회사들이 지름길을 택하면 누군가는 당할 수도 있다. 그들은 미국 시장의 ETF를 이용할 계획이라고 했는데, 이는 세금 문제 때문에 매우 위험하다. 그 회사들은 싱가포르, 캐나다, 영국, 호주 주식시장에서 거래되는 ETF 포트폴리오를 설정해야 한다. 그 이유는 다음과 같다.

싱가포르인이 미국 자산을 소유한 채로 죽으면 (자산이 미화 6만 달러일 경우) 거액의 미국 상속세를 내야만 한다.

여러분이 어떻게 생각할지 다 들린다. "저는 미국인이 아닙니다. 심지어 미국 증권 회사를 이용하고 있지도 않습니다." 하지만 이것은 중요한 문제가 아니다. 미국 국세청은 "비거주자가 미국 회사의 주식을 소유할 경우 국외증명서를 보유했거나 그 증명서를 명의자 이름으로 등록했다 할지라도 상속세를 납부해야 한다."고 명시하고 있다.

그 세금은 엄청난 액수이다. 18퍼센트에서 시작하여 100만 달러를 초과하는 계좌는 40퍼센트까지 납부해야 한다.

〈표 7.5〉는 세 개의 포트폴리오를 열거하고 있다. 각각은 미국 주식, 해외 주식, 해외 채권에 비슷한 비중으로 투자되어 있다.

〈표 7.5〉 싱가포르인이여, 왜 위험을 감수하는가?

	미국 상속세 납부 의무 가능성 있음	미국 상속세와 관련 없음	미국 상속세와 관련 없음
미국 주식	뱅가드 전체 주식시장 ETF(VTI)	뱅가드 미국 주식시장 ETF(VUN)	뱅가드 S&P500 ETF (VUSA 또는 VUSD)
해외 주식	뱅가드 FTSE 선진국 시장 ETF(VEA)	뱅가드 FTSE 선진국 시장 ETF(VDU)	뱅가드 FTSE 선진국 ETF(VEVE 또는 VDEV)
채권	아이셰어즈 1~3년 해외 국채 ETF(ISHG)	뱅가드 글로벌 (미국 제외)	아이셰어즈 글로벌 정부 채권 UCITS ETF(IGLO)
거래소	미국	캐나다	영국

첫 번째 포트폴리오는 미국 상속세 때문에 투자자가 죽으면 타격을 받을 수 있다. 그러나 다른 두 개의 포트폴리오는 캐나다와 영국 증권거래소에서 ETF가 거래되기 때문에 안전할 것이다.

싱가포르에 이제 생겨나고 있는 로보어드바이저 때문에 여러분의 돈이 위협받지 않도록 하라. 그런 회사를 이용할 경우에는 반드시 ETF 포트폴리오가 미국 증권거래소에서 거래되는지 확인하라.

규칙

· 8

투자상담사의
계략에 맞서라

여러분의 금융플래너는 단지 2주의 학습 과정만 거쳤을 수 있다. 공인 금융플래너 역시 마찬가지이다. 연수만 받으면 자격증을 받을 수 있다. 여러분이 저녁에 꾸준히 독서를 하면 금융플래너보다 재테크에 대해 더 많은 것을 알게 될 것이다.

여러분이 여기까지 읽었다면 스스로 인덱스 계좌를 개설하고 싶을 것이다. 또는 여러분을 위해 이를 개설해 줄 수 있는 유능한 상담사를 만나고 싶을 것이다. 둘 중 무엇이든 간에 여러분은 뮤추얼펀드를 포트폴리오에 포함시킨 투자상담사와 헤어질 생각을 하고 있을 것이다.

하지만 그것은 생각보다 어려울 수 있다. 내 세미나에 참가한 대다수의 투자자들은 인덱스펀드에 투자하기로 결심했지만 모든 사람이 다 그렇게 할 수 있었던 것은 아니다. 인덱스펀드를 하기 위해 많은 사람들이 그들의 투자상담사에게 말했지만 상담사의 유창한 영업 기술 때문에 그들은 꼼짝도 못하고 말았다.

투자상담사에게는 지능적인 전술이 있다. 상담사들은 자신의 전략을 구사한다.

— 투자상담사가 고객에 대항하는 방법 ————

나의 친구나 가족들은 투자 계좌를 개설할 때 나에게 함께 가달라고 요청한다. 그러면 나는 시장과 시장의 작동 구조, 인덱스 투자의 이점에 대해 그들에게 간단히 설명한다. 또한 뮤추얼펀드 투자와 관련한 모든 연구가 하나의 결론에 이른다는 점을 말해준다. 주식시장에서 성공 확률을 최고로 높이기 위해서는 비용이 낮은 인덱스펀드가 핵심이라는 점 말이다.

우리가 은행이나 금융서비스 회사에 가서 투자상담사 맞은편에 앉으면 상담사들은 대개 자신의 뮤추얼펀드 선정 능력이 얼마나 뛰어난지 자랑한다. 만약 우리가 인덱스펀드의 장점에 대해 거론하기 시작하면 상담사는 곧바로 인덱스펀드에 반대하는 그만의 영업 화술을 무기로 꺼내 든다.

물론 그들의 무기는 자신의 주머니와 회사로 돈이 들어가도록 그들이 필사적으로 준비한 말이다. 여러분이 이 말에 대처할 준비가 되어 있다면 그들의 공격에 견딜 가능성은 더 높아진다. 잊지 말아야 한다. 투자 금액은 여러분의 돈이지 그들의 돈이 아니다. 상담사의 반박은 아마 다음과 같을 것이다.

인덱스펀드는 시장이 하락할 때 굉장히 위험한 펀드입니다. 뮤추얼펀드

운용자들은 시장이 하락할 때 모든 돈을 주식시장에 넣어두지 않습니다. 그러나 주식시장 인덱스는 주식시장 수익률과 100퍼센트 연계되어 있습니다.

이것이 영업 직원이 고객을 두려움으로 몰아넣는 핵심이다. 그들은 주식시장이 하락하기 전에 재빨리 자산을 매도해서 시장이 폭락기에 접어들어도 돈을 잃지 않을 수 있다고 자랑한다. 또한 시장이 안전한 것처럼 보일 때 다시 이익의 파도를 탈 수 있도록 주식을 매수할 수 있다고도 말한다.

이 모든 것이 훌륭한 영업 이론으로 보이지만 그들은 결코 시장 매매시점을 맞힐 수 없다. 그리고 숨겨진 비용은 여러분에게 타격을 준다. 여러분의 상담사에게 최근 어느 해 주식시장이 가장 크게 하락했는지 말해보라고 하라. 그들은 아마 2008년이라고 할 것이다. 그렇다면 그들에게 2008년에 대부분의 적극적 운용 펀드가 전체 주식시장 인덱스를 능가했는지 물어보라. "그렇습니다."라고 그들이 대답한다면 여러분은 거짓을 목격한 셈이다. 2009년 〈월 스트리트 저널〉에 인용된 스탠더드 앤드 푸어스Standard & Poor's의 연구는 우리에게 진실을 말해준다. 최악의 시장 하락기 중 한 해인 2008년에 거의 대다수의 적극적 운용 펀드가 주식시장 인덱스에 패배했다. 적극적으로 운용하는 펀드운용자가 적시에 시장에서 빠져나오지 못했다는 것은 분명하다.

더구나 주식시장 인덱스펀드는 포트폴리오의 일부라는 점을 기억해야 한다. 제5장에서 읽었듯이 현명한 투자자는 자신의 포트폴리오를 채권 인덱스로도 조정한다.

인덱스펀드로 시장보다 더 좋은 실적을 낼 수 없습니다. 인덱스펀드는 단지 평균 수익률을 낼 뿐입니다. 우리에게는 최고의 펀드를 여러분에게 선정해줄 수 있는 팀이 있습니다. 그런데 왜 평범한 실적밖에 내지 못하는 인덱스펀드를 선택하려는 겁니까?

나는 이 말을 많은 상담사에게서 들었다. 이 이야기를 들으면 나는 미소부터 짓는다. 보통의 뮤추얼펀드에 이와 관련된 비용(비용률, 12B1 수수료, 트레이딩 비용, 세금, 판매수수료)이 없다면 영업 직원의 말이 옳을 것이다. 전체 주식시장 인덱스펀드의 수익률은 평균과 상당히 비슷할 것이다. 장기적으로 볼 때 전 세계 적극적 운용 펀드의 거의 절반이 세계 주식시장 인덱스를 능가할 것이다. 하지만 다른 한편에서는 전 세계 펀드의 거의 절반이 인덱스에 뒤질 것이다. 그러나 실제 그런 일이 일어나기 위해서 우리는 다음과 같은 환상의 세계에 살아야만 한다.

1. 여러분의 상담사는 무료로 일을 한다. 그 혹은 회사에게 어떤 판매수수료도 지불하지 않는다. 착한 요정이 그의 모기지 대출금, 식비, 휴가, 다른 세속적인 경비를 다 지불해준다.

2. 펀드 회사는 조금도 돈을 벌지 못한다. 그들은 자선 단체이다.

3. 조사 담당자들은 무료로 일을 한다. 박애주의자인 그들은 그들의 시간과 노력을 인류에게 할애한다.

4. 뮤추얼펀드를 매매하는 펀드운용자들은 무료로 일을 한다. 그들은 모회사에 헌신하며, 다른 사람들이 월급을 받고 일하는 동안 주식과 채권 트레이딩을 무료로 진행한다.

5. 정부는 국민들의 과세 의무를 포기한다.

위와 같은 환상적인 시나리오가 실현되면 뮤추얼펀드와 전체 주식시장 인덱스펀드는 매우 흡사한 성과를 보일 것이다. 그러나 현실에서 이러한 주장을 하는 상담사들은 잘 차려입은 피노키오이거나, 지구는 납작하다는 고정관념을 여전히 버리지 못한 선원일 것이다.

그러나 끈질긴 영업 직원은 여기에서 포기하려 하지 않는다. 여러분은 다음으로 이런 말을 들을지도 모른다.

저는 인덱스펀드를 능가하는 많은 뮤추얼펀드를 추천할 수 있습니다. 우리는 여러분에게 오직 최고의 펀드만을 제공할 것입니다.

지난 15년간의 골프선수권대회 우승자 명단을 보면서 다음과 같이 말하는 것은 꽤 쉬운 일이다. "자, 이들이 지난 15년 동안의 우승자입니다. 이 사람들은 다음에도 우승할 가능성이 크기 때문에 저는 다음 15년 동안 우승할 사람을 선정할 수 있습니다. 여기에 여러분의 돈을 걸겠습니다."

연구 자료에 의하면 과거 매우 좋은 실적을 냈던 펀드는 계속해서 시장보다 더 좋은 실적을 내지 못한다.

모닝스타의 뮤추얼펀드 평가 시스템 결과를 한번 보라. 전 세계에서 모닝스타보다 더 많은 뮤추얼펀드 자료를 갖고 있는 곳은 없다. 여러분의 투자상담사가 모닝스타보다 더 많은 것을 알고 있지 않다는 사실은 확실하다. 그러나 제3장에서 서술했듯이 탁월하면서도 일관된 실적으로 모닝스타가 최고 점수를 준 펀드들은 일반적으로 그 이후 수년 동안 주식시장 인덱스펀드에 계속 뒤진다.

심지어 모닝스타도 이 모순을 깨닫고 있다. 조사 책임자인 존 리켄세일러John Rekenthaler 는 〈인 더 뱅가드In the Vanguard 〉 2000년 가을 판에서 "공정하게 말하면 저는 여러분이 모닝스타의 등급 평가에 큰 관심을 기울이고 싶지 않을 거라고 생각합니다."라고 말했다.

모닝스타조차 미래의 최고 뮤추얼펀드를 선정할 수 없는데 과

연 금융플래너가 과거 실적으로 여러분을 현혹시키는 것이 가능하겠는가?

여러분이 누군가를 약 올리기 좋아하는 부류의 사람이라면 펀드상담사에게 다음과 같이 응수해보라.

참 대단합니다. 이 모든 것이 지난 15년 동안 인덱스펀드를 앞섰군요. 그럼 이제 당신이 지난 15년간 개인적으로 투자한 투자 명세서를 저에게 보여주십시오. 당신이 그 당시에 이 상위 펀드를 모두 소유했다는 것을 증명한다면 제 모든 돈을 당신에게 투자하겠습니다.

이것은 아마 조금 야비할지도 모른다. 그의 포트폴리오에서 과거 최고의 뮤추얼펀드 중 그 어느 것도 볼 수 있을 것 같지 않다.

펀드상담사가 꽤 집요하다면 그는 다음과 같이 말할 것이다.

저는 전문가입니다. 저는 글로벌 경제 변동에 민감하게 반응하며 펀드에서 펀드로 당신의 돈을 옮기고, 뛰어난 펀드운용자를 활용하여 인덱스펀드를 쉽게 앞설 수 있습니다.

그런 사람에 대해 생각만 해도 소름 끼친다. 많은 상담사들은 자신이 경제 흐름을 잘 알고 있기 때문에 항후에 닥칠 기회와 재난을 예측할 수 있다고 여러분이 믿게 만들 것이다. 그들은 자신의 현명함 덕분에 인덱스 포트폴리오보다 더 좋은 실적을 낼 수 있다고 말할 것이다.

그러나 투자 수완 면에서 중개인과 투자상담사는 밑바닥을 차지하고 있다. 맨 꼭대기에는 각종 운용자가 있다. 미국의 한 재테크 평론가가 지적하듯이 대부분의 투자상담사는 '줄무늬 양복을 입은 영업 직원'일 뿐이다.

여러분의 금융플래너는 단지 2주의 학습 과정만 거쳤을 수 있다. 공인 금융플래너 역시 마찬가지이다. 기껏해야 1년의 증권 회사 영업 경험과 6개월이 채 안 되는 (투자 상품, 보험, 금융 계획에 대한) 연수만 받으면 자격증을 받을 수 있다. 여러분이 저녁에 꾸준히 독서를 하면 금융플래너보다 재테크에 대해 더 많은 것을 알게 될 것이다. 그들은 판매를 해야 하고 믿음을 쌓아야 한다. 이런 기술이 그들의 일 중 가장 큰 부분이다.

중재 변호사인 대니얼 솔린이 《중개인이 여러분에게 빚지고 있는가Does Your Broker Owe You Money》라는 책을 쓰고 있을 때 한 중개인이 그에게 다음과 같이 말했다.

새로운 중개인을 훈련시킬 때는 단지 증권을 매매하는 방법을 가르치고 보험에 대해 알려주면 됩니다. 저는 이에 대해 3개월 동안 배웠습니다.

자산 배분이나 포트폴리오 다각화에 대해 배우고 싶다면 개인 시간에 알아서 공부해야 합니다.

이는 모든 연령의 투자자들이 대부분 채권을 갖고 있지 않은 이유를 설명해준다. 투자상담사들은 보통 영업 직원으로 훈련받기 때문에 투자 계좌를 주식과 채권으로 다변화하는 방법을 배우지 못할 수 있다.

미국의 투자 전문 저자인 윌리엄 번스타인은 대부분의 투자상담사 훈련에 이러한 과정이 빠져 있다는 점에 공감하고 있다. 그는 2002년 발표한 책《투자의 네 기둥The Four Pillars of Investing》에서 투자하는 사람은 누구나 두 권의 고전을 읽어야 한다고 말했다.

· 버턴 말킬의《랜덤워크 투자수업》
· 존 보글의《뮤추얼펀드 상식》

그는 "이 두 권의 책을 다 읽으면 여러분은 중개인의 99퍼센트보다 투자에 대해 더 많은 것을 알게 될 것입니다."라고 말했다. 내가 본 바에 의하면 그의 말은 옳다.

친한 친구인 데이브 알파위키와 내가 2004년 브리티시컬럼비아주의 화이트록에 있는 은행에 갔을 때 우리는 뮤추얼펀드를 판매하는 한 젊은 여자를 만났다. 데이브는 인덱스 계좌를 개설하고 싶어 했고 나는 단지 데이브를 따라 그곳에 갔다. 그런데 상담사의 지식이 너무 부족했기에 나는 그녀에게 어떤 자격증이 있으며 그것을 따는 데 얼마나 걸렸는지를 물었다. 그녀는 뮤추얼펀드를 판매하기 위해 한 펀드 교육 과정을 이수했다고 했다. 그 과정을 마치기 위해서는 풀타임으로 3주간의 공부가 필요했지만 그녀와 그녀의 동료들은 속성으로 2수 만에 끝냈다고 했다. 이 과정을 이수하기 전에 그녀는 투자에 대해 전혀 알지 못하는 상태였다.

1년 후 나는 어머니의 투자 계좌 개설을 돕기 위해 또 다른 캐나다 은행에 갔다. 나와 어머니는 50퍼센트의 주식 인덱스와 50퍼센트의 채권 인덱스를 보유하고 싶었다. 물론 상담사는 여느 때처럼 그렇게 하지 않는 것이 좋다고 우리를 설득하려 했다.

그러나 자신보다 내가 투자에 대해 더 많이 알고 있다는 사실을 깨닫자, 그는 마침내 실토했다. 그때의 이야기를 쉽게 풀어 쓰면 다음과 같이 충격적이다.

먼저 우리는 고객의 상황을 파악합니다. 이를 통해 고객이 투자에 대해 잘 모른다고 느끼면, 우리는 재간접펀드 fund of funds 를 추천합니다. 이것은 주식에 투자하는 펀드에 재투자를 하는 펀드로, 일반 뮤추얼펀드보다 조금 더 비싼 경향이 있습니다. 재간접펀드는 투자에 대해 아는 것이 없는 사람들에게만 판매 효과가 있습니다.

투자자가 조금 더 영리해 보이면 우리는 은행이 자체 브랜드로 운용하는 뮤추얼펀드를 권합니다. 하지만 이것으로는 은행이 많은 돈을 벌지 못하기에, 우리는 먼저 다른 상품들을 강력하게 추천합니다.

어떤 상황에서도 은행은 인덱스펀드를 고객에게 권하지 않습니다. 투자자가 인덱스펀드를 요청하면 거절할 명분이 없기에 오직 그런 경우에만 인덱스펀드 가입을 진행합니다.

나는 그녀가 솔직하게 이야기를 해준 데에 감사함을 느꼈다. 대화가 끝날 무렵에 상담사는 인덱스펀드에 대한 책을 추천해달라고 나에게 부탁했고, 그녀는 많은 책의 제목을 기꺼이 받아 적었다. 적어도 그녀는 자신의 돈에 신경 쓰는 모습이 역력했다.

3년 후 같은 은행의 다른 직원이 어머니에게 전화했다. 그는 "당신의 계좌는 너무 위험합니다. 당신을 위해 몇 가지를 조정할 테니 은행에 방문해주십시오."라고 말했다.

다행히 어머니는 전혀 동요하지 않았다. 투자의 50퍼센트가 채권 인덱스에 들어 있었기 때문에 그 계좌는 전혀 위험하지 않았다. 그러나 그 계좌는 은행의 수익에 아무런 도움이 되지 않을 것이다.

투자상담사에게 재무학이나 무역학 또는 경영학 학위가 있다는 걸 알게 되면 잠시 기다려라. 그리고 그 분야를 전공한 다른 누군가를 만나 이렇게 물어보라. "대학교에서 공부할 때 당신은 뮤추얼펀드나 인덱스펀드에 대해 공부했습니까? 부를 축적하는 방법이나 퇴직에 대비해서 어떻게 개인 투자 포트폴리오를 구축해야 하는지를 배웠습니까?" 역설적이게도 대답은 "아니오."일 것이다. 그러니 학위가 있다고 해서 속지 마라.

대부분의 중개인과 상담사들은 높은 연봉을 받는 영업 직원일 뿐이다. 미국에서 중개인은 평균적으로 1년에 거의 15만 달러를 번다. 그들은 미국 임금 소득자 중 상위 5퍼센트 안에 든다. 변호사나 1차 진료를 담당하는 의사, 엘리트 대학의 교수보다도 더 많이 번다. 적극적 운용 펀드를 추천하는 상담사들은 영양사를 가장한 담배 판매원과 같다.

투자상담사는 왜 거짓말을 하는가?

하버드 대학교 경제학자인 센딜 멀레이너선 Sendhil Mullainathan, 함부르크 대학교의 마르쿠스 뇌스 Markus Noeth 등은 〈금융 자문 시장〉이란 연구 자료를 발간했다.

그들은 연구를 위해 배우를 고용한 뒤 50만 달러짜리 가짜 포트폴리오를 만들어 투자상담사에게 찾아가 자문을 받도록 했다. 일부 포트폴리오는 저비용의 인덱스펀드로 이루어져 있었다. 배우들은 5개월에 걸쳐 보스턴 지역에서 투자상담사를 거의 300번 방문했다.

대부분의 상담사는 인덱스펀드 포트폴리오를 보고 콧방귀를 뀌었다. 85퍼센트의 상담사가 뮤추얼펀드가 더 좋다고 말했다. 소설가 업턴 싱클레어 Upton Sinclair 가 오래전에 말했듯이 어떤 사람이 받는 월급이 '이해 못할 것'에서 나오고 있다면, 그 사람에게 뭔가를 이해시키는 건 어려운 일이다.

2006년 캐슬린 D. 보스 Kathleen D. Vohs , 니콜 L. 미드 Nicole L. Mead , 미란다 R. 구드 Miranda R. Goode 는 〈돈의 심리학적 영향〉이라는 연구 자료를 발간했다. 이 연구는 돈이 우리를 이기적으로 만든다는 것을 보여주었다. 실험 참가자들은, 실험 참가자로 가장한 사람 한 명과 모노폴리 보드게임을 했다. 게임이 끝난 후 어떤 경우에는 거액의 모노폴리 판돈이 테이블에 남아 있었고 다른 경우에는 소액이 남아 있거나 판돈이 하나도 남아 있지 않았다.

이 시점에서 누군가 방으로 들어와 연필 한 박스를 떨어뜨렸다. 이것은 실험 참가자들이 연필 줍는 일을 도와주는지를 확인하기 위해 꾸며진 실험이었다. 실험 결과, 거액의 판돈이 테이블에 남아 있던 실험 참가자들이 연필을 가장 적게 주웠다.

다른 실험에서는 실험 참가자로 가장한 사람이 어떤 문제로 힘든 시간을 보내고 있다고 이야기했다. 마음이 돈으로 각인된 사람들은 큰 도움을 주지 않은 반면, 돈에 주입되지 않은 사람들은 이와 반대로 행동했다.

상담사에게 인덱스펀드 포트폴리오를 설정해달라고 요구해보라. 이 실험의 결과는 당신의 경험으로 더욱 분명해질 것이다.

최고의 투자 전문가도
인덱스펀드를 한다

상담사와 중개인은 금융 지식의 계층구조에서 맨 밑바닥에 위치하고 있다. 맨 꼭대기에는 헤지펀드 운용자, 뮤추얼펀드 운용자, 연금펀드 운용자가 있다.

국제재무분석가(CFA)로서 자금 관리에서 가장 높은 수준의 자격증을 소지한 연금펀드 운용자는 원하는 것을 마음대로 매수할 수 있다. 이들은 정부와 기업의 거액 퇴직 자금을 운용한다. 틀림없이 그들은 최고 중의 최고일 것이다.

연금펀드 운용자는 주식시장과 경제에 정통하다. 그들은 원하는 곳에 투자할 수 있다. 일반적으로 그들은 특정 지역이나 주식의 종류에 구애받지 않는다. 세상은 그들의 돈벌이 대상이다. 유럽 주식에 뛰어들고 싶으면 그렇게 한다. 새로운 기회가 소형주에 있다고 생각되면 그들은 그것을 되도록 많이 매수한다. 주식시장이 단기적으로 크게 하락할 것이라고 생각하면 그들은 일부 주식을 매도하고 그 대신에 더 많은 채권을 매수하거나 현금을 보유한다.

하지만 일반적인 금융플래너는 연금펀드 운용자만큼 지식이 풍부하지 않다. 그럼에도 불구하고 대부분의 상담사는 연금펀드 운용자처럼 자신이 경제에 매우 정통하므로 아주 좋은 뮤추얼펀드를 찾아 매수할 수 있다는 생각으로 여러분의 자산을 매도하려고 할 것이다. 경제가 언제 무너지며 어떤 주식시장이 상승할지 알고 있다고 여러분에게 말할 수도 있다. 또 금, 은, 소형주, 대형주, 석유 주식, 소매 주식이 이번 분기나 올해 또는 10년 안에 좋은 실적을 낼 것인지를 알고 있다고 말할지도 모른다.

그들은 허풍으로 가득 차 있다.

연금펀드 운용자들은 돈 버는 것에 대해 투자상담사나 중개인 보다 더 많은 것을 알고 있을 가능성이 높다. 그리고 대부분의 연금펀드 운용자는 돈을 60대 40으로 나누어 60퍼센트는 주식에, 40퍼센트는 채권에 투자한다. 또한 대기업 연금펀드의 경우 소액 투자자보다 더 낮은 수수료를 지불한다. 자본 차익에 대한 세금 역시 내지 않아도 된다.

더 낮은 비용과 세금 혜택, 그리고 펀드운용자의 투자 수완을 고려하면 미국의 연금펀드가, 주식에 60퍼센트, 채권에 40퍼센트로 배분한 인덱스 포트폴리오를 쉽게 능가하리라는 생각이 들 것이다. 그러나 이는 사실이 아니다.

미국의 컨설팅 회사인 퓨처메트릭스FutureMetrics는 1988년에서 2005년까지 미국 주요 기업 192개의 연금 플랜 실적을 연구했는데, 60퍼센트의 S&P500 인덱스펀드와 40퍼센트의 중급 회사채 인덱스펀드로 이루어진 포트폴리오보다 더 좋은 실적을 보인 연금펀드는 30퍼센트도 되지 않았다.

대부분의 연금펀드 운용자들이 인덱스 포트폴리오를 능가할 수 없다면 여러분의 금융플래너의 가능성은 대체 어느 정도인가?

이 말을 들은 투자상담사는 여러분을 혼란시키기 위해 빙글빙글 돌려서 말을 하거나 필사적으로 자신의 자존심과 싸울 것이다.

상담사가 후자라면 그는 이런 말을 할 것이다. "그것이 그렇게 쉬우면 왜 모든 연금펀드가 인덱스 투사를 하시 않는가?"

연금펀드 운용자들은 매우 낙천적이다. 그들 중 많은 이들이 60퍼센트의 주식 인덱스와 40퍼센트의 채권 인덱스로 이루어진 포트폴리오를 능가하기 위해 노력한다.

그러나 그들은 어리석지는 않아서 연금펀드 중 많은 부분을 인덱스에 투자해 수익을 극대화시킨다.

《새로운 커피하우스 투자자The New Coffeehouse Investor》의 저자인 미국의 투자상담사 빌 셜시스Bill Schultheis에 의하면 워싱턴주 연금펀드는 주식시장 자산의 100퍼센트, 캘리포니아주는 86퍼센트, 뉴욕주는 75퍼센트 그리고 코네티컷주는 84퍼센트를 인덱스에 투자하고 있다.

그러나 95퍼센트의 개인 투자자는 뮤추얼펀드를 매수하고 있다. 자료의 존재를 모르는 투자상담사들은 돈줄을 놓치지 않기 위해 현실을 왜곡한다. 이로써 대부분의 사람들은 퇴직 자금의 절반

이상을 수수료, 세금, 어리석은 시장 매매 시점 예측으로 낭비하고
있다.

인덱스펀드를 유지하는 것은 지루할지도 모른다. 그러나 그것
은 상어의 미끼가 되는 것을 피할 수 있도록 도와주며 주식시장과
채권시장을 통해 부자가 될 수 있는 최선의 가능성을 안겨준다.

왜 피델리티 직원들은 피델리티를 고소했는가?

피델리티는 세계 최대의 뮤추얼펀드 회사 중 하나이다. 대부분의 펀드는
적극적 운용 펀드이다. 그러나 그들도 인덱스펀드를 제공한다. 2012년에
나는 친구 패티 스맬돈이 피델리티의 저비용 인덱스펀드 포트폴리오를 설
정하는 걸 도와줬다. 3년 후 피델리티의 직원이 패티에게 연락했다. 패티는
"직원이 투자 금액을 적극적 운용 펀드로 옮겨야 한다고 말했어. 그것이 더
좋은 성과를 낼 것이라고 했지."라고 말했다.

여러분이 이해 상충의 사례를 원한다면 다음의 이야기가 아주 탁월한 사례
가 될 것이다.

피델리티의 직원은 인덱스펀드 투자를 선호한다. 그러나 이 회사의 퇴직연
금은 적극적 운용 펀드로 채워져 있다. 이에 대해 2013년, 피델리티의 직원
들은 회사를 맹렬히 비난했다. 직원을 희생해서 이득을 취하려 한다며 피
델리티를 고소했다.

당시 회사 대변인은 "소송은 완전히 쓸모없는 짓이라고 믿습니다. 회사는

그것에 대해 강력히 방어할 것입니다. 피델리티는 직원의 퇴직 계획에 큰 공헌을 하는 매우 훌륭한 복리 후생 제도를 갖고 있습니다."라고 말했다.

그러나 피델리티는 이 전쟁에서 졌다. 2014년 8월에 CNN은 "피델리티는 집단 소송을 해결하기 위해 1200만 달러를 지불하기로 합의했다. 이 소송에서 직원들은 회사가 고비용의 펀드 옵션을 제공하고 펀드 규모 대비 지나치게 높은 비용을 청구함으로써 직원들을 희생시켜 이익을 보고 있다고 주장했다."라고 보도했다.

내 친구 패티에게 연락한 피델리티 직원은 어떻게 됐을까? 그는 과연 편하게 잘 자고 있을까?

─ 직원들을 위한 구글의 경제 교육법 ─────────

예일 대학의 기부금펀드 운용자인 데이비드 스웬슨은 뮤추얼펀드 업계가 개인 투자자를 착취하는 행위를 정부 차원에서 막아야 한다고 말한다. 미국의 적극적 운용 펀드 중 일부는 세계에서 비용이 가장 낮다. 캐나다, 영국, 호주, 싱가포르의 비용은 미국보다 더 높다.

그러나 정부의 규제를 기다리고 있을 수만은 없다. 착취를 막을 가장 좋은 무기는 교육이다. 여러분은 이에 대해 고등학교에서 배우지 않았을지 모르지만 운이 좋게 현재는 배우고 있는 중이다.

교육으로 조치를 취한 사람 중에는 구글의 부사장인 조나단 로 젠버그Jonathan Rosenberg가 있다.

2004년 8월 구글 주식을 증권거래소에서 매수할 수 있게 되었다. 이미 구글 주식을 보유한 많은 구글 직원들은 주가가 치솟으며 하룻밤 사이에 백만장자가 되었다.

구글 직원이 계속해서 돈벼락을 맞자 많은 회사와 금융플래너들이 구글로 몰려들었다. 그들은 피 냄새에 끌린 상어들처럼 본사에 들어가기를 열망하며 구글을 둘러쌌다. 신흥 갑부가 된 직원들에게 뮤추얼펀드를 판매하기 위해서였다.

구글의 고급 간부들은 금융플래너가 회사 안으로 들어오기 전에 초청 강연을 열었다.

2008년 〈샌프란시스코San Francisco〉에 그 이야기를 쓴 마크 도위 Mark Dowie에 의하면 첫 번째로 강연을 한 사람은 1990년 노벨 경제학상 수상자인 스탠포드 대학의 윌리엄 샤프였다. 그는 직원에게 적극적으로 운용하는 뮤추얼펀드를 피하라고 조언하며 다음과 같이 말했다. "시장을 이기려고 하지 마세요. 여러분의 돈을 인덱스펀드에 맡기십시오."

일주일 후 버턴 말킬이 도착했다. 그는 직원들에게 인덱스펀드로 이루어진 포트폴리오를 구축하라고 촉구했다. 1970년대 초부터 뮤추얼펀드를 연구한 그는 장기적으로 인덱스를 능가할 적극적 운용 펀드를 고르는 것이 불가능하다는 사실을 굳게 믿었다.

그다음으로 직원들은 운이 아주 좋게도 존 보글의 강연을 들었다. 존 보글은 평범한 사람의 옹호자로 비영리 투자 회사 뱅가드를 창립한 투자 천재이다. 그가 전달하는 메시지도 같았다. 구글이란 커다란 뗏목 주위에서 헤엄치고 있는 중개인과 투자상담사의 목적은 단 하나 '높은 수수료'라는 것이다.

상어들이 마침내 뗏목에 접근했을 때 구글 직원들은 완전 무장한 채 매력적인 상담사를 물리쳤다.

나는 여러분이 구글 직원과 똑같이 할 수 있기를 바란다. 여러분의 돈이 인덱스펀드에 투자되어 있지 않으면, 여러분의 담당 상담사가 이해 상충의 문제에 직면해 있다는 것을 눈치채야 한다. 그런 경우 상담사에게 인덱스에 대해 어떻게 생각하는지 묻는 것은 시간 낭비이다.

인덱스펀드 세미나를 진행하면서 나는 이런 말을 자주 듣는다. "인덱스펀드에 대해 상담사에게 물어보겠습니다." 그것은 마치 맥도널드 사장에게 버거킹에 대해 말해달라고 요구하는 것과 같다. 그들은 여러분이 와퍼 근처에도 가지 않기를 원할 것이다.

2004년 〈블룸버그 비즈니스위크Bloomberg Business Week〉를 통해 하버드 대학 기부금펀드의 대표 잭 마이어Jack Meyer는 다음과 같이 말했다.

투자 사업은 거대한 사기판입니다. 이것은 거래 비용과 수수료로 매년 수십억 달러를 낭비하고 있습니다. 대부분의 사람들은 시장을 능가할 수 있는 펀드운용자를 찾을 수 있다고 생각하지만 틀렸습니다. 여러분은 단지 인덱스펀드를 보유하면 됩니다. 이를 의심하지 마십시오.

인덱스펀드에 투자하는 것은 투자 성공의 가능성을 가장 높일 수 있는 방법이다.

불행하게도 어떤 투자자들은 자신이 훨씬 더 색다른 방법으로 인덱스 포트폴리오를 능가할 수 있다고 생각한다. 하지만 그런 생각은 큰 대가를 치른다. 다음 장에서 그 결과를 개괄적으로 살펴보겠다.

수많은 유혹을
피하라

투자 뉴스레터는 어떠한가? 아름답게 포장된 수많은 약속을 뉴스레터에서

발견할 수 있다. 그들은 그들이 선별한 수익률을 자랑하며 경험이 없는 투

자자의 입에서 군침이 나도록 유혹한다.

금융 자산을 관리할 때는 사기에 걸려들지 않도록 조심해야 한다. 물론 대다수의 전문 투자자를 이기는 법을 배우기는 쉽다. 인덱스펀드에 투자하면 된다. 그러나 어떤 이들은 시장을 확실하게 능가할 더 좋은 펀드를 찾을 생각에 다른 길로 빠지기도 한다.

새로운 투자 전략으로 성공하면 최악의 사태가 발생할 수 있다. 1년, 3년, 5년 동안 일이 잘 풀리면 그 투자 전략을 다시 활용하려는 유혹에 빠져 또 다른 위험을 부담하게 된다. 그래서 겉보기에는 괜찮은, 잘못된 돈의 유혹을 억누르는 것이 중요하다. 그곳에 고통의 세계가 있고 여러분을 돈에서 멀어지게 하려고 열성을 쏟는 악마가 있다. 이 장에서 나는 마케팅 담당자가 사용하는 솔깃한 전략을 설명할 것이다. 운이 좋으면 여러분은 그것을 피할 수 있다.

– 유혹에 넘어가버린
나의 가장 어리석은 투자 —————

어리석은 투자 결정에 관한 경험이 하나도 없는 투자자는 아마 없을 것이다. 그래서 나는 소매를 걷어붙이고 여러분에게 내가 한 가장 어리석은 투자 결정에 대해 말할 것이다. 그것은 여러분이 비슷한 잘못을 저지르지 않도록 도와줄 것이다.

1998년 내 친구 한 명이 나에게 인스타캐시 론스^{Insta-Cash Loans} 투자에 관심이 있는지를 물었다. "이 기업은 연간 이자로 54퍼센트를 지불한다네. 그리고 이미 이자를 받고 있는 몇몇 사람을 알고 있어."라고 그는 은밀히 말했다.

이때 높은 이자율을 경고 신호로 받아들였어야 했다. 그 무렵 나는 월드컴^{WorldCom}과 같은 기업이 발행하는 높은 이자율의 위험에 대해 읽고 있었다. 당시 월드컴의 회사채 수익률은 8.3퍼센트였다. 4퍼센트가 정상적인 기업 환경에서 채권에 대한 이자로 8.3퍼센트를 지급한다는 것은 지하실에서 화재가 발생하여 골칫거리가 되고 있다는 뜻이었다. 월드컴이 채권을 발행한 지 얼마 되지 않아서 곧 파산 선언을 했다. 이 회사는 채권 이자를 지급하기 위해 은행에서 돈을 차입하고 있었던 것이다.

내 친구가 이야기한 투자 유망 기업의 54퍼센트 연간 수익률은 월드컴의 과속 방지턱과 비교하면 에베레스트와 같은 이자였다. 나는 당연히 두려웠다.

"인스타캐시 론스가 자네에게 정말로 54퍼센트 이자를 지불하고 있는 게 아닐 거야. 자네가 회사에 1만 달러를 주고 회사가 연말에 이자로 5400달러를 지급하면 자네는 투자한 금액의 절반만 받는 셈이지. 그 회사가 1만 달러를 가지고 말레이시아로 사라져버리면 자네는 4600달러를 잃고 말 거야."라고 나는 말했다.

이 회사는 완전히 미친 것처럼 보였다. 그러나 훨씬 더 미친 건 내가 마침내 마음을 바꾸었다는 것이다.

첫해가 지나서 내 친구는 54퍼센트의 이자를 받았다고 나에게 말했다. "그렇지 않아. 자네의 투자금은 증발할 수 있어."라고 나는 주장했다.

다음 해 그는 다시 54퍼센트의 이자를 받았는데 정기적으로 지급되어 은행 계좌 저축금으로 매월 4.5퍼센트씩 들어갔다.

나는 여전히 그것이 사기라고 생각했지만 내 확신은 점점 힘을 잃어가고 있었다. 이제 그가 받은 돈은 처음에 회사에 준 것보다 더 많았다.

그는 인스타캐시 론스에 대한 투자를 8만 달러로 늘렸고, 회사는 그에게 연간 이자로 4만 3200달러를 지불했다.

퇴직자였던 그는 이 이자로 전 세계를 여행했다. 그는 아르헨티나, 태국, 라오스, 하와이에 갔는데 이 모든 것이 멋진 투자 덕분에 가능했다.

5년 쯤 지난 후 그는 나에게 이 회사의 대표인 대릴 클라인^{Daryl} ^{Klein}을 만나보라고 설득했다. 나는 어떻게 인스타캐시 론스가 투자자에게 매년 54퍼센트의 이자를 지불할 수 있는지 알고 싶었다.

나는 이 투자에 흥미를 보이는 한 친구와 함께 본사로 차를 몰았다. 대릴 클라인의 사무실 앞에 차를 세우고도 나는 의심쩍은 생각을 떨칠 수가 없었다. 그는 구겨진 셔츠를 입고 담배를 손에 든 채 길 위에 서 있었다.

우리는 대릴의 사무실로 들어갔고 그는 회사에 대해 설명했다. 처음에 그는 전당포를 열려고 했지만 자동차를 담보로 자금을 대출하는 사업이 수익성 측면에서 더 좋다는 것을 알고 인스타캐시 론스를 설립했다고 했다.

대화 형식으로 재구성하면 그는 다음과 같이 말했다.

저는 단기 소액 대출을 받을 수 없는 사람에게 대출을 해줍니다. 예를 들어 어떤 사람은 부동산 중개인이 집을 팔아 곧 돈이 들어온다는 사실을 알지만, 지금 당장 새로운 스테레오를 사고 싶어 해요. 그런데 신용카드는 한도를 초과했다면 저에게 현금을 빌리러 오는 것이지요.

"이것이 어떻게 가능합니까?" 나는 자세히 알고 싶어서 물었다.

그가 아무 문제 없는 차의 소유권을 저에게 넘기면 저는 그에게 돈을 빌려줄 것입니다. 그 차는 담보일 뿐입니다. 그는 그 차를 계속 몰 수 있지만 소유주는 접니다. 저는 그에게 저당 수수료와 함께 높은 이자를 청구하고 그가 대출금을 상환하지 못하면 합법적으로 그 차를 가져갑니다. 그가 대출금을 상환하면 저는 차의 소유권을 다시 돌려줍니다.

나는 "그들이 차를 가지고 달아나면 어떻게 합니까?" 하고 물었다.

저는 훌륭한 퇴직 여성들을 고용하고 있는데 그녀들은 이런 차를 추적하는 데 아주 뛰어난 능력이 있습니다. 한 사람이 대출금을 상환하지 않고 대륙을 쭉 가로질러서 차를 몰고 가버린 적이 있습니다. 그때 이 여성들 중 한 사람이 그가 (대릴 사무실에서 비행기로 약 6시간이 걸리는) 온타리오에 있다는 것을 알고 그 사람이 알기도 전에 차를 찾아내 압수했습니다. 마지막에 우리는 그에게 대출금 이자를 포함해서 그 차의 수송비까지 청구서로 정리해 보냈습니다.

그것은 꽤 효율적인 사업 경영인 것 같았다. 그러나 나는 그 사람이 감정이 있는 사람인지를 알고 싶었다. "이봐요 대릴, 돈을 갚지 않은 사람을 용서한 적이 있습니까?" 하고 나는 물었다.

대릴은 미소를 지으며 가족 캠핑카를 담보물로 이용해 그에게 돈을 빌린 한 여자의 이야기를 했다. 그녀는 대출금을 상환하지 못했지만 대릴이 그 캠핑카를 갖는 것은 공정하지 않다고 생각했다. 그녀의 남편은 그 대출에 대해 전혀 모르는 상태였다. 그는 변호사를 대동해 대릴의 사무실로 찾아왔지만 계약서는 법적으로 전혀 하자가 없었다. 이에 대해 변호사가 할 수 있는 일은 아무것도 없었다. 그러나 대릴은 그 여자에게 동정심이 들어 캠핑카 소유권을 부부에게 돌려주었다.

그것은 굉장한 사업인 것 같았다. 그러나 아무도 이자 54퍼센트를 보장해줄 수 없다.

아무런 사업도 벌이지 않으면서 나중에 투자한 사람의 투자금으로 선투자한 사람에게 수익금을 줬던 폰지 사기로 현재 감옥에 있는 버니 메이도프는 연간 최소 10퍼센트의 수익률을 약속하며 현명한 사람들을 진공청소기로 빨아들였다. 그는 그 과정에서 650억 달러에 이르는 돈을 가지고 달아났다. 그는 그 돈의 대부분을 주식시장에 투자하여 고객에게 돈을 주고 있다고 주장했지만 새로운 투자자의 납입금으로 그들에게 이자를 지불했을 뿐이다. 고객이 본 계좌 잔액은 진짜가 아니었다. 투자자가 돈을 인출하고 싶어 하면 메이도프는 다른 투자자가 납입한 새로운 돈에서 필요한 금액을 빼냈다.

2008년 금융위기 중 마침내 메이도프의 사업이 붕괴됐을 때 투자자들은 모든 것을 잃어버렸다. 희생자 중에는 영화배우 케빈 베이컨 Kevin Bacon 과 그의 아내, 그리고 영화 감독 스티븐 스필버그 Steven Spielberg 가 있었고 다른 많은 사람도 수백만 달러를 잃었다.

그러나 메이도프가 지불한 돈은 대릴 클라인의 투자자들이 얻은 54퍼센트에 비하면 쥐꼬리만 한 돈이었다.

2001년 우리가 처음 만났을 때 대릴의 이야기는 믿음직스러웠지만 나는 아직도 그 사람에게 투자할 준비가 되어 있지 않았다. 그러나 내 친구는 계속 이자를 받았으며 그것은 10만 달러를 넘었다.

2003년까지 나는 충분히 지켜보았다. 내 친구는 수년 동안 이를 통해 돈을 벌고 있었고 내 본능은 위험보다도 탐욕에 더 자극받기 시작했다. 나는 대릴을 만나서 7000달러를 투자했다. 그리고 나서 투자 클럽을 설득해 5000달러를 추가로 투자했다. 월 4.5퍼센트의 이자로 지급된 수표를 받고 우리는 우리가 영리한 사람이라는 느낌이 들었다. 1년 후 투자 클럽은 2만 달러를 더 투자했다.

다른 친구들 역시 쉬운 돈에 유혹받고 있었다. 한 친구는 5만 달러를 대출받아서 인스타캐시 론스에 턱 내놓은 뒤 이자로 월 2250달러를 받기 시작했다.

또 다른 친구는 10만 달러가 넘는 돈을 그 회사에 맡겼다. 그는 연간 이자로 5만 4000달러를 받았다. 그러나 우리들의 헛된 꿈에 비하면《이상한 나라의 앨리스》속 이상한 나라는 굉장히 현실적이었다.

파티는 2006년에 끝났고 대학살은 도처에서 일어났다. 우리는 대릴이 처음부터 폰지 사기를 계획했는지 아니면 의도는 좋았지만 사업 계획에 실패한 것인지를 결코 알아내지 못했다.

대릴 클라인은 결국 증권거래법 위반에 대한 유죄 판결을 받았고 투자 관련 업무에 2026년까지 종사할 수 없게 되었다.

이 가벼운 징계는 투자자들에게 작은 위안이 되었다. 몇몇 사람은 심지어 이 사업에서 한몫 챙기기 위해 집을 담보로 잡히기도 했었다.

우리의 투자 클럽은 단지 몇 달 동안 이자를 받고 2만 5000달러의 투자금을 잃었다. 내가 개인적으로 투자한 7000달러도 증발했다. 회사에 투자한 많은 사람들이 모든 것을 잃었다. 5만 달러를 빌려 투자한 내 친구는 10개월 동안 이자(이것에 대한 세금을 내야 했다)를 받은 뒤 파산과 동시에 투자금이 사라지는 것을 지켜봐야 했다.

이것은 투자자가 배울 수 있는 좋은 교훈이다. 생애 어느 지점에서 누군가는 여러분에게 큰 수익성을 약속할 것이다. 거기에 관심 갖지 마라. 십중팔구 그것은 골칫거리만 안겨준다.

─ 투자 뉴스레터의 유혹에 빠지지 마라 ─────────

1999년 내가 속한 투자 클럽은 주식 선정에서 남보다 유리한 고지를 점하기 위해 노력하고 있었다. 우리는 조지 길더^{George} ^{Gilder}라는 사람이 발행하는 〈길더 테크놀로지 리포트$^{Gilder\ Technology}$ ^{Report}〉라는 투자 뉴스레터를 구독했다. 구글에서 조지 길더를 검색하면 그가 열심히 주식을 추천하는 웹사이트가 나올 것이다. 그가 여전히 이 일을 하고 있다니 정말 믿기 힘들다. 그 사이트는 그의 포트폴리오가 지난 3년 동안 155퍼센트의 수익률을 거두었고, 그의 온라인 뉴스레터를 구독하는 데 1년에 199달러만 내면 된다고 주장한다.

지난 1999년 우리는 조지 길더가 부의 왕국으로 들어가는 비결을 알고 있다는 말에 넘어갔다. 불행하게도 그는 고통의 왕이었다. 오늘날 조지 길더가 (감사를 받지 않은 3년간의 과거 수익률로 투자자를 유혹하지 않고) 자신의 장기 실적을 온라인으로 보고한다면 빠져나가는 사람이 줄을 설 것이다. 그의 주식 선정은 최악이었다.

우리는 조지 길더의 〈길더 테크놀로지 리포트〉를 1999년에 구독했고 그가 추천한 종목에 돈을 투자했다. 나는 내 투자 클럽 친구들이 이 리포트를 읽지 않기를, 조지 길더가 부자가 될 수 있다는 약속을 남발하며 남을 등쳐 먹고 있다는 사실을 알기를 바랄 뿐이다.

제4장에서 나는 기술 기업의 차트를 예시하고 이것의 주가가 2000년부터 2002년까지 얼마나 많이 하락했는지를 보여주었다.

이 기간에 곧 쓰러질 회사의 주식을 추천한 사람이 누구인가? 여러분은 짐작했을 것이다. 바로 조지 길더의 보고서다.

2000년에 길더가 끈덕지게 권유한 네 개의 기업에 총 4만 달러를 투자했다면 2002년에 1140달러로 떨어졌을 것이다.

4만 달러를 회복하기 위해서는 비율 측면으로 3400퍼센트 상승해야 할 것이다. 그것이 바로 〈길더 테크놀로지 리포트〉의 제목이 되어야 하지 않을까?

단지 재미를 위해서 2000년 길더가 선정한 주식이 2002년부터 2016년까지 3400퍼센트 상승했다고 가정해보자. 많은 사람들은 감동할 것이다. 그러나 나까지 감동시키지는 못할 것이다. 길더의 추종자들이 2000년에서 2002년까지 손실을 경험한 후에 3400퍼센트 상승하면 장기 구독자들은 10년 후 투자의 원금을 가까스로 회복할 것이다. 그것도 인플레이션의 영향을 제외했을 경우에 그렇다.

이 뉴스레터의 장기 구독자가 있다면 그들은 결코 손익 분기점 근처에도 도달하지 못할 것이다.

우리는 적극적 운용 펀드가 인덱스펀드 포트폴리오를 능가할 수 없다는 사실을 이미 알고 있다. 그러나 투자 뉴스레터는 어떠한가? 아름답게 포장된 수많은 약속을 뉴스레터에서 발견할 수 있다. 그들은 그들이 선별한 수익률을 자랑하며 경험이 없는 투자자들 입에서 군침이 나도록 유혹한다.

> 우리는 특별한 전략으로 지난 12개월 동안 주식시장에서 300퍼센트 수익률을 실현했습니다. 우리는 이제 월 9.99달러로 여러분과 이 새로운 부의 축적 공식을 공유하겠습니다.

다음과 같이 생각해보라. 누군가가 정말로 워런 버핏보다 10배 더 빠르게 돈을 불릴 수 있다면 그들의 이름이 포브스 400대 부자 맨 위에 있지 않겠는가? 그리고 주식시장이 그들의 손바닥에 있다면 왜 그들은 9.99달러짜리 뉴스레터를 판매하기 위해 컴퓨터의 키보드를 두드리겠는가?

대부분의 뉴스레터는 하늘을 날아다니는 잠자리와 같다. 그것은 아름답지만, 또 계속 바쁘게 돌아다니지만 애석하게도 생명력은 짧다. 1980년 6월에서 1992년 12월까지 12년간의 연구에서 유타 대학의 존 그레이엄John Graham과 듀크 대학의 캠벨 하비 Campbell Harvey 교수는 1만 5000개가 넘는 뉴스레터를 추적했다. 이들의 연구 결과에 의하면 94퍼센트의 뉴스레터가 1980년과 1992년 사이에 파산했다.

투자 뉴스레터의 실적을 추적하는 몇몇 단체가 있는데 〈헐버트 파이낸셜 다이제스트〉도 그중 하나다. 미국에서 발행되는 이 간행물은 2001년 1월호에서 믿을 만하다고 생각되는 160개의 뉴스레터를 추적했다고 밝혔다. 그러나 160개의 뉴스레터 중에서 10퍼센트만 지난 10년간의 주식 추천에서 인덱스를 앞섰을 뿐이다. 이 통계에 따르면 투자 뉴스레터를 추종함으로써 주식시장 인덱스를 능가할 가능성은 7퍼센트가 채 되지 않는다.

여러분은 전체 주식시장 인덱스펀드에 투자하거나 우리의 뉴스레터가 선정한 주식에 투자할 수 있습니다. 인덱스와 비교하여 우리의 실패 확률은 93퍼센트입니다. 지금 구독하십시오!

나는 〈헐버트 파이낸셜 다이제스트〉가 오직 비판을 위해서 만들어졌다고는 생각하지 않는다. 그러나 비판하지 않는 것은 어려운 일이다. 투자 뉴스레터가 사실을 왜곡하면 신규 구독자는 피해를 본다.

2013년에 마크 헐버트^{Mark Hulbert}는 〈배런스^{Barron's}〉에 '뉴스레터 수익률, 주의하라'라는 제목의 글을 썼다. 헐버트는 수년간 뉴스레터의 성과를 추적한 결과 그들의 광고가 흔히 거짓말을 하고 있다고 말했다.

헐버트는 마크 스쿠젠^{Mark Skousen}의 뉴스레터 중 하나를 일례로 들었다. 스쿠젠의 뉴스레터는 "7년 동안 제가 추천한 종목이 연간 145퍼센트의 수익률을 냈습니다."라고 주장했다.

헐버트는 이 주장에 다음과 같이 응답했다. "〈헐버트 파이낸셜 다이제스트〉의 성과 모니터링 서비스는 스쿠젠의 뉴스레터가 연간 145퍼센트에 가까운 수익률을 냈다는 증거를 발견하지 못했습니다. 이 광고가 언급하는 지난 7년 동안 이 뉴스레터는 연간 5.2퍼센트의 수익률을 냈을 뿐입니다." 미국 인덱스펀드라 할지라도 이보다 더 좋은 수익률을 냈을 것이다.

고수익 채권은 위험하다

어느 시점에서 여러분은 높은 이자율을 지불하는 회사채를 매수하고 싶은 유혹과 싸울지도 모른다. 그러나 그런 투자는 피하는 것이 최선이다. 기업의 재무건전성이 낮으면 은행에서 돈을 빌리기 어렵기 때문에 그들은 더 위험한 투자자를 끌어들이기 위해 높은 이자율을 광고한다. 그러나 기업이 자금난에 빠지면 그 이자를 지불할 수 없다. 더 나쁜 점은 여러분의 초기 투자액조차 잃을 수 있다는 사실이다.

불안정한 재무 상황 때문에 높은 이자율을 지불하는 채권을 정 크 본드 junk bond 라 한다.

책임감을 갖고 보수적인 자세를 취하는 것이 절벽 끝으로 손을 뻗는 것보다 낫다.

— 신흥시장은 생각만큼 매력적이지 않다 ——

내 친구 한 명이 언젠가 나에게 "내가 젊기 때문에 내 상담사는 내 돈 모두를 신흥시장 펀드에 투자하라고 권했어."라고 말했다. 장 래의 이익 급증에 눈이 번쩍이겠지만, 몇 가지 점을 고려해야 한다.

급성장하는 경제의 주식시장 수익률이 저성장하는 경제의 주식 시장 성장률을 항상 앞서지는 않는다. 윌리엄 번스타인은 자신의 책《투자자 선언 The Investor's Manifesto 》에서 GDP가 급성장한 나라들 이 역설적으로 1988년에서 2008년까지 저성장 경제의 주식시장 보다 더 낮은 역사적 성장률을 보였다고 보고했다.

〈표 9.1〉을 살펴보면, 가장 빠르게 성장하는 경제(중국 경제)를 가장 느리게 성장하는 경제(미국 경제)와 비교했을 때 미국 주식 인덱스에 투자한 사람이 1993년에서 2008년까지 더 많은 돈을 벌었다는 것을 알 수 있다. 그러나 같은 기간 동안 투자자가 중국 주식시장 인덱스를 보유했다면 그들은 연간 9.61퍼센트에 달하는 중국 GDP 성장률에도 불구하고 전혀 이익을 내지 못했을 것이다.

〈표 9.1〉 성장하는 경제가 항상 큰 주식시장 상승률을 가져오지는 않는다

국가	1988~2008년 인플레이션 감안 후 연간 환산 GDP 성장률	평균 주식 성장률
미국	2.77%	8.8%
인도네시아	4.78%	8.16%
싱가포르	6.67%	7.44%
말레이시아	6.52%	6.48%
한국	5.59%	4.87%
태국	5.38%	4.41%
대만	5.39%	3.75%
중국	9.61%	3.31%(1993년부터)

출처: 윌리엄 번스타인, 《투자자 선언》

중국의 GDP는 2008년에서 2016년까지 지속적으로 증가했다. 그러나 중국의 주식시장은 침체 상태였다. 아이셰어즈 중국

대형주 ETF에 2008년 초 1만 달러를 투자했다면 2016년 10월 10일에는 6971달러가 되었을 것이다. 그러나 같은 시점에 뱅가드 S&P500 인덱스에 1만 달러를 투자했다면 2016년 10월 10일까지 1만 4792달러가 되었을 것이다.

예일 대학교의 기부금펀드를 운용하는 데이비드 스웬슨도 GDP 성장률의 덫에 빠지지 말라고 경고한다. 그가 기관투자가를 위해 쓴 책인 《포트폴리오 성공 운용Pioneering Portfolio Management 》에서 그는 1985년(세계은행의 국제금융공사가 신흥시장의 주식 수익률을 측정하기 시작한 최초 연도)에서 2006년까지 선진국의 주식시장이 신흥시장의 주식보다 투자자에게 더 높은 수익률을 안겨줬다고 말한다.

나는 이 수익률을 〈표 9.2〉에서 2016년 1월 1일 기준으로 갱신했다. 신흥시장은 미국을 제외한 선진국 시장을 앞섰다. 그러나 많은 투자자들이 기대하는 것처럼 압도적으로 높은 수익률을 내지는 않았다.

신흥시장은 우리를 흥분시킬 수 있다. 로켓처럼 상승했다가 운석처럼 폭락한 다음에 또다시 로켓처럼 상승하기 때문이다. 그러나 여러분이 이러한 흥분을 원하지 않는다면 신흥시장 상품 대신 해외 주식시장 인덱스펀드에 투자하는 것이 더 낫다.

신흥시장이 미래의 승자가 될지는 아무도 모른다.

〈표 9.2〉 신흥시장 투자자가 항상 더 많은 돈을 버는 것은 아니다

인덱스	1985~2016년 연간 수익률	각 인덱스에 10만 달러 투자 시 최종 금액
미국 인덱스	11.3%	$2,744,193
선진국 주식시장 인덱스 (영국, 프랑스, 캐나다, 호주)	8.9%	$1,401,378
신흥시장 인덱스 (브라질, 중국, 태국, 말레이시아)	9.2%	$1,529,888

출처: 데이비드 스웬슨, 《포트폴리오 성공 운용》

금은 투자가 아니다

금은 끔찍한 장기 투자 수단이다. 그러나 이것을 아는 사람은 거의 없다.

조상 중의 한 사람이 1801년에 1달러어치의 금을 샀다고 상상해보라. 그것이 2016년에는 얼마의 가치가 되었으리라고 생각하는가? 요트나 걸프스트림 제트기 혹은 섬 하나를 통째로 사는 상상을 할지도 모른다.

하지만 환상에서 깨야 할 때이다. 그 금을 팔아도 미니밴의 휘발유 통조차 가득 채우지 못할 것이다.

1801년 금에 투자한 1달러는 2016년에는 약 54달러의 가치밖에 되지 않을 것이다.

미국 주식시장에 투자한 1달러는 어떻게 되었는가? 이제 여러분은 요트에 대해 생각할 수 있다. 1801년 미국 주식시장에 투자한 1달러는 2016년 1624만 달러가 되었을 것이다.

금은 금융시장 대재앙 동안에 번쩍이는 금괴를 곰팡내 나는 빵으로 바꾸기를 원하는 자산 축적가를 위한 것이다. 혹은 상승할 때 매수해서 하락하기 전에 매도하기를 바라는, 금이 움직이는 시점을 예측하고자 하는 사람들을 위한 것이다. 그것은 투자가 아니라 투기다. 금은 200년이 넘는 기간 동안 스카이콩콩에 탄 아이처럼 위로 솟았다가 아래로 떨어졌다. 그러나 이것은 인플레이션을 고려하면 어떤 장기적인 상승도 보이지 못했다.

나는 다음과 같은 접근법을 더 선호한다.

1. 금을 훨씬 능가하는 자산을 매수하라(재조정된 주식과 채권 인덱스로 충분할 것이다).

2. 열대 해변에 해먹을 쳐라.

3. 햇볕을 쬐며 인내심을 갖고 장기 수익을 즐겨라.

─ 투자 전문 잡지에 대해 알아야 할 것 ─────

투자 전문 잡지가 부를 위해 발행된다면 매달 똑같은 커버스토리를 선보일 것이다. '오늘 인덱스펀드를 사세요.'

그러나 그 커버스토리로는 아무도 잡지를 구입하지 않을 것이다. 그것은 뉴스 가치가 없다. 잡지는 대부분의 돈을 광고를 통해 번다. 투자 잡지 한 권을 뽑아서 누가 광고를 하고 있는지 보라. 뮤추얼펀드와 금융서비스 산업이 가장 큰 광고 수입원이다.

광고주는 잡지사의 비용을 대신 지불하고 있다. 그래서 우리는 '지금 사야 할 인기 뮤추얼펀드!' 문구를 잡지 표지에서 볼 수 있다.

나는 2005년 〈머니센스〉에 '어떻게 중산층 봉급으로 부자가 되었는가?'라는 기사를 쓰며 (제1장에서 이미 소개한) 백만장자 정비사 러스 페리를 언급했다. 그 기사에서 나는 신차 구입에 대한 러스의 의견을 인용했다. 신차 구입은 바람직하지 않으며 그 대신에 중고차를 사야 한다는 내용이었다.

그 잡지의 편집자인 이안 맥구건과 대화를 하다가 나는 그가 이 기사 때문에 협박을 받은 사실을 알게 됐다. 미국 최대 자동차 제조업체 중 하나가 맥구건에게 전화를 해서 이 같은 기사가 〈머니센스〉에 다시 보이는 순간 광고를 취소하겠다며 으름장을 놓았다고 했다. 금융 관련 잡지는 광고주들과 그 광고를 관리하느라 투자자들을 교육시킬 여력이 없다.

이 책의 초판을 쓰고 있을 때 내 책상에는 〈스마트머니 Smart Money〉 2009년 4월호가 놓여 있었다. 이 잡지는 한 달 전 주식시장이 금융위기로 비틀거리고 있을 때 발행됐다. 그런데 그 잡지는 '지금 매우 할인된 가격으로 주식을 사라!'라고 외치는 대신에 그들이 원하는 것만 서술하고 있었다. 앞표지에는 100달러짜리 지폐가 쇠줄과 자물쇠로 묶여 있었고, 그 옆에는 '당신의 돈을 지켜라!', '견실한 채권펀드 다섯 개', '현금을 어디에 투자할 것인가', '지금 어떻게 금을 살 것인가!' 등의 선정적인 제목이 눈에 띄었다.

주식이 세일에 들어갈 때 그런 제목은 어리석다. 그러나 주식시장 하락에 대중이 완전히 겁을 먹은 상태에서는 영혼을 위한 다량의 닭고기 수프가 더 먹힐 것이다. 그들은 주식시장을 받아들이지 않고 거기에서 도망치는 법을 알고 싶을 것이다. 대중이 겁을 먹을 때 그들이 갈망하는 것을 던져주면 잡지는 팔릴 것이다. 그러나 다른 사람이 두려워할 때 여러분도 두려워하면 돈을 벌 수 없다.

〈스마트머니〉를 비난할 생각은 없다. 나는 그 호를 편집할 때 그들이 직면한 곤경을 상상할 수 있을 뿐이다. 그 잡지는 영리한 사람들이 만들었다. 그들은 주식시장이 세일할 때 매수하는 것이 부를 축적하는 강력한 전략이라는 것을 알았다. 그러나 대부분의 사람들은 하락하는 주식시장을 두려워하기 때문에 채권 펀드와 금을 사도록 권유하는 것이 더 쉬운 판매 방법이 될 수 있다는 사실 역시 알았다.

〈스마트머니〉의 2009년 4월호를 추종했더라면 여러분의 돈은 어떻게 되었을까?

〈표 9.3〉에 의하면 〈스마트머니〉가 추천한 채권펀드는 2009년 4월부터 2016년 1월까지 평균 58퍼센트의 수익률을 거두었다.

〈스마트머니〉 4월호가 추천한 금은 또 어떠한가? 그것은 같은 기간 동안 13.8퍼센트 상승했다.

〈표 9.3〉 〈스마트머니〉가 추천한 채권펀드의 상승률(2009년 4월~2016년 1월)

오스터와이스 스트래티직 인컴펀드(OSTIX)	+60%
티 로우기프라이스 택스프리 인컴펀드(PATAX)	+45%
야누스 하이일드펀드(JHYAX)	+84%
템플턴 글로벌 본드펀드(FBNRX)	+51%
다지 앤드 콕스 인컴펀드(DODIX)	+48%
〈스마트머니〉가 추천한 펀드의 평균 수익률	+58%
미국 주식시장 인덱스 수익률	+198%
해외 주식시장 인덱스 수익률	+86%
글로벌 주식시장 인덱스 수익률	+131%

출처: 모닝스타

잡지가 추천한 종목이 나쁘지 않은 것처럼 보인다. 그러나 주가는 수십 년간 그 어느 때보다 저렴했다. 잡지의 헤드라인은 '지금 주식을 사라!'가 되었어야 했다.

잡지가 그렇게 하지 않기 때문에 〈표 9.3〉에서 보이는 것처럼 〈스마트머니〉 독자들은 막대한 수익을 놓쳤다. 왜냐하면 주식은 2009년 4월에서 2016년 1월까지 채권과 금을 능가했기 때문이다.

같은 기간 동안 (뱅가드의 미국 주식시장 인덱스로 측정할 때) 미국 주식시장은 198퍼센트 상승했고 뱅가드의 해외 주식시장 인덱스는 86퍼센트 상승했으며 뱅가드의 전체 세계시장 인덱스는 131퍼센트 상승했다.

결과를 보면 예측이 얼마나 힘든지 분명히 알 수 있으며, 잡지는 광고주와 독자의 감정을 충족시키기 위해 존재한다는 것을 알 수 있다.

— 부자가 부자로부터 돈을 훔치는 헤지펀드 —

일부 부자들은 투자 관리 전문가에게 더 많은 돈을 지불할수록 더 높은 보상을 받을 것이라고 생각하며 인덱스펀드를 경멸한다. 헤지펀드를 예로 들어보자. 부자로 인정받는 투자자들(금융시장에서 커다란 도박을 할 여유가 충분한 사람들)을 위한 투자 수단으로 헤지펀드가 있다. 헤지펀드는 엄청난 수수료에도 불구하고 전 세계 신문에 대서특필되고 사람들의 탐욕을 부추긴다.

그러나 이 책을 읽은 여러분이라면, 인덱스펀드에 투자하는 것이 더 좋은 선택이라는 데 이견이 없을 것이다. 헤지펀드는 위험할 수 있으며 부정적인 면이 더 많다.

(중산층 임금 소득자의 참여를 막는 것을 제외하고) 헤지펀드는 별다른 규제 없이 통화 가치 하락이나 주식시장 하락에 돈을 걸 수 있다. 시장이 하락하면 펀드운용자가 시장을 '공매도'함으로써 잠재적으로 많은 돈을 벌 수 있다. 이 구조는 시장이 하락할 것이라는 데 돈을 걸고, 실제로 시장이 폭락하면 건 돈을 회수함으로써 성립한다. 승인된, 그리고 수준 높은 소수의 투자자만 참여하고 있다는 좋은 여건과 함께 헤지펀드 운용자는 몇 개의 개별 주식, 또는 다른 투자 상품에도 집중적으로 투자할 수 있다. 반면 정규 뮤추얼펀드는 규제 지침이 있어서 하나의 바구니에 담을 수 있는 주식 개수의 상한선이 정해져 있다. 투자자들은 헤지펀드 운용자의 베팅이 성공하면 상당한 보상을 받는다.

그러나 아까도 언급했듯 헤지펀드는 부정적인 면이 훨씬 많다.

일반적인 헤지펀드의 비용률은 연간 투자자 자산의 2퍼센트이다. 이것은 평균적인 미국 뮤추얼펀드의 수수료보다 3분이 1 더 높은 금액이다. 헤지펀드의 운용자는 펀드운용자나 펀드를 제공하는 회사에 이익을 주기 위해 추가 수수료로 투자자 수익의 20퍼센트를 가져간다. 이것은 다른 사람의 등을 쳐서 돈을 버는 짓이다.

또한 헤지펀드는 자체적으로 실적을 보고한다. 이것이 이 업계의 판단을 흐리게 하는 첫 번째 사항이다.

프린스턴 대학교의 버턴 말킬과 예일 대학교 경영대학원의 로버트 이벗슨Robert Ibbotson 이 1996년부터 2004년까지 8년 동안 헤지펀드를 연구한 결과 25퍼센트 미만의 헤지펀드만 8년간 유지되었다고 보고했다. 여러분은 75퍼센트의 사망률을 보이는 펀드에 투자하고 싶은가? 나는 그러고 싶지 않다.

헤지펀드 수익률을 볼 때 여러분은 살아남은 펀드의 실적만 볼 뿐이다. 즉, 끊임없이 사라지고 있는 펀드는 평균 산출의 고려 대상에 포함되지 않는다. 이는 한 고등학교에서 스무 명의 고등학생이 지역 골프선수권대회에 출전하는 것과 비슷하다. 그 고등학교 학생 중 열일곱 명이 탈락하지만 남은 세 명의 주자가 1~3위를 차지함으로써 학교신문에 평균 2위로 경기를 마쳤다고 보고하는 것과 같다. 이상한가? 헤지펀드가 그들의 수익률을 처리하는 환상의 세계에서는 이 수치가 정확하다.

중간 탈락자도 고려한 결과, 말킬과 이벗슨은 평균 수익률이 연간 7.3퍼센트 부풀려졌다는 사실을 알았다.

이런 실적에는 생존 편향(경기 도중 탈락한 펀드를 계산하지 않은 것)과 사후편입 편향back-fill bias 이라는 것이 포함되어 있다. 지금 막 시작하는 1000개의 작은 헤지펀드를 상상해보라. 이들은 개점하자마자 투자자에게 판매를 시작한다. 10년 후, 말킬과 이벗슨의 연구 결과와 비슷하게 이들 중 75퍼센트가 파산한다고 가정하자. 남아 있는 250개 중 절반은 자랑스러운 실적을 실현하고 이로써 그 펀드들은 성장한다. 그래서 1000개의 새로운 헤지펀드 중에 250개는 10년 후에도 존재하며 그중 125개는 크게 성장하여 헤지펀드 수익률을 편찬하는 자료에 10년 동안의 역사적 수익률을 보고하게 된다. 기준에 못 미치거나 파산한 펀드는 그 수치를 처리하지 않는다. 상대적으로 취약한 펀드는 무시하고 가장 강력한 것만을 강조하는 것을 사후편입 편향이라고 한다.

그렇게 하면 죽은 펀드의 사망률은 무시되고 크게 성장하지 못한 펀드 역시 무시된다. 말킬과 이벗슨의 연구에 의하면 연구 기간 전체에 걸쳐 이 이상한 편향 때문에 헤지펀드 수익률은 매년 7.3퍼센트씩 허위로 부풀려졌다.

헤지펀드리서치닷컴 hedgefundresearch.com 에 의하면 2015년 8월 31일까지 13년 동안 보고된 헤지펀드는 평균적으로 연평균 1퍼센트 미만의 복리 수익률을 실현했다.

규모를 기준으로 가장 인기 있는 헤지펀드를 보자. 이것은 한 가지 이유로 규모가 크다. 이 헤지펀드가 아주 좋다는 입소문이 억만장자의 외도 이야기처럼 클럽을 휩쓸었고 부자들이 즉시 돈을 집어넣어 펀드 규모를 부풀렸다.

여러분의 포트폴리오가 페라리나 포르세처럼 세련되지 않았을지도 모른다. 그러나 인덱스펀드에 투자하면 마쓰다, 혼다, 포드와 같은 여러분의 포트폴리오가 20대 헤지펀드의 대부분을 앞서가리라고 추측한다.

2015년 10월 31일까지 5년 동안 20대 헤지펀드는 기침을 하며 털털거렸다. 이들은 단지 평균 6.8퍼센트의 복리 수익률을 올리는 데 그쳤다. 이렇게 하면 1만 달러는 1만 3894달러가 되었을 것이다. 이와 비교하여 S&P500은 쾌속 항진을 했다. 이것은 연평균 14.2퍼센트의 복리 수익률을 기록했다. 같은 1만 달러가 1만 9423달러로 증가했을 것이다.

〈표 9.4〉에서 볼 수 있듯이 20대 헤지펀드의 평균 수익율은 인덱스펀드에 비해 아주 형편없다. 투자 기간이 2년만 늘어나도 그 차이는 극심해진다.

헤지펀드	3년 총 수익률	5년 총 수익률
20대 헤지펀드 평균	20.73%	38.7%
뱅가드 S&P500 인덱스	55.7%	94.4%
뱅가드 혼합 인덱스	32%	58%

출처: 〈배런스〉, 모닝스타

자, 내 비교가 공정하지 않다는 것을 인정하겠다. 많은 헤지펀드 운용자들은 여러 유형의 자산에 투자한다. 그러니 이 모조 페라리를 뱅가드 혼합 인덱스펀드와 같이 더욱 다각화된 상품과 비교해보자. 이것은 5년 동안 연평균 9.7퍼센트의 복리 수익률을 올렸다. 20대 헤지펀드 중 3개만 '60퍼센트의 주식과 40퍼센트의 채권'으로 구성된 이 단순한 셰보레 자동차를 능가했다.

왜 헤지펀드가 뒤지는가? 우리는 그들이 요구하는 비용이 높다는 걸 이제 알고 있다.

또한 많은 헤지펀드 운용자들은 주사위를 던진다. 그들은 차입해서 투자한다. 펀드가 추락하고 있는 비행기처럼 폭락해 불이 붙으면 그들은 그저 떠나면 그만이다. 망하는 것은 승객들이다. 〈뉴요커 The New Yorker〉의 기자인 존 란체스터 John Lanchester 는 대부분의 헤지펀드가 5년이면 사라진다고 보도했다. 2010년 말 7200개로 추정되던 헤지펀드 중 2011년에는 775개, 2012년에는 873개, 2013년에는 904개가 문을 닫았다.

그 자리를 신규 헤지펀드가 대신한다. 매 3년마다 헤지펀드의 3분의 1이 사고를 친 후 사라진다.

설상가상으로 헤지펀드의 트레이딩 빈도는 세금을 고려하면 대단히 비효율적이다. 또한 어떤 펀드가 살아남고 어떤 펀드가 고통스런 (그리고 값비싼) 죽음을 맞이할지 결코 미리 알 수 없다.

헤지펀드는 고슴도치와 같다. 멀리서 보면 좋지만 그 가시에 너무 가까이 다가가면 안 된다. 인덱스펀드가 훨씬 더 좋다.

— 환헤지 ETF를 피하라 ——————————

월가가 추방하고 싶어 할 명언이 있다. '너무나 좋아서 사실일 것 같지 않은 것은 아마도 사실이 아닐 것이다.' 월가는 월가가 팔 수 있는 것을 팔 것이다. 환헤지 된 인덱스펀드도 이와 마찬가지다.

'환헤지'는 이국적으로 들린다. 그러나 이것은 녹슬고 있는 제3세계의 배보다 더 흔하다. 실제로 캐나다, 호주, 유럽의 ETF 제공회사들은 처음 해외 ETF를 제공할 때 대개 환헤지 상품을 선보인다. 또 이것은 미국에서도 판매되고 있다. 환헤지 ETF는 녹슬고 있는 것에 그치지 않는다. 그것은 새고 있다. 그래서 나는 이 책의 포트폴리오 그 어디에도 환헤지 ETF를 포함시키지 않았다.

여러분이 유럽 주식시장 인덱스를 보유하고 있는 미국인이라고 가정해보자. 인덱스 안에 있는 주식이 (유로화로 측정하여) 10퍼센트 상승하면 미국 달러도 이와 비슷하게 상승하리라고 기대할 것이다. 그러나 실제로는 이와 다를 수 있다. 유로화가 미국 달러에 비해 10퍼센트 하락해도 미국인들은 이익을 보지 못할 것이다. 반면 환헤지 ETF는 미국인 투자자에게 돈을 벌어다 줄 것이다. 적어도 영업 직원들은 이렇게 권유할 것이다.

그러나 통화의 등락이 항상 나쁜 것만은 아니다. 예를 들면 미국 달러가 외화에 비해 하락하면 미국인 투자자는 헤지를 하지 않은 해외 인덱스에서 이익을 얻을 수 있다. 왜냐하면 외국 화폐의 강세 덕분에 미국 달러로 표시된 외국 주식 인덱스의 이익이 창출될 것이기 때문이다.

국내 인덱스와 헤지를 하지 않은 해외 인덱스로 포트폴리오를 다각화하여 보유하면 통화 가치가 등락할 때도 때때로 이익을 취할 수 있고 또 때로는 손실도 볼 수 있다. 해외시장이 5퍼센트 하락해도 미국 달러가 외화에 대해 8퍼센트 하락하면 미국인들은 해외 주식시장 ETF에서 돈을 번다. 반면에 해외시장이 5퍼센트 하락해도 미국 달러가 그 인덱스의 외화에 대해 8퍼센트 상승하면 투자자는 약 13퍼센트 손실을 볼 것이다.

환헤지 ETF는 통화 변동을 제한해 여러분이 편히 잠드는 걸 도 와준다. 그러나 이것은 몇 가지 고유한 문제가 있다. 첫째, 평범한 인덱스펀드보다 운용 비용이 더 많이 든다. 둘째, 헤지를 하는 데 들어가는 숨겨진 비용이 높다. 그곳에서 구멍 뚫린 배가 생긴다.

PWL 캐피털은 2006년부터 2009년까지 캐나다 달러에 헤지를 한 S&P500 인덱스의 수익률을 조사했다. 이것은 S&P500보다 연 평균 1.49퍼센트 더 낮은 수익을 냈다. 1980년부터 2005년까지는 통화 등락이 덜했다. 이 기간 중 헤징으로 인한 추적 오차로 연간 0.23퍼센트의 비용이 더 들었다. 여기에 환헤지 펀드의 높은 운용 보수를 더하면 그것은 헤지를 하지 않은 펀드보다 연간 약 0.5퍼센 트 더 낮은 수익률을 보였을 것이다.

이종통화 거래를 더 많이 할수록 펀드 비용은 더 높아진다. 왜 냐하면 금융 기관조차도 돈이 세계 각지로 움직이도록 하기 위해 비용을 지불하기 때문이다. 공항 환전소를 생각해보라. 10달러 지 폐를 유로로 환전한 후 다시 10달러 지폐로 돌려달라고 요구하면 그들은 거절할 것이다. 10달러는 여러분이 지불하는 매입과 매도 비율의 차액 때문에 처음보다 더 적은 금액이 될 것이다.

조사분석가 벤 존슨Ben Johnson 은 20년간의 미국시장 연구 결 과를 모닝스타에 발표했다. 그는 헤지를 하지 않은 ETF가 환헤지

ETF보다 더 좋은 수익률을 낸다고 말한다. "외화 헤지를 함으로써 투자자는 위험의 근원을 완화할 수 있습니다. 그러나 이것은 잠재적인 수익원을 희생함으로써 가능한 일입니다."

환헤지 ETF를 멀리하라. 장기적으로 이는 구멍 뚫린 배와 같다.

— 스마트베타를 경계하라 —————————————

회사들은 현명하다. 그들은 점점 더 많은 투자자가 인덱스펀드에 끌리고 있다는 것을 인식했다. 기회를 감지한 많은 회사가 스마트베타smart beta를 창출했는데 이것은 시장을 추종하면서도 플러스 알파 수익을 추구하는 펀드로 알려져 있다. 여러분은 내가 월가에 대해 말한 것을 기억하는가? 너무 좋아서 사실일 것 같지 않은 것은….

스마트베타 회사들은 백테스트를 이용한다. 그들은 서로 다른 가중치를 준 인덱스펀드가 더 나은 수익을 창출한다고 주장한다. 평범한 인덱스펀드를 예로 들어보자. 애플이 S&P500에서 가장 큰 회사라면 애플의 부유함이 (좋든 나쁘든) S&P500에 가장 큰 영향을 미칠 것이다. 스마트베타 인덱스는 구성 요소(저변동성, 가치주, 우량주, 모멘텀 등)를 서로 다르게 하여 최대한 효율적으로 만든다. 때때로 이것은 모멘텀 주식에 더 높은 가중치를 준다. 또 어떤 때는 동일한 가중치를 주도록 인덱스를 설정한다.

백테스트는 대개 사람을 현혹시킨다. 이것은 이 전략이 과거에 승리했다는 것을 증명한다. 그러나 과거는 미래가 아니다.

리서치 어필리에이트 Research Affiliate 의 연구원들은 스마트베타에 기반을 둔 펀드는 투자자를 실망시킬 수 있다고 말한다. 그들은 최근에 '스마트베타가 어떻게 끔찍하게 잘못될 수 있는가?'라는 글을 게재했다. 그 글에서 그들은 과거 10년 동안 시장을 능가하는 수익률을 보인 스마트베타는 대부분 상승하는 가치 평가 척도에서 나왔다는 것을 보여준다. 좋은 수익률을 보여주기 때문에 투자자들이 그 펀드로 몰려들었다는 것이다. 이 때문에 어떤 주식의 수익 비율은 정상 수준보다 더 높이 올라갔다. 정상보다 더 높은 가치 평가 수준은 미래에 좋지 못한 수익률을 가져올 수 있다.

스마트베타는 적극적 운용 펀드에 비교하면 싼 편이다. 그러나 대부분의 인덱스펀드보다는 훨씬 더 많은 비용이 든다.

소형주를 너무 많이 보유하지 마라

많은 사람들은 소형주로 인덱스펀드 포트폴리오를 채운다.

경제학자 유진 파마Eugene Fama 와 케네스 프렌치 Kenneth French 는 1926년 7월부터 2012년 2월까지 소형주가 대형주보다 누적 253퍼센트만큼 더 높은 수익률을 거뒀다고 말한다. 그러나 모든 사람이 여기에 동의하는 것은 아니다. 투자자들은 소형주에 대한 기대를 내려놓아야 한다.

1999년에 타일러 셤웨이Tyler Shumway 와 빈센트 워서Vincent Warther 가 〈저널 오브 파이낸스〉에 게재한 논문에서 그들은 소형주의 금융 기반은 불확실하다고 말했다. 소형주의 경우 어려움을 해결하기가 더 힘들고 시간도 더 많이 걸린다. 이에 따라 많은 기업이 싼값에 팔리거나 주식시장에서 상장 폐지된다. 셤웨이와 워서는 사람들이 소형주의 수익률을 측정할 때 어려움에서 살아남은 기업만을 보는 게 문제라고 말했다.

테드 아론손은 AJO 파트너즈AJO Partners 를 통해 기관투자가의 돈을 운용한다. 그는 두 개의 소형주 펀드를 운용한다. 그러나 그는 소형주 프리미엄을 믿지 않는다. 아론손은 "장기적인 수치로는 소형주가 대형주보다 약 1.2퍼센트포인트 높은 수익률을 냅니다. 그러나 추가 거래 비용이 수익률을 잠식시킵니다."라고 말했다.

리서치 어필리에이트는 항상 수익률 우위를 찾고 있다. 이 회사는 인덱스펀드를 능가할 희망을 품고 펀더멘털 인덱스를 창출했다. 이 회사의 조사분석가는 소형주가 정말로 더 높은 수익률을 내는지를 알아보기 위해 소형주 프리미엄을 깊이 연구했다. 이들의 조사에 따르면 소형주가 더 높은 수익률을 내는 것 같지는 않다.

그리고 여러 나라의 주식을 두 집단으로 나눴다. 대형주 90퍼센트를 한 집단으로 두고 소형주 10퍼센트를 다른 집단으로 두었다. 그들은 1926년부터 2014년까지의 수익률을 조사했다.

추가 거래 비용 등을 조정한 후에 그들은 소형주가 대형주의 실적을 결코 능가하지 못한다고 말했다.

따라서 나는 단순하게 설명하고 싶다. 전체 주식시장 인덱스펀드는 대형주, 소형주, 중형주를 모두 포함한다.

투자에 있어서 매혹적인 말이나 빨리 부자가 될 수 있다는 플랜은 당신을 유혹할 것이다. 인덱스펀드라는 좋은 계획에 만족하지 못하는 투자자는 '최고로 좋은 것'을 얻기 위해 분투할지도 모른다. 그러나 그 길은 결코 이득이 되지 않는다.

주식투자의 쓸모를
널리 퍼트려라

여러분 주변에도 금융 사고에 휘말리기 쉬운 친구들이 있을 것이다. 그들이 몰락하는 것을 지켜볼 것인가? 아니면 그들에게 부자가 되는 규칙을 가르칠 것인가?

운 좋게도 이 책에 나와 있는 많은 규칙이 미래에는 의무 교육과정의 일부가 될 것이다. 내가 고등학교에서 금융을 가르칠 때 이 수업은 학교에서 가장 인기 있는 강좌 중 하나였다.

내 수업을 들은 미국 학생 중 무려 40퍼센트가 뱅가드 인덱스펀드 포트폴리오를 개설한 해도 있었다.

아이들과 그들의 부모들은 돈에 대해 배우고 싶어 했다. 또 그들은 자신이 배운 것을 누군가에게 알려주기를 원했다. 많은 학생들이 수업 화면을 비디오로 녹화하여 유튜브에 올렸다. 그들은 젊은 투자자들이 어떻게 즉시 투자를 시작할 수 있는지 보여주고 싶어 했다.

그렇게 우리는 '부자가 되는 아홉 가지 규칙'에 대해 배웠다.

1. 부자가 되고 싶다면 백만장자처럼 생각하고 소비하라.

2. 신용카드 빚과 대출금을 다 갚은 뒤 일찍 투자를 시작하라.

3. 적극적 운용 펀드 대신 저비용의 인덱스펀드에 투자하라.

4. 광기의 희생물이 되지 않도록 주식시장의 움직임에 흔들리지 마라.

5. 주식 인덱스와 채권 인덱스가 함께 들어 있는 균형적인 포트폴리오를
설정하라.

6. 어디에 살든 직접 인덱스펀드 계좌를 개설하라.

7. 인덱스펀드 포트폴리오를 설정해주는 저비용의 투자 자문회사를 찾
아라.

8. 상담사의 영업 기술에 맞서는 방법을 배워라.

9. 탐욕을 자극하는 투자 계획과 사기를 피하라.

이제 여러분이 배운 것을 또 다른 누군가와 나누기를 바란다.

주식의 쓸모

초판 1쇄 발행 2020년 7월 14일
초판 7쇄 발행 2021년 3월 15일

지은이 | 앤드류 할램
옮긴이 | 이광희
펴낸이 | 金滇珉
펴낸곳 | 북로그컴퍼니

주소 | 서울시 마포구 월드컵북로1길 60(서교동), 5층
전화 | 02 - 738 - 0214
팩스 | 02 - 738 - 1030
등록 | 제2010 - 000174호

ISBN 979 - 11 - 90224 - 47 - 5 03320

·원고투고: blc2009@hanmail.net
·잘못된 책은 구입하신 서점에서 바꿔드립니다.
·이 도서의 국립중앙도서관 출판예정도서목록(CIP)은 서지정보유통지원시스템 홈페이지(http://seoji.nl.go.kr)와
국가자료공동목록시스템(http://www.nl.go.kr/kolisnet)에서 이용하실 수 있습니다.(CIP제어번호: CIP2020025119)

시목始木은 (주)북로그컴퍼니의 인문·경제경영 브랜드입니다. 지혜의 숲을 가꾸기 위한 첫 나무가 되도록 한 권
한 권 정성껏 만들겠습니다.